Ullstein Kriminalroman

D1694454

ÜBER DAS BUCH:

Die beiden Kriminalpolizisten haben selber Kinder. Der halbwüchsige Babysitter ist etwa im gleichen Alter wie Meyers Tochter, und das im Kinder-
bettchen liegende Baby erinnert Detective Steve Carella an die Zeit, als seine Zwillinge auch so klein waren. Doch die beiden Kinder, mit denen es die
Polizisten zu tun haben, sind tot – der Säugling mit dem Kissen erstickt, der
Teenager erstochen. Von einem Triebtäter? Einem überraschten Einbrecher? Oder beging ein abgeblitzter Liebhaber des Babysitters die grauen-
volle Tat? Detective Meyer und Steve Carella wissen nur, daß sie den Täter
schleunigst fassen müssen. Und so beginnt im 87. Polizeirevier ein Wettlauf
gegen die Zeit.

DER AUTOR:

Ed McBain, 1926 in New York geboren, zählt seit mehr als 35 Jahren zu
den meistgelesenen Kriminalschriftstellern der Welt. Der mit den höchsten
Preisen des US-Kriminalschriftstellerverbandes ausgezeichnete Autor versteht seine Bücher über die Arbeit des 87. Polizeireviers als einen aus zahlreichen Bänden bestehenden Fortsetzungsroman über das Verbrechen und
seine Folgen. Wenn das letzte Kapitel dieses langen Romans vollendet ist,
so hofft er, ein ehrliches Bild vom Leben in unserer Zeit hinterlassen zu haben.

Ed McBain

Stirb, Kindchen, stirb

**Aus dem Amerikanischen von
Richard K. Flesch und Stefanie Weiss**

Ullstein Kriminalroman

Ullstein Kriminalroman
Ullstein Buch Nr. 10710
im Verlag Ullstein GmbH,
Frankfurt/M – Berlin
Titel der amerikanischen
Originalausgabe:
Lullabye

Ungekürzte Ausgabe

Umschlaggestaltung:
Theodor Bayer-Eynck
Umschlagbild:
Chris McEwan/Agentur M. Hubauer
Alle Rechte vorbehalten
© 1988 by HUI Corporation
Übersetzung © 1990 by
Verlag Ullstein GmbH,
Frankfurt/M – Berlin
Printed in Germany 1992
Gesamtherstellung:
Ebner Ulm
ISBN 3 548 10710 9

August 1992
Gedruckt auf Papier
mit chlorfrei
gebleichtem Zellstoff

Vom selben Autor
in der Reihe
der Ullstein Bücher:

Mordgespenster (10115)
Clifford dankt Ihnen (10183)
Schnapp-Schuß (10218)
Die Greifer (10230)
Das Unschuldslamm (10260)
Heißer Sonntagmorgen (10284)
Polizisten leben gefährlich (10412)
Späte Mädchen sterben früher (10461)
Der Pusher (10389)
Acht schwarze Pferde (10498)
Alarm in Chinatown (10517)
Neugier macht Mörder (10521)
Die zehn Gesichter der Annie
Boone (10545)
Reines Gift (10554)
Killers Lohn (10575)
Ausgetrickst (10610)
Selbstmord kommt vor dem Fall (10640)
Kings Lösegeld (10657)
Schöne Bescherung (10664)
Schüsse im Regen (10669)
Priester, Tod und Teufel (10695)
Aber wehe dem einzelnen (22581)

Die Deutsche Bibliothek –
CIP-Einheitsaufnahme

MacBain, Ed:
Stirb, Kindchen, stirb / Ed McBain. Aus
dem Amerikan. von Richard K. Flesch und
Stefanie Weiss. – Ungekürzte Ausg. –
Frankfurt/M; Berlin: Ullstein, 1992
    (Ullstein-Buch; Nr. 10710:
    Ullstein-Kriminalroman)
    ISBN 3-548-10710-9
NE: GT

Für
Julian und Dorothy Pace

Die Stadt in diesem Buch existiert in der Realität so wenig wie die auftretenden Personen und die Orte des fiktiven Geschehens. Nur die Schilderung der Polizeiarbeit gibt die gängige Praxis der Verbrechensaufklärung wieder.

1

Die beiden Detectives hatten selber Kinder. Der halbwüchsige Babysitter war ungefähr im gleichen Alter wie Meyers Tochter. Das im Kinderbett liegende Baby erinnerte Carella an längst vergangene Zeiten, als seine Zwillinge auch so klein gewesen waren.

Es war kühl in der Wohnung. Es war drei Uhr früh, und in dieser Stadt drehten die meisten Hausmeister um Mitternacht die Thermostate herunter. Die Detectives, die Männer von der Spurensicherung und der Gerichtsmediziner hatten bei der Arbeit die Mäntel anbehalten. Die Eltern des Babys waren noch zum Ausgehen angezogen. Der Ehemann trug über dem Smoking einen schwarzen Tuchmantel, die Frau einen Nerz zu dem grünseidenen Abendkleid und den hochhackigen grünen Satinpumps. Beide wirkten wie betäubt – so, als hätten sie gerade fürchterliche Prügel bezogen. Beider Blick war glasig, schien zu verschwimmen.

Es war der erste Tag eines schönen neuen Jahres.

Das tote Mädchen lag, alle viere von sich gestreckt, in der Mitte des Korridors, der an der Rückfront der Wohnung entlang verlief. Das Kinderzimmer war am hinteren Ende, dort, wo außen die Feuerleiter vorbeiführte. Werkzeugspuren am Fensterbrett; hier mußte er eingedrungen sein. Neben dem Kinderbett lag ein Mobile, die Aufhängeschnur zerrissen. Monoghan und Monroe standen bei der Toten, Hut im Genick, Hände in den Manteltaschen, und betrachteten sie. Außer ihnen trug niemand im Zimmer einen Hut. Von allen Detectives in der Stadt seien die von der Mordkommission die einzigen, die einen Hut aufsetzten, hatte mal jemand verbreitet. Da dieser Jemand selber zur Mordkommission gehörte, war vielleicht sogar was dran an dem abgedroschenen Witz. In dieser Stadt hatten die von der Mordkommission die Oberaufsicht bei der Aufklärung aller Tötungsdelikte. Vielleicht trugen sie nur deshalb Hüte: um oberaufsichtlich auszusehen. Die Aufklärung der Tötungsdelikte selbst fiel auf Anordnung des Police Department in die Kompetenz des zuständigen Reviers. Dieser Doppelmord also in die des Siebenundachtzigsten. Die Detectives Meyer Meyer und Steve Carella hatten das Vergnügen.

Der Polizeiarzt kauerte neben der Leiche des Teenagers. Monoghan vermutete, er werde ihnen gleich verkünden, daß das Mädchen durch das Messer zu Tode gekommen war, das in ihrer Brust steckte. Monoghan war aus einer Party herausgeholt worden. Er war noch betrunken genug, um das alles irgendwie komisch zu finden. Totes Mädchen auf dem Fußboden, Bluse zerfetzt, Rock bis zum Arsch hochgestreift, Messer in der Brust. Neben ihr auf dem Boden ein Lapislazuli-Anhänger an einem zerrissenen Goldkettchen, wie eine Schlange mit blauem Kopf. Monoghan sah auf den Arzt hinunter und lächelte geheimnisvoll. Monroe war stocknüchtern, aber auch er fand das alles ein bißchen komisch; vielleicht, weil Neujahr war, und wenn du in diesem Scheißberuf nicht gelernt hast, über deinen Kummer und deine Sorgen zu lachen . . .

»Sie ist tot«, sagte der Arzt.

Jetzt war's amtlich.

»Erschossen, ja?« erkundigte sich Monoghan und lächelte rätselhaft.

Der Arzt würdigte ihn keiner Antwort. Er schloß seine Tasche, richtete sich auf und ging ins Wohnzimmer, wo Carella und Meyer noch immer versuchten, von den benommenen Eltern des Babys ein paar Auskünfte zu bekommen.

»Wir machen die Autopsien so bald wie möglich«, sagte er; erklärend fügte er hinzu: »Die Feiertage, wissen Sie. Inzwischen können Sie schon sagen, das eine Opfer wurde erstochen, das andere erstickt.«

»Danke«, sagte Meyer.

Carella nickte.

Er mußte daran denken, wie er vor vielen Jahren jedesmal, wenn er mitten in der Nacht aufstand, um die Zwillinge zu füttern, das eine Baby in den Arm nahm und die Flasche des anderen mit dem Kissen abstützte; das nächste Mal dann umgekehrt – eines wurde immer im Arm gehalten.

Und jetzt lag ein totes Baby am anderen Ende des Korridors.

»Mrs. Hodding«, sagte Meyer, »können Sie mir sagen, um wieviel Uhr Sie nach Hause gekommen sind?«

Gayle Hodding. Blond, blaue Augen, achtundzwanzig, zu dem grünen Abendkleid passender Lidschatten, kein Lippenstift, Gesicht und Blick noch immer wie betäubt. Sie sah Meyer verwirrt an.

»Wie bitte?«

»Zwei Uhr dreißig«, sagte ihr Mann.

Peter Hodding. Zweiunddreißig. Glattes braunes Haar, locker in die Stirn gekämmt. Braune Augen. Schwarzer Querbinder, leicht verrutscht. Kalkweißes Gesicht, der Schock noch in seinem Blick. Sie waren beide schwer angeschlagen. Ihr kleines Mädchen war tot.

»War die Tür verschlossen?« fragte Meyer.

»Ja.«

»Sie brauchten den Schlüssel, um reinzukommen?«

»Ja. Ich war blau. Ich hab 'ne Weile rumgestochert, aber schließlich kriegte ich die Tür auf.«

»War das Licht an?«

»Ja.«

»Wann haben Sie gemerkt, daß da was nicht in Ordnung war?«

»Ja, also erst als . . . Als wir . . . Annie war nicht im Wohnzimmer, ja? Als wir reinkamen. Da hab ich gerufen. Und . . . und als sie nicht antwortete, da . . . Ich ging nachschauen. Ich hab gedacht, sie ist vielleicht bei dem Kind, und sie will nicht antworten, damit es nicht aufwacht.«

»Und dann?«

»Ich wollte ins Kinderzimmer, und . . . Da lag sie. Im Korridor. Erstochen.«

»Wie heißt . . . hieß Annie denn? Mit Nachnamen, meine ich.«

»Annie Flynn.«

Das kam von der Frau.

Sie kam wieder zu sich. Ihr wurde klar, daß das Beamte waren. Die helfen wollten. Die alles erfahren mußten, was sie dazu brauchten. Carella fragte sich, wann sie zu schreien anfangen würde. Er hoffte, daß er nicht mehr hier war, wenn sie zu schreien anfing.

»Sie haben sie schon früher beschäftigt?« fragte Meyer. »Diesen Babysitter?«

»Ja.«

»Zuverlässig?«

»O ja.«

»Gab's schon mal Ärger mit Jungen, oder . . .«

»Nein.«

»Sie kamen nie heim und haben jemand bei ihr . . .«

»Nein, nein.«

»Weil, diese Halbwüchsigen . . .«

»Nein.«

»Da war nie einer, mit dem sie rumgeschmust hat?«

»Nie. Nichts in der Richtung.«

All dies kam von Hodding. Sturzbesoffen, als er reinkam, und im nächsten Augenblick nüchtern genug, um die 911 anzurufen und einen Mord zu melden. Carella fragte sich, warum er es für nötig gehalten hatte, ihnen zu sagen, daß er betrunken gewesen war.

»Verzeihen Sie, Sir«, fragte Meyer, »aber . . . Wann haben Sie erkannt, daß Ihre Tochter . . .«

Mrs. Hodding sagte: »Ich war es, die sie gefunden hat.«

Schweigen.

Draußen in der Küche lachte jemand. Wahrscheinlich hatte einer von der Spurensicherung einen Witz erzählt.

»Das Kissen war auf ihrem Gesicht«, sagte Mrs. Hodding.

Wieder Schweigen.

»Ich hab's weggenommen. Das Gesicht war blau.«

Das Schweigen zog sich hin.

Hodding legte den Arm um die Schultern seiner Frau.

»Ich bin in *Ordnung*«, sagte sie.

Sie sprach scharf. Es klang wie *Laß mich in Ruh, verdammt noch mal!*

»Wann sind Sie weggegangen?« fragte Meyer.

»Um halb neun.«

»Zu einer Party, sagten Sie?«

»Ja.«

»Wo war die Party?«

»Nicht weit. Nur ein paar Blocks. Ecke Zwölfte und Grover.«

Das kam von Hodding. Die Frau war wieder verstummt; ihr Gesicht zeigte den gleichen starren Ausdruck wie vorher. Sie erlebte noch einmal die Sekunde, in der sie das Kissen vom Gesicht des Babys genommen hatte. Der Film lief immer wieder vor ihrem inneren Auge ab. Das weiße Kissen. Das blaue Gesicht des Kindes. Immer wieder. Der Sekundenbruchteil der Erkenntnis.

»Haben Sie heute nacht irgendwann mal zu Hause angerufen?« fragte Meyer.

»Ja. Ungefähr um halb eins. Nur um zu hören . . .«

»Und da war alles in Ordnung?«

»Ja.«

»War Ihr Babysitter selbst am Apparat?«

»Ja.«

»Und sie hat gesagt, alles in Ordnung?«

»Ja.«

»Sie war okay, das Baby war okay?«

»Ja.«

»Hat sie geklungen wie sonst?«

»Ja.«

»Nicht irgendwie . . . eingeschüchtert?«

»Nein.«

»Sie hatten auch nicht den Eindruck, daß jemand bei ihr war?«

»Nein.«

»Haben Sie später noch mal angerufen?«

»Nein. Sie wußte, wo sie uns erreichen konnte. Es war nicht nötig.«

»Also Sie haben um halb eins zuletzt mit ihr gesprochen.«

»Ja. So um diese Zeit.«

»Und da schien alles in Ordnung zu sein.«

»Alles, ja.«

»Mr. Hodding, hat irgend jemand außer Ihnen und Ihrer Frau einen Wohnungsschlüssel?«

»Nein. Na ja, der Hausmeister vermutlich.«

»Sonst niemand?«

»Nein. Niemand.«

»Das Mädchen auch nicht?«

»Nein.«

»Und Sie sagten, die Tür war verschlossen, als Sie heimkamen?«

»Ja.«

Draußen im Flur sagte einer der Kriminaltechniker zu Monoghan, das Messer in der Brust des Mädchens passe augenscheinlich zu den anderen Messern in dem Regal in der Küche.

»Na so was.« Monoghan lächelte geheimnisvoll.

»Was ich sagen will«, sagte der Techniker, »wir haben's hier mit einer Gelegenheitswaffe zu tun. Ich meine . . .«

»Er meint«, erklärte Monroe dem Kollegen, »der Mörder hat das Messer nicht *mitgebracht*; es war schon *hier*, in der *Küche*, bei all den *anderen* Messern.«

»Mein ich ja«, sagte der Techniker. »Was immer das bringt . . .«

»Das bringt 'ne ganze Menge, guter Mann«, sagte Monoghan und nickte ernst.

Monroe sah ihn an. Er hatte noch nie erlebt, daß sich sein Partner so *britisch* ausdrückte. Er wandte sich zu dem Techniker. »Michael war auf einer Party, als ich ihn anrief«, erläuterte er.

»Was vielleicht erklärt, warum er mir ein bißchen besoffen vorkommt«, meinte der Techniker.

»Mag sein«, sagte Monoghan ernst.

»Ach, ich wußte gar nicht, daß du Michael heißt«, sagte der Techniker.

»Ich auch nicht.« Monoghan lächelte geheimnisvoll.

»Also«, sagte Monroe, »so wie es aussieht, haben wir hier einen Einbrecher, der in der Küche ein Messer findet. Erst macht er den Babysitter um, dann das Baby . . .«

»Oder umgekehrt«, sagte der Techniker.

»Aber nicht mit dem Messer«, sagte Monroe.

»Nein, das Baby nicht«, sagte der Techniker.

»Das Baby mit dem Kissen«, sagte Monroe.

Monoghan schüttelte den Kopf und schnalzte mit der Zunge. »Fürchterlich«, sagte er und fing an zu weinen.

Er weinte, weil er plötzlich an eine wunderschöne dunkelhaarige und dunkeläugige Frau denken mußte, die auf der Party am Abend gewesen war, und das Fürchterliche war, daß er ihren Namen vergessen hatte. Er weinte auch, weil er unter ihrem Rock herumgefummelt hatte, als Monroe anrief. Sie lagen auf einem Haufen Mäntel auf einem Bett, er mit der Hand unter ihrem Rock, und das Telefon läutete. Er war zu Tode erschrocken gewesen . . . Er zog sein Taschentuch heraus und wischte die Tränen ab. Monroe klopfte ihm auf die Schulter. Der von der Spurensicherung ging in die Küche zurück.

Zwei Sanitäter kamen herein, warfen einen Blick auf den toten Teenager und fragten Monroe, ob sie das Messer steckenlassen sollten. Monroe sagte, sie sollten die Beamten fragen, die den Fall bearbeiteten. Einer der beiden ging in das Zimmer, wo Hodding noch immer den Arm um seine Frau gelegt hatte.

»Lassen wir das Messer drin oder wie?« fragte er Carella.

In diesem Augenblick fing Mrs. Hodding an zu schreien.

Es war vier Uhr früh, als Carella bei den Flynns anklopfte. Beide Detectives hatten den Mantelkragen hochgeschlagen und trugen Wollschals und Handschuhe. Das heißt, Carella hatte nur *einen* Handschuh an, weil er den rechten ausgezogen hatte, ehe er an die Tür klopfte. Sogar hier, in dem Gebäude, gefror ihnen der Atem zu Nebelwolken. Es würde ein kaltes Jahr werden.

Meyer sah verfrorener aus als Carella; vielleicht, weil er völlig kahl war. Oder vielleicht, weil seine Augen blau waren. Carella hatte braune Augen, die, leicht schräg stehend, seinem Gesicht etwas Asiatisches gaben. Beide Männer waren groß, aber Meyer sah verfroren und untersetzt aus, Carella hingegen warm und schlank. Sehr merkwürdig.

Sie hatten die Adresse des Babysitters von Hodding erhalten, und jetzt waren sie hier, um die Eltern zu benachrichtigen – eine unangenehme Aufgabe an *jedem* Tag des Jahres. Schlimm genug, daß ein junges Mädchen gestorben war. Es ist unnatürlich, wenn Eltern ihre Kinder überleben; schlimm genug, daß hier ein brutaler Mord geschehen war. Aber dies war der Beginn eines neuen Jahres. Und ausgerechnet an diesem Tag standen jetzt zwei wildfremde Männer in dicken Wintermänteln vor der Wohnungstür der Flynns, um ihnen mitzuteilen, daß ihre sechzehnjährige Tochter tot war. Der Neujahrstag würde für die Flynns immer Totengedenktag sein.

Meyer hatte die Befragung der Hoddings übernommen. Carella hatte das Gefühl, jetzt sei er an der Reihe. Er klopfte noch einmal, diesmal lange und laut.

»Wer ist denn da?«

Eine Männerstimme, leicht verängstigt. Vier Uhr früh, und jemand hämmerte an die Tür.

»Polizei«, sagte Carella. Er fragte sich, ob er mit diesem einen Wort Annie Flynns Eltern schon alles gesagt hatte.

»Was wollen Sie?«

»Mr. Flynn?«

»Ja . . . Was ist denn los? Halten Sie Ihre Dienstmarke hoch. Ich will Ihre Dienstmarke sehen.«

Carella hielt das Ledermäppchen mit der Marke und seinem Dienstausweis vor den Türspion. »Würden Sie bitte aufmachen, Mr. Flynn?« bat er.

»Augenblick.«

Die Detectives warteten. Geräusche. Das Sicherheitssystem eines Großstadtbewohners wurde abgebaut. Eine türbreite Querstange polterte zu Boden. Eine Kette rasselte. Gutgeölte Schloßzylinder klickten. Die Tür schwang weit auf.

»Ja bitte?«

Ein Mann um Mitte Vierzig. Gestreifter Pyjama. Zerwühltes Haar.

»Mr. Flynn?«

»Ja?«

»Detective Carella, 87. Revier«, sagte Carella und zeigte Marke und Ausweis noch einmal. Blau emailliert auf Goldgrund. In das Metall graviert *Detective/Second Grade Stephen Louis Carella,* darunter *714-5632.* Das gleiche in Maschinenschrift auf der Ausweiskarte neben einem alten Foto aus einer Zeit, als Carella das Haar noch kürzer trug. Flynn betrachtete alles genau. Er will Zeit gewinnen, dachte Carella. Er ahnt, daß jetzt was Schlimmes kommt. Vier Uhr früh, seine Tochter noch nicht zu Hause – ihm ist klar, daß es um sie geht. Oder vielleicht ahnt er's auch nicht. Vier Uhr früh ist nicht so furchtbar spät am Silvesterabend – nicht für manche Leute.

Schließlich sah er hoch. »Ja?« sagte er wieder.

Und nach diesem einen Wort, identisch mit all den Jas, die er schon gesagt hatte, wußte Carella, daß der Mann schon Bescheid *wußte*, daß er sich wappnete gegen das, was, wie er wußte, nun kommen würde; er gebrauchte das »Ja?« als Schild, um sich gegen das Entsetzliche abzuschirmen, um es abzuwenden, zu verharmlosen.

»Mr. Flynn . . .«

»Was ist denn los, Harry?«

Eine Frau tauchte hinter ihm in dem schmalen Eingangskorridor auf. Sie standen noch vor der Wohnungstür im kalten Treppenhaus. In diesem Augenblick erschien Carella die Türschwelle wie eine Grenzlinie zwischen Leben und Tod. Zwei Detectives bringen die eiskalte Nachricht von einer Bluttat, und ein Mann und eine Frau erwarten, noch warm vom Schlaf, das Gräßliche, das da mitten in der Nacht über sie hereingebrochen ist . . . Die Frau hielt eine Hand vor den Mund – eine klassische Pose. Eine Kinopose. *Was ist denn los, Harry?* – und die Hand war zu ihrem Mund geflogen. Kein Lippenstift an diesem Mund. Ihr Haar so rot wie das ihrer Tochter. Grüne Augen. Flynn, weiß Gott. Eine irische Maggie oder Molly stand da im langen Morgenrock über dem langen Nachthemd hinter ihrem Mann, die Hand vor dem Mund, und wollte wissen, was los war. Carella mußte es ihnen sagen.

»Dürfen wir reinkommen?« fragte er leise.

Das Dienstzimmer sah um Viertel nach fünf am Neujahrsmorgen genauso aus wie an jedem anderen Tag. Dunkelgrüne metallene Aktenschränke an hellgrünen Wänden, von denen die Farbe abbröckelte. An der Decke eine blasenartige Ausbuchtung von einem Wasserschaden. Schreibtische mit Zigaretten-Brandflecken. In der Ecke ein Trinkwasserkühler. Ein Waschbecken mit Spiegel. An der Wand ein Dienstplan neben dem Raumteiler aus

Holzlatten, der den Raum von dem langen Korridor draußen trennte. Nackte Birnen an der Decke, die der Düsternis nur unvollständig Herr wurden. Eine leere Käfigzelle. Die große Uhr mit dem weißen Zifferblatt, die die Minuten in die leeren Stunden der Nacht tröpfelte. Und an einem der Schreibtische Detective/Third Grade Hal Willis, der wütend auf eine Schreibmaschine einhämmerte.

»Stört mich nicht«, sagte er im selben Moment, als sie eintraten und noch ehe jemand ein Wort an ihn gerichtet hatte.

Willis war der Kleinste im Revier. Schwarzer Lockenkopf. Braune Augen. Er hockte gekrümmt über der Maschine wie der Affe eines Drehorgelspielers und hieb auf die Tasten, als hätte ihm jemand einen guten neuen Trick beigebracht. Er prügelte die Maschine, bis sie sich ihm unterwarf. Die Fäuste flogen. Die Reports von Willis waren keine Meisterleistungen, aber das merkte er nicht. Er hätte einen guten Juristen abgegeben; sein Englisch qualifizierte ihn zum Abfassen von Verträgen, die hinterher keiner verstand.

Carella und Meyer störten ihn nicht. Sie hatten selber zu tun.

Sie hatten sowohl von den Hoddings als auch von den Flynns wenig erfahren, mit dem sie etwas anfangen konnten; sie würden sie später noch einmal befragen, sobald der Schock und die nachfolgende Apathie nachgelassen hatten. Aber sie hatten doch ein paar definitive Zeitangaben über Aufenthalt und Tätigkeit von Annie Flynn vor ihrem Tod zusammengetragen. Von ihren Erkenntnislücken ausgehend hofften sie, diese – mit Glück – eines Tages füllen und so den Mörder finden zu können. Manchmal haben sogar Cops Glück.

Meyer saß an der Schreibmaschine, Carella auf der Schreibtischkante.

»Ruhe, ihr beiden!« rief Willis quer durch den Raum.

Keiner hatte bisher ein Wort gesagt.

»Zwanzig Uhr«, begann Carella, »Annie Flynn verläßt die elterliche Wohnung, 1124 North Sykes . . .«

Meyer fing an zu schreiben.

». . . und kommt bei den Hoddings, 967 Grover Avenue, um zwanzig Uhr fünfzehn an.«

Er hielt inne und sah Meyer beim Tippen zu.

». . . Uhr fünfzehn an.« Meyer sah hoch.

»Zwanzig Uhr dreißig. Die Hoddings brechen auf. Annie mit dem Baby allein . . .«

Meyer tippte weiter.

Kalte graue Dämmerung zog im Osten herauf.

Er hatte mit Eileen in einer rund um die Uhr geöffneten Imbißbude Ecke Leland und Pike Speck und Eier gegessen und dann halb im Spaß und zugleich noch ein bißchen hoffnungsvoll gefragt: »Bei dir oder bei mir?« Daraufhin hatte sie ihn mit einem Blick angesehen, der sagte: *Bitte, Bert – nicht beim Essen!* Es war der Blick, mit dem sie ihn neuerdings immer bedachte, wenn er Sex vorschlug.

Seit sie im vergangenen Oktober diesen Irren umgelegt hatte, gab es für Eileen keinen Sex mehr. Und keinen Einsatz als Lockvogel. Nicht unbedingt in dieser Reihenfolge. Sie hatte Kling – den sie immer noch als ihre mehr oder weniger ›wichtigste Bezugsperson‹ betrachtete – auch gesagt, sie wolle den Polizeidienst an den Nagel hängen, sobald sie einen anderen Job finden könne, in dem ihre Kenntnisse und Fähigkeiten gefragt wären, zum Beispiel in Sekundenschnelle aggressive Sexualtäter außer Gefecht setzen, oder Massenmörder mit einem einzigen Schuß ausschalten. Beziehungsweise, um genau zu sein, mit den sechs Schüssen in der Trommel ihrer Dienstwaffe: den ersten in die Brust, den nächsten in die Schulter, den dritten in den Rücken und die anderen der Wirbelsäule entlang, als der Mann schon tot auf dem Bett lag. *Ich hab dir eine Chance gegeben,* hatte sie immer wieder gesagt; *ich hab dir eine Chance gegeben* . . . Das Blut war beiderseits der Wirbelsäule hochgespritzt. *Ich hab dir eine Chance gegeben.*

»Und jetzt will *ich* eine Chance«, hatte sie zu Kling gesagt.

Er hoffte, sie würde nicht Ernst machen. Er konnte sie sich nicht als Privatschnüffler vorstellen, wie sie fremdgehenden Ehemännern durch die Straßen einer der Möchtegern-Städte folgte, von denen es in den U.S. von A. so viele gibt. Er konnte sich nicht vorstellen, wie sie sich in einem Warenhaus irgendwo hinter den sieben Bergen Laden- und Taschendiebe griff. *Ich geh weg*, hatte sie ihm gesagt. *Weg von der Polizei. Weg aus dieser Stadt* ... Dieser Scheißstadt.

Heute abend waren sie dann aufgebrochen, und er war noch auf eine Tasse Kaffee mit in ihre Wohnung gekommen, um das neue Jahr zusammen zu beginnen. Schüchterner Kuß auf die Wange. Prost Neujahr, Eileen. Prost Neujahr, Bert. Traurigkeit in ihren Augen. Und in den seinen. Trauer wegen all dem, was nun vorbei sein sollte. Wegen Eileen, die seine Geliebte gewesen war. Wegen Eileen, die ein furchtloser Cop gewesen war, bevor die Stadt und das System sie fertiggemacht hatten ... Gott im Himmel! dachte er und mußte sich abwenden, damit sie die Tränen nicht sah, die ihm in den Augen standen.

Es war draußen noch dunkel, als er ihre Wohnung verließ. Aber während er durch die stillen, verlassenen Straßen nach Hause fuhr, begann sich der Himmel im Osten aufzuhellen. Er bog in die Concord Street ein ...

Scheiße!

Das hat mir gerade noch gefehlt, dachte er.

Vier Männer an der Straßenecke; drei riesige Schwarze und ein kleiner Puertoricaner. Die Straßenbeleuchtung war noch nicht abgeschaltet. Sie kämpften stumm in dem von der Stadt und dem Morgengrauen gelieferten halben Licht. Die drei Schwarzen schwangen Baseballschläger, und der kleine Puertoricaner versuchte sich mit bloßen Händen zu verteidigen. Das Blut spritzte auf die Backsteinmauer hinter ihm. Die Schwarzen meinten es ernst.

Kling zog die Handbremse an und griff nach seiner Waffe, während er aus dem Wagen sprang. Vorschriften überschlugen sich in seinem Kopf. Gefährliche Körperverletzung ... Auf frischer Tat ... Schußwaffengebrauch ... »Polizei!« schrie er. »Aufhören!«

Keiner hörte auf.

Ein Schläger kam wie das Rotorblatt eines Helikopters waagrecht auf seinen Kopf zugesegelt. Er ließ sich flach zu Boden fallen. Das war ein Fehler. Als er zur Seite rollte und zielen wollte, traf ihn einer der Schwarzen mit einem Tritt am Kopf. *Halt mal*, dachte er benommen, und dann *Schieß*! Verschwommene Gestalten. Jemand schrie. *Schieß doch!* dachte er. Und er schoß. Einer fiel auf das Pflaster. Ein anderer trat ihn wieder. Er schoß noch einmal. Er wußte, daß es legal war, Selbstverteidigung, Blut in seinem Mund, nicht zum Zweck der Festnahme, seine Lippe blutete, zum Teufel, er erstickte fast, ein Zahn oder sonst was, Scheiße, und er schoß, blindlings diesmal, im Zorn, und versuchte auf die Füße zu kommen, als einer der drei Männer mit dem Baseballschläger auf seinen Kopf zielte.

Er wich zur Seite aus; der Schläger zischte dicht vor seiner Nase vorbei. Er feuerte wieder, gezielt diesmal, und erwischte den Mann zu hoch, fünf Zoll über dem Herzen. Die Kugel in der Schulter warf ihn herum; er stolperte rückwärts gegen die blutbespritzte Backsteinwand, wo der dritte Schwarze eifrig auf den kleinen Puertoricaner eindrosch – Weitabschlagstraining auf der Kreuzung Concord und Dow.

»Schmeiß das Ding weg!« brüllte Kling, aber an diesem Morgen erreichte er offensichtlich mit Worten nichts; der Schwarze hatte offenbar nichts anderes im Sinn, als den Kleinen umzumachen. Der sah schon aus wie ein blutüberströmtes Lumpenbündel.

»Du blöde Sau!« brüllte Kling, »schmeiß es weg!«

Der Mann drehte sich um.

Er sah den Revolver, sah den großen Blonden mit dem Revolver, sah den Ausdruck in seinen Augen und erkannte, daß der Mann und der Revolver unmittelbar vor dem Explodieren waren. Er ließ den Schläger fallen.

»Nu ma langsam, Mann«, sagte er.

»Ja, Scheißdreck!« Kling schmiß ihn gegen die Mauer, riß ihn herum und ließ die Handschellen hinter dem Rücken des Mannes einschnappen.

Dann kniete er neben dem kleinen Puertoricaner, der aus einem Dutzend Wunden blutete.

»Ich ruf einen Krankenwagen«, sagte er.

»*Gracias por nada*«, sagte der Puertoricaner.

Das ist Spanisch und heißt ›Danke für nichts‹. Oder ›Danke, aber es war für die Katz‹.

2

Der chronologische Ablauf mancher Ereignisse kann nur von der einzigen Person bestätigt werden, die eben dies nicht mehr kann: von der Leiche.

Es schien immerhin gesichert, daß Annie Flynn zu Hause um zwanzig Uhr weggegangen war und für die siebeneinhalb Blocks von der North Sykes bis zur Zwölften Straße den Grover-Avenue-Bus genommen hatte – das hatte sie den Hoddings erzählt, bei denen sie um zwanzig Uhr fünfzehn eingetroffen war. Die Hoddings hatten ihre Wohnung um zwanzig Uhr dreißig verlassen und waren im Taxi zur Wohnung ihrer Freunde gefahren, obwohl die nur vier Blocks stadteinwärts in der Grover wohnten – wegen des langen Abendkleides, hatte Mrs. Hodding gesagt, und wegen ihrer hohen Absätze.

Von zwanzig Uhr dreißig bis ungefähr zwanzig nach zwölf hatten weder die Hoddings noch die Flynns mit Annie gesprochen. Wie üblich in der Neujahrsnacht, war telefonisch kaum durchzukommen, und Annies Vater hatte eine Weile gebraucht, bis er sie erreichte. Er und seine Frau hatten ihr ein gutes neues Jahr gewünscht und sich etwa fünf Minuten mit ihr unterhalten.

Hodding versuchte etwa zur gleichen Zeit, seine Wohnung zu erreichen; die Nummer war immer besetzt. Erst gegen zwölf Uhr dreißig klappte es. Er erfuhr, daß mit dem Baby alles in Ordnung war, wünschte Annie alles Gute zum neuen Jahr und legte auf. Man wußte also mit Sicherheit, daß sie um halb eins noch gelebt hatte. Als die Hoddings um zwei Uhr dreißig nach Hause kamen, war sie tot. Unmöglich festzustellen, ob Annie Flynn in der Mordnacht noch weitere Telefongespräche geführt hatte. Ortsgespräche wurden bei der Telefongesellschaft nicht registriert.

Jetzt war es zehn Minuten nach acht.

Meyer und Carella waren offiziell um Viertel vor acht abgelöst worden, aber hier ging es um Mord, und da waren die ersten vierundzwanzig Stunden am wichtigsten. So zogen sie Mantel, Schal und Handschuhe wieder an und gingen zurück zu dem Gebäude, in dem die Hoddings wohnten, diesmal zum Klinkenputzen. Das war ein zähes, langweiliges Geschäft, unbeliebt bei allen Cops. Kein Cop hat es gern, wenn einer auf ihn schießt, aber viele würden eine nette, altmodische Verbrecherjagd dieser nervtötenden Klinkenputzerei vorziehen, bei der man zigmal immer wieder dieselben Fragen stellen muß.

Mit einer Ausnahme wollte jeder Bewohner von 967 Grover Avenue wissen, ob es wirklich notwendig sei, all diese Fragen so früh am Morgen zu stellen. Ja, wußten sie denn nicht, daß dies der Neujahrstag war? War ihnen denn nicht klar, daß viele Leute sehr spät ins Bett gekommen waren? Was war denn so wichtig, daß es nicht später am Tag erledigt werden konnte? Mit einer Ausnahme waren alle im Haus geschockt, als sie erfuhren, daß das Baby der Hoddings und ihr Babysitter in der vergangenen Nacht ermordet worden waren. Dies war doch so eine gute Wohngegend – weiter draußen, am Stadtrand, ja, da konnte so was passieren. Aber *hier*? Mit einem Portier und so weiter? Mit einer Ausnahme hatte keiner, den die Detectives befragten, zwischen halb eins und halb drei in der vergangenen Nacht etwas Ungewöhnliches gesehen oder gehört. Viele waren gar nicht zu Hause gewesen; andere kurz nach Mitternacht zu Bett gegangen. Die eine Ausnahme hingegen . . .

»Sie haben sich wohl ein bißchen verspätet, ja?« sagte der Mann gleich.

»Was soll das heißen?« fragte Meyer.

»Die große Show war letzte Nacht«, sagte die Frau. »Wir hatten das komplette gottverdammte Polizeidepartment hier.«

»Na ja, zwei Uniformierte und einen Detective«, sagte der Mann.

Im Gegensatz zu den anderen pyjama- und morgenrockbekleideten Mietern waren die Ungers – dieser Name stand neben der Türklingel – voll angezogen und im Begriff, ihren Morgenspaziergang im Park zu machen, *trotz* dem, was letzte Nacht passiert war. Und was war letzte Nacht . . .

»Wir sind beraubt worden, das ist passiert«, sagte die Frau.

Sie hieß Shirley Unger. Eine gutaussehende Brünette, Ende Zwanzig. Sie trug ein graues Sweatshirt mit dem Wappen der

University of Michigan, farblich passende graue Hosen und rote Laufschuhe. Ihr Haar erinnerte an ein Bündel Unkraut. Ein rotes Stirnband bändigte es mühsam. Leuchtende braune Augen. Ein Carly-Simon-Mund. Sie wußte, daß sie sehr schön war. Sie spielte mit den Polizisten wie eine Stripperin auf dem Laufsteg.

»Wir kamen ungefähr um halb zwei nach Hause«, sagte sie. »Der Räuber stieg gerade aus dem Fenster. Im Fernsehraum. Eigentlich ist es das zweite Schlafzimmer.«

Sie verdrehte die Augen bei dem Wort ›Schlafzimmer‹, als ob es unanständig sei, wenn ein Einbrecher aus dem Fenster steigt. Sie schien all diese kriminell bedingte Aktivität zu genießen, auch wenn sie – wie die meisten redlichen Bürger – Einbruch und Raub verwechselte. Für den redlichen Normalbürger ist es Raub, wenn ihm jemand etwas klaut. Jeder kleinkarierte Dieb auf der Straße kennt den Unterschied zwischen Raub und Einbruchdiebstahl. Jeder Feld-, Wald- und Wiesenganove kann die Paragraphenziffern für jedes Delikt auswendig herunterrasseln, mitsamt der fälligen Höchststrafe. Wie jeder Polizist auch.

»Wir haben sofort die Polizei angerufen«, sagte Unger.

»Drei Minuten später waren sie hier«, sagte Shirley. »Zwei in Uniform und ein Detective. Ein kleiner Bursche mit einem Lokkenkopf.«

Willis, dachten sie beide.

»Detective Willis?« fragte Carella.

»Ja, stimmt«, sagte Shirley.

»Er muß es im Wagen gehört haben«, sagte Meyer.

Carella nickte.

Ein Polizeidepartment ist eine Riesenorganisation. In dieser Stadt gab es an die 28 000 Polizisten. Selbst innerhalb ein- und desselben Reviers ergab sich oft keine Möglichkeit, sich gegenseitig über die einzelnen Fälle zu informieren. Willis war vermutlich auf einer Routinestreife gewesen, als er den Notruf aufschnappte. Fahr rasch hin, hatte er sich gedacht, dann brauchen die Kollegen in Uniform nicht erst im Revier anzurufen. Der Bericht, den Willis so eifrig getippt hatte, als Meyer und Carella ins Revier gekommen waren, konnte sehr wohl den Unger-Einbruch betreffen. Sie hatten ihm nicht gesagt, daß sie einen Doppelmord in der Grover 967 zu bearbeiten hatten. Er hatte ihnen nicht gesagt, daß er mit einem Einbruch im gleichen Haus beschäftigt war. Keiner fragte, und keiner packte aus. Der gerade Weg, der bekanntlich der beste ist, ist nicht immer gangbar.

»Also, was soll das?« fragte Shirley. »Der zweite Akt?«

Sie sagten ihr, was das sollte.

Sie schien nicht sehr beeindruckt. Sie interessierte sich mehr dafür, ob die Polizei den Smaragdring wieder herbeischaffen würde, den ihr Gatte Charlie ihr auf der Hochzeitsreise in Sardinien gekauft hatte. Sie interessierte sich auch dafür, ob die Polizei den Videorecorder wieder auftreiben würde, den ihr Charlie dieses Jahr zu Weihnachten geschenkt hatte. »Oder vielmehr schon letztes Jahr, stimmt's?« sagte sie mit einem strahlenden Lächeln. Außerdem wollte sie wissen, wie lange das noch dauern werde, denn sie wolle jetzt ihren Spaziergang machen; sie sei für draußen angezogen, und es werde ihr zu warm.

Carella erklärte ihr, alles, was den Einbruch betreffe, werde von Detective Willis bearbeitet; er und sein Partner hingegen wollten ein bißchen mehr über den Mann wissen, den sie aus dem Fenster hatten steigen sehen ...

»Ja, auf die Feuerleiter«, sagte Shirley.

... weil zwischen dem Einbruch hier im sechsten Stock und dem Doppelmord im vierten ein Zusammenhang bestehen könnte.

»Oh«, sagte Shirley.

»Eben«, sagte Meyer.

»Würde es Ihnen dann was ausmachen, wenn ich das Sweatshirt ausziehe?« fragte sie. »Es ist schrecklich heiß hier.«

Ohne auf eine Antwort zu warten, zog sie das Universitäts-Sweatshirt über den Kopf und enthüllte breite rote Hosenträger und ein ziemlich durchsichtiges weißes T-Shirt, unter dem sie keinen Büstenhalter trug. Sie lächelte sittsam.

»Sie sagten, es war ungefähr halb zwei, als Sie in die Wohnung kamen?« fragte Carella.

»Ja«, sagte Shirley schüchtern. Nachdem sie jetzt halbnackt war, spielte sie die Novizin in einem Nonnenkloster in den Schweizer Bergen. Ihr Mann hatte noch seinen Parka an. Er schwitzte sichtlich, zog ihn aber nicht aus. Vielleicht dachte er, die Detectives würden es kürzer machen, wenn er den Parka anbehielt. Sie sollten ruhig merken, daß er hier raus wollte, verdammt nochmal, daß er seinen Spaziergang im Park machen wollte. Zart andeuten, daß ihm das Baby scheißegal war, das weiter unten im Haus abgemurkst worden war. Samt dem Babysitter. Sein Kamelhaarmantel war ihm nicht scheißegal. Der hatte elfhundert Dollar gekostet. Was wollten sie in *der* Sache unternehmen?

»Und Sie sagen, der Einbrecher war im Schlafzimmer und wollte gerade zum Fenster raus?«

»Ja«, sagte Shirley. »Der Räuber . . . Mit meinem Videorecorder unterm Arm.«

»Wie hat er ausgesehen?« fragte Meyer. »Konnten Sie ihn deutlich sehen?«

»O ja«, sagte Shirley. »Er hat sich nach uns umgedreht.«

»Als wir ins Schlafzimmer kamen«, sagte Unger.

Carella hatte schon seinen Block parat. »War er weiß?« fragte er. »Schwarz? Spanischer Typ? Asiatisch?«

»Weiß.«

»Wie alt?«

»Achtzehn, neunzehn.«

»Haarfarbe?«

»Blond.«

»Augen?«

»Weiß ich nicht.«

»Ich auch nicht.«

»Größe?«

»Schwer zu sagen. Er hat sich gebückt, um aus dem Fenster zu klettern.«

»Können Sie sein Gewicht schätzen?«

»Er war sehr schlank.«

»Na ja, er hatte dunkle Klamotten an«, sagte Shirley. »Da wirkt jeder dünner.«

»Auf alle Fälle war er schlank«, sagte Unger.

»War er glatt rasiert? Trug er einen Bart, einen Schnurrbart?«

»Einen Schnurrbart.«

»Einen kleinen Schnurrbart.«

»Also einen spärlichen Schnurrbart. Ungepflegt . . . Er war ja noch ein Junge, ja?«

»Und Sie sagen, er war dunkel . . .«

»Schwarze Lederjacke«, sagte Unger.

»Schwarze Hose.«

»Turnschuhe.«

»Weiße Turnschuhe.«

»Und mein Mantel«, sagte Unger.

»Ihr was?«

»Mein Kamelhaarmantel. Hat mir Shirley gekauft, bei Ralph Lauren. Für elfhundert Dollar.«

Offenbar ein besseres Stück, dachte Meyer.

Carella erinnerte sich, daß er für sein erstes Auto elfhundert bezahlt hatte.

»Was für eine Farbe hat der Mantel?« fragte Meyer.

»Hab ich doch gesagt. Kamelhaar. Hellbraun.«

»Und den hat er über der schwarzen Lederjacke . . .«

». . . und der schwarzen Hose . . .«

»Ja.«

»Hat er einen Hut aufgehabt?«

»Nein.«

»Haben Sie mit ihm gesprochen?«

»Ja. ›Zieh meinen Mantel aus, verdammter Ganove‹, hab ich gebrüllt.«

»Hat er auch was gesagt?«

»Er hat gesagt, wenn wir die Cops rufen, kommt er noch mal.«

»Man konnte schon Angst kriegen«, sagte Shirley.

»Weil er mit einer Pistole rumgefuchtelt hat«, sagte Unger.

»Er hatte eine Pistole?« fragte Carella.

»Ja. Er zog eine Pistole aus der Tasche.«

»Man konnte schon Angst kriegen«, sagte Shirley noch einmal.

»Ich hab dann gleich die Polizei angerufen«, sagte Unger mit Nachdruck.

»Glauben Sie, er kommt noch mal?« fragte Shirley.

Carella wußte nicht, in welcher Rolle sie sich jetzt sah. Vielleicht als Vergewaltigungsopfer in spe.

»Ich glaube nicht«, sagte er.

»Hat Detective Willis die Feuertreppe untersucht?« fragte Meyer.

»Ja, hat er.«

»Haben Sie eine Ahnung, ob er was gefunden hat?«

»Bestimmt nichts, was uns gehört«, sagte Shirley.

Detective Hal Willis lag mit einer ehemaligen Nutte im Bett, als mittags um zehn nach zwölf das Telefon klingelte. Er hatte fest geschlafen, erwachte aber sofort und griff nach dem Hörer. Jedesmal, wenn das Telefon klingelte, erwartete Willis, daß sich ein Polizeiinspektor in Buenos Aires melden und ihm mitteilen würde, sie hätten dort einen Mord aufgeklärt und wollten jetzt die Auslieferung einer gewissen Marilyn Hollis beantragen. Jedesmal, wenn das Telefon klingelte, fing Willis an zu schwitzen. Sogar wenn er gerade schlief. So auch jetzt.

Wenige Kollegen wußten, daß Marilyn Hollis wegen einer Drogengeschichte in Mexiko eine Gefängnisstrafe abgesessen hatte und in Buenos Aires auf den Strich gegangen war. Willis wußte es natürlich. Lieutenant Byrnes wußte es. Und Carella. Aber daß sie ihren argentinischen Zuhälter ermordet hatte, wußte nur ein einziger Cop: Hal Willis.

»Willis«, meldete er sich.

»Hal, hier ist Steve.«

»Hallo, Steve«, sagte er erleichtert.

»Hast du 'n Moment Zeit?«

»Klar.«

»Dein Einbruch gestern abend . . .«

»Ja?«

Neben ihm grunzte Marilyn und wälzte sich herum.

»Wir haben einen Doppelmord im selben Haus.«

»Oh, Boy!«

»Irgendwann zwischen zwölf Uhr dreißig und halb drei.«

»Der Einbruch war um halb zwei.«

»Haben uns die Ungers erzählt, ja.«

»Wie find'ste ihre Titten?« fragte Willis.

Marilyn rammte ihm den Ellbogen in die Rippen.

»Hab ich nicht drauf geachtet«, sagte Carella.

»Na!« sagte Willis.

»Wir haben von den Ungers gehört, daß du . . .«

»Wer ist wir?«

»Meyer und ich . . . Daß du auf der Feuerleiter rumgemacht hast.«

»Ja, hab ich.«

»Was gefunden?«

»'n kleine Flasche voll Crack.«

»Sonst noch was?«

»Ein Haufen dreckiger Fingerabdrücke auf dem Fenstersims, wo er mit einem Brecheisen eingedrungen war. Ich hab die Spurensicherung angefordert, aber es kam niemand . . . War ja nur ein kleinkarierter Einbruch, Steve. Und auch noch am Silvesterabend.«

»Aber wenn der mit einem Doppelmord in Verbindung steht . . .«

»Klar. Dann stauben sie die ganze Stadt für dich ein – Doppelmord!«

»Hast du was dagegen, wenn ich die mal anrufe?«

»Mach das. Wenn wir den Einbrecher erwischen, hab ich eine Ausrede, noch mal zu Shirley zu gehen.«

Marilyn schubste ihn wieder.

»Hast du deinen Bericht schon abgegeben?« fragte Carella.

»Liegt wahrscheinlich noch auf Petes Schreibtisch.«

»Kann ich den mal anschauen?«

»Klar, wenn's dir Spaß macht. Laß mich wissen, wie's weitergeht. Wenn der Einbrecher 'ne große Nummer ist und ich krieg ihn, gibt's vielleicht 'ne Beförderung.«

»Freie Bahn dem Tüchtigen«, sagte Carella.

»Bis nächstens.« Willis legte auf.

Wenn in dieser Stadt eine Wohnung aufgebrochen wird, schickt die Polizei manchmal ein Team von Technikern, um nach Fingerabdrücken zu suchen. Jedenfalls dann, wenn größere

Werte verschwunden sind: ein Dutzend Pelzmäntel, Wertpapiere, Bargeld, Juwelen – so in dieser Preislage. Nach kleinen Einbrüchen, und um solche handelte es sich meistens, kam nie jemand. Das war nicht schiere Nachlässigkeit. Im vergangenen Jahr waren an die 125 000 Einbrüche gemeldet worden. Die Spurensicherung bestand aber nur aus einem Lieutenant, sechs Sergeants und 63 Detectives – und die wurden dringender gebraucht bei Fällen von Mord, Brandstiftung und Vergewaltigung.

Normalerweise lief die Sache dann so: Ein uniformierter Streifenpolizist vom zuständigen Revier teilte den Betroffenen mit, ein Detective werde die Angelegenheit in den nächsten Tagen bearbeiten. Im allgemeinen traf dies auch zu – außer wenn der gerade so mit Arbeit eingedeckt war, daß sie ihm zu den Ohren rauskam. In diesem Fall meldete er sich dann nach acht oder zehn Tagen, manchmal erst zwei Wochen nach dem Einbruch. Er stellte dann eine Liste der gestohlenen Gegenstände auf und erklärte den Geschädigten in aller Offenheit, daß die Chance, ihr Eigentum wiederzusehen, äußerst gering war – es sei denn, sie erwischten den Täter auf frischer Tat bei einem anderen Einbruch oder dem Versuch, die Sore in einer Pfandleihe zu versilbern. Und dabei würde sich der Detective dann innerlich nach der guten alten Zeit sehnen, als Cops noch Respekt vor Einbrechern hatten.

O ja, das gab's mal. Damals galten Einbrecher als die Gentlemen im kriminellen Gewerbe. Aber das waren *tempi passati*. Die meisten Einbrecher sind Junkies. Wenn sie erst ein bißchen Erfahrung haben, brechen sie meist ein Fenster mit dem Stemmeisen auf, wie bei den Ungers; sie wissen, daß Nachbarn von keinem Geräusch so leicht geweckt werden wie bei dem von splitterndem Glas. Dem Neuling in der Branche ist alles wurscht. Ein Backstein in ein Handtuch gewickelt und – Rumms! – ist die Scheibe drin; Scherben mit dem Hammer weghauen, rein, und gleich wieder raus. Und dann nix wie los zu deinem freundlichen Hehler in der Nachbarschaft (der meistens auch dein Dealer ist), und die zehn Cents kassiert, die er für den Dollar Beutewert rausrückt. Nur ganz blutige Anfänger versuchen's bei einer Pfandleihe. Schon Zwölfjährige, die gerade erst mit Crack anfangen, wissen genau, daß die Cops Listen der gestohlenen Gegenstände an alle Pfandleiher in der Stadt verteilen. Nein, wer die Sore in einen Pfandschuppen trägt, muß schon total beknackt sein. Oder bereits schwere Entzugserscheinungen haben. Oder gerade erst vom Mars gekommen sein.

Also waren die Chancen der Ungers, einen Besuch von der Spurensicherung zu bekommen, sehr gering in Anbetracht der Tatsache, daß nur ein in Italien für 2000 Dollar gekaufter Smaragdring – was Rückschlüsse auf die Qualität des Steins zuließ – und ein Videorecorder aus dem Versandhandel zum Sonderpreis von 249 Dollar fehlten. Und ein zugegebenermaßen teurer Stoffmantel – aber eben nur ein Stoffmantel. In einer Stadt, die überquoll von Süchtigen aller Rassen und Hautfarben, die die Drogenhauptstadt der Nation war, lag der Verlust in Dollar pro Einbruch zwar etwas niedriger als im Fall Unger, aber Schlagzeilen machte der noch lange nicht, und niemand im Labor würde auf die Idee kommen, den Untersuchungswagen wegen eines Feld-, Wald- und Wieseneinbruchs loszuschicken, Herrgott noch mal, während überall in der Stadt Menschen ermordet wurden, Herrgott nochmal!

So standen die Dinge, bis Carella anrief und ihnen Bescheid sagte: Doppelmord, und eines der Opfer ein sechs Monate altes Baby.

Wenn im zivilen Geschäftsleben einer aus der Chefetage anruft und sofortige Vorlage eines Vorgangs verlangt, der in seiner Branche die Priorität eines Mordfalles hat, dann liegt der noch am selben Vormittag auf seinem Schreibtisch – und wenn's 220 Seiten sind. Wenn nicht, dann rollen Köpfe. Aber dies war kein ziviles Geschäftsleben. Dies war öffentlicher Dienst. Da der Neujahrstag auf den Sonntag gefallen war und der Feiertag amtlich am Montag gefeiert wurde, hofften Carella und Meyer, mit Glück gegen Ende der Woche ein paar dringend benötigte Auskünfte von den Fingerabdruck-Kollegen zu haben. Wenn einer von diesen dreiundvierzig Spezialisten im Archiv Abdrücke fand, die identisch waren mit denen, die von den Spurensicherungsleuten auf dem Fenstersims der Ungers entdeckt worden waren, *und* wenn die dann auch zu den Abdrücken auf dem Griff der Flynn-Mordwaffe paßten, dann konnten sie alle erst mal am Comer See Urlaub machen.

Dienstag morgen, am dritten Tag des neuen Jahres, hatten sie ein langes Gespräch mit Annie Flynns Eltern. Harry Flynn war Börsenmakler bei einer Firma im alten Stadtkern. An den Wänden des Flynnschen Apartments hingen überall Ölbilder, die er in seiner knapp bemessenen Freizeit gemalt hatte. Seine Frau – weder Molly noch Maggie, sondern Helen – war die Sekretärin des Präsidenten einer Textilfirma; sie erwähnte den Namen, aber keiner der Detectives kannte ihn. Es war zehn Uhr vormittags. Die Flynns wollten anschließend in das Bestattungsinstitut und waren entsprechend angezogen: Er im dunklen Anzug mit weißem Hemd und schwarzer Krawatte, sie in einem einfachen schwarzen Kleid und schwarzen Pumps mit niedrigen Absätzen. Sie trug eine dunkle Brille.

Die Detectives tappten noch völlig im dunklen.

Die Flynns lieferten einen möglichen Ansatzpunkt.

»Scott Handler«, sagte Flynn.

»Ihr Freund«, sagte Mrs. Flynn.

»Ihr gewesener, jedenfalls.«

»Bis Thanksgiving.«

»Sie hat mit ihm Schluß gemacht, als er zum Thanksgiving-Wochenende runterkam.«

»Das lange Weekend an Thanksgiving.«

»Hat damals Schluß gemacht mit ihm.«

»Runterkam?« fragte Carella. »Von wo?«

»Maine. Er besucht eine Privatschule in Maine.«

»Wie alt ist er?« fragte Meyer.

»Achtzehn«, sagte Mrs. Flynn. »Er ist in der Oberstufe der Prentiss Academy in Caribou, Maine. Oben an der kanadischen Grenze.«

»Sie sind miteinander gegangen, seit sie fünfzehn waren«, sagte Flynn.

»Und Sie sagten, sie hat im November Schluß gemacht mit ihm?«

»Ja«, sagte Mrs. Flynn »Sie hat mir vorher gesagt, daß sie's vorhat. Sie ist da rausgewachsen, hat sie mir erklärt. Ich bitte Sie – sechzehn Jahre alt, und da rausgewachsen!« Mrs. Flynn schüttelte den Kopf.

Ihr Mann legte tröstend die Hand auf ihren Arm.

»Er hat immer wieder angerufen«, sagte Mrs. Flynn. »Wenn ich ihm sagte, daß sie nicht mit ihm sprechen will, brach er jedesmal in Tränen aus. Er hat statt dessen stundenlang mit mir gesprochen, von Maine, ja? Ferngespräche waren das. Er wollte wissen, was er falsch gemacht hat. Hat immer wieder gefragt, ob er irgendwas falsch gemacht hat . . . Er hat mir richtig leid getan.«

»Kurz vor Weihnachten war er hier«, sagte Flynn.

»In den Weihnachtsferien.«

»Da hat er Annie hier in der Wohnung erwischt – sie hat aufgemacht, als es schellte.«

»Ja. Wir waren im hinteren Zimmer und haben ferngesehen.«

»Er fing an zu bitten und zu betteln, sie soll ihm doch sagen, was er falsch gemacht hat. Genau wie mit meiner Frau am Telefon. Was hab ich denn falsch gemacht? Was hab ich denn falsch gemacht? Immer wieder.«

»Annie hat ihm erklärt, daß es aus und vorbei ist . . .«

». . . und daß sie nichts mehr mit ihm zu tun haben will.«

»Und da ist er laut geworden.«

»Laut? Er fing an zu schreien.«

»Wollte wissen, ob da ein anderer Kerl . . .«

»Wir haben im hinteren Zimmer alles gehört.«

»Nein, alles nicht. Nicht, was Annie gesagt hat.«

»Aber *er* sagte . . .«

»Scott.«

»*Er* sagte, wer ist der Kerl?«

»Dann sagte Annie was . . .«

»Ich konnt's nicht verstehen; sie muß mit dem Rücken zu uns gesprochen haben.«

»Da hat er gebrüllt, ›Egal wer's ist, ich *leg* ihn *um*‹!«

»Sag ihnen, was er noch gesagt hat, Harry.«

»Er hat gesagt, ›ich leg euch beide um‹!«

»Genau mit diesen Worten?« fragte Carella.

»Genau mit diesen Worten.«

»Haben Sie seine Adresse?« fragte Meyer.

Scott Handlers Mutter war eine Frau von Ende Vierzig. Sie war elegant gekleidet und wollte gerade zu einem Treffen mit einer Kundin aufbrechen, die sie als Innenarchitektin bei der Einrichtung ihrer Wohnung beriet. Das war um halb zwölf an diesem Dienstagmorgen. Sie sah Glenn Close in *Gefährliche Liebschaften* ähnlich. Meyer dachte, daß er hier und heute nur ungern eine Frau wäre, die wie die Dame in diesem Film aussah. Wenn Meyer eine Frau mit blonden Naturlocken gewesen wäre, würde er ein Vermögen ausgegeben haben, sein Haar glätten und schwarz färben zu lassen, nur um der Frau in diesem Film nicht ähnlich zu sehen. Glücklicherweise war er kahl und hatte überhaupt keine Ähnlichkeit mit ihr. Andererseits hatte Mrs. Handler offenbar ein Problem. Man konnte es an ihrem gefrorenen Lächeln erkennen.

»Mein Sohn ist heute früh nach Maine zurückgefahren«, sagte sie.

»Zurück in seine Schule, ja?« fragte Meyer.

»Ganz recht.« Sie lächelte wieder dieses leicht irre, haarsträubende Lächeln, aber Meyer hatte ja keine Haare.

»Die Prentiss Academy«, sagte Carella.

»Ja.«

»In Caribou, Maine.«

»Ja. Warum wollen Sie ihn sprechen? Hat es was mit diesem kleinen irischen Mädchen zu tun?«

»Von wem sprechen Sie?« fragte Meyer unschuldig.

»Von der, die am Silvesterabend umgebracht worden ist. Mit der hat er schon vor Monaten gebrochen, wissen Sie.«

»Ja, das wissen wir«, bestätigte Carella.

»Kommen Sie wegen der . . . Beziehung zwischen den beiden?«

»Wir wollen ihm nur ein paar Fragen stellen.«

»Vermutlich darüber, wo er sich am Silvesterabend aufgehalten hat.« Wieder das gefrorene Lächeln.

»*Wissen* Sie, wo er war?« fragte Carella.

»Hier. Wir hatten eine große Party. Scott war hier.«

»Die ganze Nacht?«

»Die ganze Nacht.«

»Wann hat die Party angefangen?«

»Um neun.«

»Und wann war sie zu Ende?«

Sie zögerte. Ganz kurz nur, aber beide Detectives bemerkten es. Sie vermuteten, sie versuchte sich zu erinnern, ob sie etwas über den Zeitpunkt des Todes von Annie Flynn gelesen hatte. Nun, sie hatte nicht; das war eines der kleinen Geheimnisse, die die Detectives für sich behalten hatten. Aber ihr Zögern verriet ihnen, daß ihr Sohn *nicht* die ganze Nacht auf der Party gewesen war. Wenn überhaupt. Schließlich wählte sie einen Zeitpunkt, der ihr passend schien, dem alten Jahr Lebewohl zu sagen.

»Vier Uhr früh«, sagte sie.

»Ziemlich spät«, stellte Meyer fest. Er lächelte.

»Ach, nicht so sehr.« Sie zuckte die Achseln und erwiderte das Lächeln.

»Also, dann besten Dank«, sagte Carella.

»Ja«, sagte sie abwesend und schaute auf die Uhr.

Am 4. Januar, Mittwoch morgen, wurden die beiden Opfer beerdigt. Die Detectives gingen nicht zu den Beisetzungen. Sie telefonierten statt dessen mit einem Anglistik-Professor an der Prentiss Academy in Caribou, Maine. Er hieß Tucker Lowery und war Scott Handlers Studienberater. Sie hätten lieber mit Scott selber gesprochen; deshalb hatten sie die Kosten für das Ferngespräch nicht gescheut. Sie trugen beide Wolljacken unter ihren Jacketts. Es war sehr kalt in der Stadt. Aber oben in Maine war es noch kälter; Professor Lowery berichtete gleich, sie hätten in Caribou 30 Grad unter Null. Fahrenheit. Und es schneie noch stark. Carella meinte den Wind heulen zu hören. Er beschloß, seinem Sohn, sollte er sich je für die Prentiss Academy interessieren, lieber eine Universität auf der erdabgewandten Seite des Mondes zu empfehlen. Seiner Tochter auch. Falls Prentiss einmal weibliche Studenten zulassen sollte. Aber die würde, da sie dem vernünftigeren Geschlecht angehörte, ohnehin nirgendwo hinwollen, wo sie 30 Grad unter Null hatten.

»Ich weiß nicht, wo er steckt«, sagte Lowery. »Er hat Ferien bis zum Neunten. Bis nächsten Montag.«

»Bis . . . Moment mal!« sagte Carella.

»Ja?«

Carella stellte sich einen in Tweed gehüllten Herrn mit freundlichem Bart-Gesicht und lustigen braunen Augen vor, der es irgendwie amüsant fand, daß zwei Detectives aus der fernen Großstadt bis hinauf nach Maine telefonierten.

»Wollen Sie sagen, der Vorlesungsbetrieb fängt erst am Montag wieder an?« fragte Carella.

»Richtig.«

»Seine Mutter sagt, er ist schon zurückgefahren.«

»Scotts Mutter?«

»Ja. Wir haben gestern mit ihr gesprochen. Sie hat gesagt, ihr Sohn ist schon zurückgefahren.«

»Sie hat sich geirrt«, sagte Lowery.

Oder sie hat gelogen, dachte Carella.

Der Puertoricaner hieß José Herrera.

Er hatte Schläuche im Mund und in der Nase und Verbände über dem größten Teil seines Gesichts. Ein Arm war geschient. Kling war in der Klinik, um herauszubekommen, wann Herrera voraussichtlich entlassen werden würde. Arthur Brown, einer der schwarzen Kollegen, hatte ihm auch aus einem anderen Grund dazu geraten.

»Bert«, hatte Brown gesagt, »du hast zwei Männer zusammengeschossen. *Schwarze* Männer. Und jedesmal, wenn in dieser Stadt ein Cop einen Schwarzen zusammenschießt, ist die Scheiße am Dampfen. Ein Cop kann siebzehn ehrliche chinesische Kaufleute erschießen, die friedlich im Park in der Sonne sitzen – da kümmert sich kein Aas drum. Aber wenn derselbe Cop einen Schwarzen sieht, der mit einer .357 Magnum in der Hand aus einer Bank gerannt kommt, wo er gerade fuffzigtausend Dollar geklaut und den Kassierer und vier Umstehende umgelegt hat, dann sollte der Cop besser nicht schießen. Wenn er ihn trifft, ist der Deibel los. Dann hagelt's Anschuldigungen: Rassismus, Polizeibrutalität – was du willst . . . Ich möcht wissen, was passiert, wenn *ich* mal in die Lage komm, auf einen Schwarzen schießen zu müssen. – Nein, Bert: Geh in die Klinik, sprich mit dem Mann, den sie da an der Straßenecke zusammengeschlagen haben. Red ihm gut zu; er soll deine Aussage bestätigen, daß du die Vorschriften über Schußwaffengebrauch eingehalten hast.«

»Leck mich am Arsch!« war Herreras Reaktion. Es klang gedämpft, wegen der Verbände, war aber klar verständlich.

Kling glaubte nicht recht zu hören. »Ich hab Ihnen das Leben gerettet, Mann!« sagte er.

»Hat das einer verlangt?«

»Die Männer wollten . . .«

»Die Männer werden mich so oder so plattmachen«, sagte Herrera, »du hast sie nur . . .«

Kling wurde langsam ärgerlich. »Hat nicht viel gefehlt und ich wär selbst draufgegangen! Einen Zahn haben sie mir ausgeschlagen.«

»Dann halt dich das nächste Mal raus.«

»Überwältigend, diese Dankbarkeit«, sagte Kling. »Ich rette einem Menschen das Leben, und . . .«

»Haste 'ne Ahnung, was ich für Schmerzen hab?« fragte Herrera. »Hättste sie mich plattmachen lassen, hätt ich jetzt keine mehr. Du bist dran schuld.«

»*Ich* bin dran . . .«

»Na wer denn sonst? Wennse mich hier rauslassen, dann machen die mich platt. Sache von Minuten. Ich hoff bloß, du hängst nich da rum. Ich hoff bloß, sie schaffen's diesmal.«

»Niemand macht dich platt«, sagte Kling. »Nur einer ist gegen Kaution frei, und . . .«

»Und wie viele braucht's denn? Du kennst die Leute nich. Du hast keine Ahnung, wie die so was machen.«

»Dann erzähl's mir doch.«

»O ja. Der große tapfere Cop, der alles weiß, was es zu wissen gibt . . . 'n Scheißdreck weißte. Die werden mich plattmachen, verstehste das endlich?«

»Warum?«

»Geh doch hin und frag sie. Du bist doch der große Held; red doch mit denen, die du fertiggemacht hast. Die sagen dir schon Bescheid.«

»Da ich schon mal hier bin: Warum sparst du mir nicht die Zeit?«

»Ach, leck mich doch am Arsch«, sagte Herrera.

3

Die Fingerabdruck-Kollegen meldeten sich am Donnerstagmorgen. Und am selben Vormittag erhielten Meyer und Carella einen Bericht sowohl vom Labor als auch vom Büro des Gerichtsmediziners. Das war eine Art Rekord. Ein Hattrick zumindest. Alle anderen Detectives waren verblüfft und neidisch. Cotton Hawes, der einen Einbruchdiebstahl bearbeitete, erkundigte sich, ob er nicht die Mordfälle Hodding und Flynn mitbenutzen könnte, um dem Labor auch in seinem Fall Beine zu machen. Hawes sah wütend aus, als er die Frage stellte, vielleicht weil er ein Hüne mit brandroten Haaren war, mit einer weißen Strähne über der linken Schläfe, wo er mal einen Messerstich abgekriegt hatte. Mit der Strähne sah er noch wütender aus – wie eine rachsüchtige Frankenstein-Braut. Willis empfahl ihm unbeeindruckt, sich selber einen Doppelmord zu suchen.

Im Laborbericht stand, die Werkzeugspuren an dem Fenster zur Feuerleiter der Unger-Wohnung im sechsten Stock seien nicht identisch mit denen am gleichen Fenster bei den Hoddings im vierten. Des weiteren sei die Schnur an dem Mobile auf dem Boden des Kinderzimmers identisch mit der Schnur, die von einem Haken über dem Kinderbett von der Decke hing. Dies lege nahe, daß das Mobile von der Decke gerissen worden sei. Das Mobile bestehe aus einzelnen abwechselnd rot- und blaulackierten Metallröhren, die, wenn sie sich berührten, leise bimmelten. Fingerabdrücke: keine. Die per Staubsauger auf Annies Leiche gefundenen Haare schließlich seien Schamhaare einer anderen Person.

Das Büro des Gerichtsmediziners schrieb, man habe in Annie Flynns Scheide frische Samenflüssigkeit gefunden . . . Hatte sie sich gegen eine Vergewaltigung gewehrt? Die Möglichkeit eines Lustmordes hatten sie trotz der zerrissenen Bluse bisher nicht in Erwägung gezogen.

Aber da hieß es weiter, daß sich das Sperma im Falle eines weiblichen Orgasmus normalerweise innerhalb von Minuten im alkalischen Inneren von Uterus und Eileiter ausbreite. Die Spermaausbreitung war bei der Flynn-Autopsie – die eine halbe Stunde nach Einlieferung der Leiche in die Pathologie begonnen hatte – schon weit fortgeschritten, was darauf hindeutete, daß nicht nur eine Penetration, sondern auch ein Orgasmus stattgefunden hatte. Bei ausbleibendem Orgasmus, dem Normalfall bei Vergewaltigung, dauerte die Ausbreitung oft bis zu sechs Stunden. Der Gerichtsmediziner schloß eine Vergewaltigung nicht völlig aus. Er wies lediglich darauf hin, daß das Mädchen offenbar zum Orgasmus gelangt war. Man habe auch Samenproben ins Labor geschickt, um gegebenenfalls Material zum Vergleich mit dem Sperma eines Angeklagten zur Verfügung zu haben ... Geb's Gott, dachte Meyer.

Die Untersuchung der Fingerabdrücke hatte ergeben, daß die einzigen klar erkennbaren auf der Mordwaffe von Annie Flynn selbst stammten. Ja, da waren noch andere, aber die seien zu verwischt, um verwertbar zu sein. In Sachen Unger hatten sie eine *blinde Untersuchung* eingeleitet, wie das genannt wurde: keine Abdrücke eines Verdächtigen im Vergleich, keine Namen; nichts als die Abdrücke auf dem Fensterbrett – nun sucht mal schön, von wem die sind! Eine blinde Untersuchung im lokalen Bereich konnte Wochen dauern, wenn sie sich über einen Bundesstaat erstreckte, oft Monate. Carella hatte mal eine beim FBI angefordert, und die Auskunft ein Jahr später erhalten, als die Gerichtsverhandlung längst abgeschlossen war. Aber an diesem 5. Januar teilte die Fingerabdruckabteilung mit, die Abdrücke auf dem Ungerschen Fensterbrett stammten von einem gewissen Martin Proctor – alias Snake Proctor, alias Mr. Sniff, alias Doctor Proctor –, dessen Akte bis in sein zwölftes Lebensjahr zurückreichte; da war er beim Einbruch in einen Süßwarenladen in Calm's Point festgenommen worden. Sein Strafregisterauszug war inzwischen recht aufschlußreich.

Damals, bei seiner ersten Festnahme, gehörte Proctor zu einer Straßengang, die sich The Red Onions nannte, die Roten Zwiebeln, und aus wagemutigen jungen Banditen zwischen elf und vierzehn bestand, die offenbar sämtlich von einer Gier nach Schokolade gepackt waren. Snake (wie Proctor damals genannt wurde) war für den Einbruch in den Süßwarenladen gewählt worden, um einen ganzen Karton Hershey-Schokoladenriegel zu klauen – mit Mandeln, hatte der Präsident des Red Onions S.A.C. angeordnet. S.A.C. stand für Social and Athletic Club – ein Euphemismus, wie ihn sich die meisten Straßengangs leisteten.

Ein Cop, der Streifendienst machte, hatte ihn erwischt, als er aus dem Hintereingang des Ladens kam. Snake hatte gegrinst und gefragt: »He, willste 'n Hershey-Riegel?« Der Cop hatte das nicht so komisch gefunden. Der Richter hingegen meinte, Snakes schnoddrige Bemerkung lasse auf Sinn für Humor schließen, den er für die erste Voraussetzung angepaßten sozialen Verhaltens erachte. Er verwarnte Snake und ließ ihn laufen.

Das war der erste Fehler.

Sechs Monate später wurde Snake . . .

Er wurde übrigens Snake, Schlange, genannt, weil auf seinem linken Bizeps eine Python tätowiert war und darunter, in blauer Schrift, die Worte FREI LEBEN ODER STERBEN, der Wahlspruch des Staates New Hampshire, obwohl nichts darauf schließen ließ, daß er je dort gewesen war.

Sechs Monate später also wurde Snake festgenommen, weil er das Schaufenster eines Juweliers eingeschlagen und sich mit raschem Griff bedient hatte. Diesmal geriet er an eine Richterin, die etwas gegen solche Aktivitäten hatte, auch wenn es nur um zwei achtzehnkarätige goldene Trauringe und eine Digitalarmbanduhr zum Verkaufspreis von 42.95 Dollar ging. Snake, noch nicht volljährig, landete in einer Jugendstrafanstalt auf dem platten Land und wurde mit vierzehn Jahren entlassen. Inzwischen hatte er erste Erfahrungen mit Kokain gemacht, an das man in der Anstalt leicht herankam, wenn man Geld hatte, und sie nannten ihn jetzt »Mr. Sniff«, Schnüffelnase. Das war ein Spitzname im Gegensatz zu dem früheren »Snake«; das war ein Straßenname gewesen. Der neue Name bezog sich eindeutig auf Mr. Sniffs unersättliches Bedürfnis, jede Menge Kokain, die er nur irgend kaufen oder stehlen konnte, durch die Nasenlöcher hochzuziehen.

Drogen und Diebstahl passen zusammen wie Whisky und Soda.

Ein Fixer aus den besseren Kreisen ist nicht notwendigerweise ein Dieb, aber die unten in den Straßen – o Mann! Von hundert Süchtigen klauen da hundert, um sich mit Stoff versorgen zu können.

Proctor schaffte es ein paar Jahre lang, auf freiem Fuß zu bleiben. Mit neunzehn wurde er eines Nachts in einem fremden Haus erwischt, das außerdem bewohnt war – schwerer Einbruch. Er bedrohte jemanden mit einem Revolver, weil er nicht wußte, daß das Haus mit einer Fernalarmanlage gesichert war, und so hatten ihn plötzlich zwei Polizisten am Wickel, deren Revolver größer waren als seiner – prost Mahlzeit! Diesmal war's ein schweres Delikt. Diesmal gab's Zuchthaus. Und nicht zu knapp diesmal . . . Aber dann verurteilte ihn das Gericht nur zur Hälfte der Höchststrafe, und vor zwei Jahren, nachdem er ein Drittel der Zeit abgesessen hatte, hatten sie ihn auf Bewährung aus Castleview entlassen.

Dort war der Name »Doctor Proctor« entstanden.

Hätte man seine Drogenabhängigkeit in Meilen ausdrücken können, so wäre etwa die Länge des Pacific Coast Highway herausgekommen. Jeder Ganove auf der ganzen Welt wußte, daß Castleview so dicht ist wie eine Jungfrau mit Keuschheitsgürtel. Wer eine Entziehungskur braucht, der läßt sich in Castleview einbuchten, denn – Mann, da hat noch keiner auch nur einen Schnippel Marihuana reingekriegt.

Außer Doctor Proctor. Niemand hatte eine Ahnung, wie er es schaffte. Es war ein mittleres Wunder.

Aber wenn's dich mal packte, Junge, dann konnte Doctor Proctor dich wieder auf die Beine bringen. Immer bereit, einem Freund in der Not zu helfen – so war er nun mal. Ein in der Wolle gefärbter Junkie und noch im Knast ein Dope-Dealer. Aber all das war nicht so wichtig. Er hatte jetzt einen *Titel*, und das war mehr wert als ein Spitzname oder ein Straßenname. Doctor Proctor. Der seit zwei Jahren wieder frei herumlief. Der offenbar wieder in der Einbruchsbranche tätig war. Oder in einer schlimmeren.

Auf dem erkennungsdienstlichen Foto hatte er ein rundes, glattrasiertes Gesicht, dunkle Augen und kurze blonde Haare.

Die Ungers hatten ihn dünn und blond beschrieben, mit einem noch etwas dürftigen Schnurrbart.

Nach dem Geburtsdatum in seiner Akte war er im vergangenen Oktober vierundzwanzig geworden.

Die Ungers hatten ihn auf achtzehn, neunzehn geschätzt.

Die letzte Adresse, die sein Bewährungshelfer von ihm hatte, war 1146 Park Street, in Calm's Point. Aber er kümmerte sich schon lange nicht mehr um die Bewährungsauflagen; vermutlich sagte er sich, wenn er schon wieder in der alten Branche arbeitete, sei es Zeitverschwendung, bei seinem Bewährungshelfer aufzukreuzen. Wenn sie ihn erwischten, ging er ohnehin wieder in den Knast. Aber sie würden ihn *nicht* erwischen.

Jeder Kriminelle ist davon überzeugt, daß *er* nicht erwischt wird. Das passiert nur den anderen. Jeder, der schon mal im Knast war, glaubt, daß ihm das nicht noch einmal passiert. Daß er das erste Mal erwischt wurde, lag nur daran, daß er einen kleinen Fehler gemacht hat. Das nächste Mal wird er keinen machen. Ihn werden sie nicht mehr kriegen. Nie mehr in den Knast.

Der Kriminelle kommt nie auf die Idee, daß ehrliche Arbeit die sicherste Methode ist, den Knast zu vermeiden. Aber warum sollte einer einen Job für 3,95 Dollar die Stunde annehmen, wenn er bloß mit einem Ballermann in ein Lebensmittelgeschäft zu gehen braucht, um 4000 Dollar aus der Kasse zu stehlen! *Viertausend* Dollar! Für ein paar Minuten Arbeit! Außer sie erwischen dich. Dann kriegste dreißig Jahre. Viertausend Riesen geteilt durch dreißig Jahre macht zweihundert Dollar im Jahr. Und wenn man's runterrechnet auf den Wochenlohn, dann landet man in der Vierzig-Stunden-Woche bei gut sechs Cents die Stunde. Und dafür der großartige Überfall.

Toll, was?

Da marschiert einer in den Laden mit einer großen Macho-Kanone in der großen Macho-Faust, so daß sich Papa und Mama hinterm Tresen vor Angst in die Hose machen, und denkt einfach nicht daran, daß er dreißig Jahre einsetzt für das Geld in der Kasse – und das können, ganz nebenbei, bloß vier Dollar sein statt viertausend.

Smarter Bursche. Aber wer sagt denn, daß Ganoven besonders helle sein müssen?

Aber sie werden ihn sowieso nicht erwischen.

Aber auch wenn sie ihn doch erwischen, auch wenn er beim zweiten Mal doch wieder so einen winzigen Fehler macht, und auch wenn der Richter diesmal kräftiger in die Strafmaß-Kiste langt, weil er jetzt ein Gewohnheitsverbrecher ist – die Zeit im Knast, die sitzt er doch auf einer Backe ab! Zuchthaus Castleview – na! Da trifft er'n Haufen alter Kumpel von der Straße. He, Jase! Wie geht's denn immer, Blood?

Da kannste 'n Fernkurs bestellen, und hinterher biste Anwalt oder Richter. Ach, Scheiße – die Knastzeit, die schaffst du leicht, und wennse dir die Hand auf den Rücken binden.

In jedem Polizeirevier der Stadt hängt ein Spruch an der Wand:

Willst du nicht in eine Zelle,
meide alles Kriminelle!

Ganoven können da nur lachen. Der Spruch ist doch für Amateure.

Martin Proctor war im Knast gewesen, und es hatte ihm da gut gefallen, besten Dank. Jetzt war er wieder draußen, und er hatte bereits mindestens einen Einbruch hinter sich, wenn nicht Schlimmeres. Das war am Silvesterabend gewesen. Aber diesmal hatten die Cops eine Adresse. Wenn es eine Adresse gibt, dann hat man einen Punkt, wo man ansetzt. Und manchmal hat man Glück.

1146 Park lag in einem Teil von Calm's Point, in dem früher jüdische Mittelklasse gewohnt hatte. Dann war die Gegend abgerutscht auf mittel- und südamerikanische Mittelklasse, und jetzt standen die meisten Wohnungen leer, der Rest war von Junkies jeglicher Glaubensrichtung und Hautfarbe bevölkert. Niemand in dem Gebäude hatte je von jemand namens Proctor, Martin, gehört – oder Snake, Mr. Sniff oder auch nur Doctor.

Manchmal hat man Glück, ja. Aber nicht oft.

»Ich sollte jetzt in Florida sein«, sagte Fats Donner.
Er sagte es zu Hal Willis.
Willis hatte schon oft mit ihm zu tun gehabt. Er konnte ihn

nicht ausstehen. Keiner der Cops vom Siebenundachtzigsten konnte ihn ausstehen. Donner interessierte sich für kleine Mädchen. Für sehr kleine Mädchen. Zehn- bis Elfjährige waren seine Zielgruppe; mit zwölf wurden sie seiner Ansicht nach schon langsam ranzig. Willis war nur hier, weil er schon öfter mit Donner gearbeitet hatte als alle andern im Revier. Hatte Donner, hellhörig wie er war, vielleicht zufällig etwas über Proctors derzeitigen Aufenthalt aufgeschnappt?

»Nein«, sagte Donner.

»Denk mal nach«, sagte Willis.

»Ich hab nachgedacht. Ich kenn keinen Martin Proctor.«

Donner war ein Hüne und unglaublich fett. Der Spitzname Fats war weiß Gott berechtigt. Da hockte er in einem verblichenen blauen Bademantel, ein Koloß mit einem Gesicht, so fahl wie der Januarhimmel draußen. Die unförmigen unbehaarten Beine lagen auf einem Fußschemel, und mit einer geradezu obszön plumpen Hand angelte er Datteln aus einem Korb auf dem Tisch neben seinem Sessel, schob sie in den Mund und lutschte das Fruchtfleisch von den Kernen. Wie er so neben ihm stand, wirkte Willis, der ohnehin nicht groß war, geradezu winzig.

»Doctor Proctor«, sagte er.

»Nein«, sagte Donner.

»Mr. Sniff.«

»Willste mich auf die Schippe nehmen? 's gibt vielleicht vierhundert Mr. Sniffs in der Stadt.«

»Snake.«

»Snakes gibt's achthundert. Haste nicht was Leichteres? Rambo oder so.«

Er griente. Das sollte ein Witz sein. Rambo war auch ein häufiger Name. Ein Stück Dattel klebte an einem seiner Schneidezähne. Es sah aus wie eine Zahnlücke. Willis fand es zum Kotzen, daß er sich mit dem Burschen abgeben mußte.

»Es ist dein Einbruch«, hatte Carella erklärt.

»Du hast früher schon mit ihm gearbeitet«, hatte Meyer gesagt.

Und jetzt arbeitete er wieder mit ihm. Das heißt, er versuchte es.

»Kannst du dich nicht mal bißchen umhören?« fragte er.

»Nein«, sagte Donner. »Ich geh nach Florida. Die Scheißkälte hier oben . . .«

»In Florida ist es auch kalt«, sagte Willis. »Aber es kann hier wie dort verdammt heiß werden.«

»Mammie, Mammie«, sagte Donner zu der Zimmerdecke, »der Onkel will mich hauen!«

Beiden war klar, daß der einzige Grund, weshalb ein Spitzel für die Polizei arbeitet, ein krummes Ding in seiner Vergangenheit ist, das die Polizei zunächst großzügig zu übersehen bereit ist. Im Fall Donner hatte das nichts mit kleinen Mädchen zu tun. Kein Cop in der Stadt würde sich dazu hergeben, etwas Derartiges zu übersehen, auch nicht zunächst mal. Rauschgift, ja. Mord . . . kam auf den Fall an. Aber ein Kinderschänder – niemals. Es war eine sprichwörtliche Erkenntnis in der Unterwelt der Stadt: Das ist das einzige, das sich beim besten Willen nicht stillschweigend einrenken läßt.

Womit die Polizei Donner hauptsächlich an der Leine hatte, war der jahrelang zurückliegende Mord an einem Zuhälter. Die Polizei stellte sich auf den Standpunkt, daß es ohne Zuhälter ganz allgemein besser um die Stadt stünde, aber das bedeutete kein Generalpardon. O nein! Sie hatten Donner fest an der Strippe und konnten ihn jederzeit hochgehen und hinter Gittern landen lassen. Wo es keine kleinen Mädchen gab, nebenbei. Aber die Cops entschieden sich dafür, die Sache in beiden Richtungen auszunutzen. Daß die Stadt mal wieder einen Zuhälter minus gemacht hatte, war ihnen scheißegal, und zugleich hätte es ihnen überhaupt nichts ausgemacht, Donner in den Knast zu schicken. Aber sie hatten das Gefühl, da gebe es noch andere Möglichkeiten, Donner für die Tat büßen zu lassen.

Es kam zu einer stillschweigenden Übereinkunft – ohne besiegelnden Händedruck; man drückt einem Mörder nicht die Hand, und schon gar nicht einem Kinderschänder. Es wurde kein Wort gesprochen, aber von diesem Tag an wußte Donner, daß ihn jeder Cop unterm Daumen hatte, wenn der was von ihm wollte. Und jeder Cop wußte, daß Donner, er mochte sich zuerst anstellen, wie er wollte, am Ende liefern würde – weil sonst . . .

Willis sah ihn nur an.

»Haste 'n Foto von ihm?« fragte Donner.

Es funktionierte so:

Die hörgeschädigte Teddy Carella, die taub auf die Welt gekommen war und nie im Leben ein Wort gesprochen hatte, hatte sich widerstrebend endlich von ihrem Mann überzeugen lassen. Sie hatten eine dieser neumodischen Anlagen gekauft und installieren lassen, die es schon Gott weiß wie lange zu kaufen gab. Die Anlage, gegen die sie sich die ganze Zeit gewehrt hatte . . .

Hör mal, ich bin ein altmodisches Mädchen, hatte sie mit den Händen und mimisch signalisiert.

. . . hieß Telekommunikation für Taubstumme, im Fachhandel abgekürzt TT, und sah aus wie eine Schreibmaschine, die ein Telefon geheiratet und einen Bildschirm und eine Rechenmaschine zur Welt gebracht hat. Wenn die TT eingeschaltet ist, steht das Telefon oben auf dem Gerät, wo der Hörer in zwei sanft gewölbten Vertiefungen abgelegt werden kann. Dazwischen ist eine etwa zweieinhalb Zoll breite Papierrolle, auf der der Text in Großbuchstaben aufgezeichnet wird. Darunter liegt der grünlich schimmernde Bildschirm, auf dem er, gleichfalls in Großbuchstaben, durchläuft. Zuunterst kommt die Tastatur, auf der Buchstaben und Zeichen ähnlich angeordnet sind wie bei einer Schreibmaschine.

TT konnte noch nicht Stimme in Schrift umsetzen, oder umgekehrt, was natürlich eine wesentliche Vereinfachung gewesen wäre. Aber es ging auch so. In Carellas Wohnung stand ein TT in der Küche unter dem Wandtelefon, und ein identisches Gerät befand sich neben dem Telefon auf Carellas Schreibtisch im Büro. Beide Telefone konnten normal benutzt werden. Aber wenn Teddy ihren Mann anrufen wollte, schaltete sie zunächst das Gerät ein, legte den Hörer in die Akustik-Mulden, wartete auf ein regelmäßig aufleuchtendes rotes Lichtsignal, das anzeigte, daß das Freizeichen kam, und wählte dann die Nummer. Wenn der Anschluß frei war, kam das Lichtzeichen in langsamer Folge, leuchtete es in kurzen Abständen auf, war er besetzt.

Wenn das Telefon auf Carellas Schreibtisch läutete und, nachdem er sich gemeldet hatte, keine Antwort kam, wußte er, daß Teddy anrief. Wie an diesem Nachmittag um drei, zur selben Zeit, als Willis Fats Donner sanft einschüchterte. Aus Carellas Hörer kamen rasch hintereinander kurz Pieptöne – Teddy zeigte mit der Leertaste an, daß sie es war.

Hätte Carella zu Hause angerufen, so hätten Lichtsignale in allen Räumen Teddy mitgeteilt, daß das Telefon schellte. Eine ähnliche Anlage gab es für die Türklingel. Aber jetzt, wieder zurück im Stall des Siebenundachtzigsten, wußte er sofort, daß es Teddy war, als er das schnelle Piepen hörte. Er legte den Hörer auf die TT, schaltete das Gerät ein – und weiß Gott, sie sprachen miteinander! Genauer, sie sprachen nicht, sie tippten.

HALLO SCHATZ, tippte er, KOM.

Die Worte erschienen auf beiden Bildschirmen, dem in seinem Büro und dem in Teddys Küche weit oben in Riverhead. Ein Wunder. Und gleichzeitig druckte auch ein Drucker den Text auf den beiden Papierrollen aus . . . KOM war die Abkürzung für *kommen* – jetzt bist du dran. Dafür gab es rechts neben der Tastatur eine Extrataste, zur Zeitersparnis. Aus dem gleichen Grund haben TT-Benutzer oft ihre eigenen Abkürzungen für häufig vorkommende Wörter.

Teddy tippte: HALLO STEVE 1 MIN F MICH KOM
Carella tippte: F DICH STD KOM
VERGISS N BERT/EILEEN H ABEND KOM / JA 20.00 KOM /
BITTE BERT UND DU SCHLIPS KOM / SAG ICH IHM
MUSS JETZT WEG BIS DANN LIEB
E DICH / ICH DICH AUCH EA
E bedeutete *Ende*, A *auflegen*.
Sie lächelten beide.

Peter Hodding ging noch nicht wieder zur Arbeit.

»Ich könnte den Leuten nicht in die Augen sehen«, erklärte er Carella. »Sie wissen doch alle, was passiert ist, und ich weiß, daß sie es wissen . . . Bei der Beerdigung ist es mir schwer genug gefallen.«

Carella hörte ihm zu.

Draußen wurde es langsam Nacht, aber die Hoddings hatten kein Licht angeknipst. Der Raum versank im Dunkel. Sie saßen Carella im Wohnzimmer auf der Couch gegenüber. Er trug Jeans, ein weißes Button-down-Hemd und eine Wolljacke. Seine Frau hatte einen weiten Rock, einen überdimensionierten Pullover und braune Stiefel an.

»Montag geht er wieder ins Geschäft«, sagte sie.

»Ja, vielleicht«, sagte Hodding.

»Es muß doch weitergehen.« Sie sagte es wie im Selbstgespräch.

»Hat Annie Flynn mal einen Jungen namens Scott Handler erwähnt?« fragte Carella.

»Gayle?« Hodding sah seine Frau fragend an.

»Nein, sie hat nie jemand erwähnt, der so heißt.«

»Mir gegenüber auch nicht.«

Carella nickte. Er und Meyer hätten sich den jungen Handler liebend gern vorgeknöpft. Aber wo zum Henker steckte der? Und warum war er abgehauen? Carella erzählte den Hoddings nicht, daß sie seit zwei Tagen hinter dem Jungen her waren. Es hatte keinen Sinn, falsche Hoffnungen zu wecken, und noch weniger, jemanden in die Geschichte hineinzuziehen, bevor sie auch nur mit ihm gesprochen hatten.

Gayle Hodding sprach davon, wie seltsam das Leben so spiele. »Da machte man Pläne, und dann . . .« Sie schüttelte den Kopf.

Carella wartete ab. Abwarten war seine Stärke. Manchmal hatte er das Gefühl, daß neunzig Prozent seiner Arbeit aus Abwarten und Zuhören bestand. Der Rest war Glückssache oder Zufall.

»Ich habe nach einem Jahr mit dem College Schluß gemacht«, erzählte sie. »Das ist jetzt . . . Na, sieben, acht Jahre her. Ich hab dann als Mannequin gearbeitet.«

»Sie war ein sehr gutes Mannequin«, warf Hodding ein. Sie hat noch immer eine sehr gute Figur und ein gutgeschnittenes Gesicht, dachte Carella. Er hätte gern gewußt, ob sie Augusta Kling kannte, Berts geschiedene Frau. Aber er fragte sie nicht.

»Na, jedenfalls«, fuhr sie fort, »vor ungefähr anderthalb Jahren wollte ich aufs College zurück. Im letzten September vor einem Jahr . . . Wie lange ist das her, Peter?«

»Sechzehn Monate.«

»Ja«, sagte sie, »vor sechzehn Monaten. Und ich wollte mich gerade für das Wintersemester immatrikulieren lassen, da hat die Agentur angerufen. Und das hat mein ganzes Leben wieder mal verändert.«

»Die Mannequinagentur?« fragte Carella.

»Nein, nein – die Adoptionsagentur.«

Er sah sie fragend an.

»Susan war adoptiert«, sagte sie.

»Ich mach mal das Licht an«, sagte Hodding.

Er hatte den Weg über das Dach nehmen müssen.

Da waren Sicherheitsvorkehrungen im Gebäude, das wußte er. Vierundzwanzigstündiger Portier-Service, Fahrstuhlführer – unmöglich, unbemerkt durch die Haustür zu kommen. Man mußte es sportlich anpacken. Man mußte ins Nachbarhaus gelangen, wo der Portier um Mitternacht heimging, mit dem Fahrstuhl ins oberste Geschoß fahren, das Schloß der Tür zum Dach aufbrechen, das Dach überqueren, über die Trennungsmauer auf das Dach des Gebäudes klettern, in das man wollte, 967 Grover. Und dann die Feuertreppe runter.

Vorbei an Fenstern, hinter denen noch fröhliche Menschen feierten. Er duckte sich auf jedem Absatz, schob sich unterhalb der hellen Fenster weiter. Er zählte die Etagen. Achtzehn hatte das Gebäude. Er wußte, in welches Stockwerk er wollte. In das vierte. Ein langer Weg.

Er stemmte behutsam das Fenster auf. Er wußte, daß dahinter das Kinderzimmer lag. Stockdunkel. Nur ein schmaler Lichtbalken durch die offene Tür von irgendwo in der Wohnung. Vom Wohnzimmer wahrscheinlich. Stille. Er konnte die leisen Atemzüge des Babys hören. Das Baby schlief. Zwei Uhr früh.

Das Elternschlafzimmer lag an der anderen Seite der Wohnung, das wußte er. Dazwischen, die Schlafräume trennend, Küche, Eßzimmer und Wohnzimmer. Er beugte sich über das Kinderbett. Und dann . . .

Das Baby fing an zu schreien. Eine Stimme aus dem Wohnzimmer:

»Ist da jemand?«

Stille.

»Wer ist da?«

Stille.

Und dann stand sie plötzlich da, im Türrahmen des Kinderzimmers, mit einem Messer in der Hand.

Das Messer . . . Ich muß es ihr abnehmen . . .

4

Kling aß mit sichtlichem Appetit die Cannelloni auf seinem Teller und hörte Carella zu, der ihm von den verschiedenen Anläufen berichtete, die er und Meyer in Sachen Hodding und Flynn genommen hatten. Aber er kriegte nur hie und da Bruchstücke mit. Er konzentrierte sich auf das, was Eileen Teddy erzählte. Er hatte sie noch nie so bitter erlebt.

Sie saßen sich an einem runden Tisch gegenüber. Eileen mit ihrem roten Haar und den grünen Augen, die jetzt Funken zu sprühen schienen. Sie redete wie ein Wasserfall und gestikulierte wild.

Teddy hörte zu, das heißt, sie hing mit weit geöffneten Augen an Eileens Lippen, den Kopf zur Seite geneigt, so daß ihr dunkles Haar über die Wange fiel.

».. . um den Handler-Knaben zu finden«, sagte Carella, »dann können wir vielleicht . . .«

»Und dann kommt dein Cop endlich heim und sitzt nach einem langen, schweren Tag mit Ganoven von jeder Sorte vor dem Fernseher und sieht in den Nachrichten was über eine Revolte in irgendeinem Gefängnis irgendwo in den USA, und die Insassen sagen, das Essen ist ungenießbar, und es gibt zu wenig Fernsehgeräte, und das Angebot in der Sporthalle ist von vorgestern, und die Zellen sind überbelegt – weißt du, was der Cop dann *denkt*, Teddy?«

Aus dem Augenwinkel sah Kling, wie Teddy den Kopf schüttelte.

».. . denn warum ist er abgehauen, wenn er nicht irgendwelchen Dreck am Stecken hat?« sagte Carella. »Andererseits muß es ja nicht . . .«

»Der Cop sitzt da und schüttelt den Kopf«, sagte Eileen, »denn *er* weiß, wie man die Kriminalität von der Straße kriegt. *Er* weiß, wie man dafür sorgt, daß der Bursche, den er vor zwei Jahren festgenommen hat, nicht schon wieder frei herumläuft und in dieser Minute das gleiche anstellt, was er damals angestellt hat. *Er* weiß *genau*, wie man Halbwüchsigen klarmachen muß, daß in einem Drive-in-Restaurant Hamburger servieren am Ende angenehmer ist als ein kriminelles Abenteuerleben. Und, ganz nebenbei, das funktioniert nicht mit dem schönen Slogan ›Du mußt nur nein sagen‹; das ist Quatsch, Teddy. Du mußt nur nein sagen – das schiebt die Schuld dem *Opfer* in die Schuhe, verstehst du? Wenn du bloß nein gesagt hättest, dann würdest du nicht an der Nadel hängen, dann hätte dich kein Irrer auf der Straße angemacht . . .«

Jetzt kommt's, dachte Kling.

». . . und du wärst auch nicht vergewaltigt oder ermordet worden. Du brauchst bloß nein zu sagen. Nur ein bißchen Willenskraft, und keiner tut dir was. Wo zum Henker lebt Mrs. Reagan eigentlich – auf dem Mond? Hat sie gedacht, die Straßen unserer Städte liegen im Disneyland? Hat sie geglaubt, es kommt nur darauf an, höflich nein, danke, zu sagen, das hatte ich schon mal, besten Dank? Ich sag dir, Teddy, da hätte jemand zu ihr gehen sollen und einen Knicks machen und *ihr* sagen, Ihr netter Slogan ist ein glatter Beschiß, Teuerste, so läuft das nicht!«

Teddy Carella sah sie mit großen Augen an. Sie wußte Bescheid.

Es war ihr klar, daß Eileen von ihrer eigenen Vergewaltigung sprach. Bei der sie ein Messer abgekriegt hatte. Damals hatte sie ja gesagt. Denn hätte sie nein gesagt, hätte er noch einmal zugestoßen. Du mußt nur nein sagen . . . Ja, Scheiße.

»Jeder Cop in dieser Stadt weiß, wie man die Ganoven von der Straße kriegt«, sagte Eileen. »Willst du wissen, wie?«

Jetzt hörte ihr auch Carella zu. Er wandte sich zu ihr, die Gabel zwischen Teller und Mund.

»Mach den Knast unerträglich. Mach *jeden* Knast *knallhart*. Brich den Knackis das Kreuz und häng ihnen den Verstand aus. Mach aus der Zeit, die sie absitzen müssen, eine sinnlose, eine verlorene Zeit. Laß sie ein Zwei-Zentner-Gewicht von Punkt A nach Punkt B tragen und wieder zurück, immer wieder, tagein, tagaus. Und keine vorzeitige Entlassung auf Bewährung!«

»Keine Bewährung?« Carella hob die Augenbrauen.

»Nie«, sagte Eileen mit Nachdruck. »Du fängst dir die Strafe ein, du verbüßt die Strafe. Du bist knallhart? Gut. Knallhart, okay. Kannste haben. Wir sind nicht da, um dich ein ehrliches Handwerk zu lehren. Es gibt viele ehrliche Jobs, aber das solltest du kapiert haben, *ehe* sie dich verknackt haben. Wir sind hier, um dir klarzumachen, daß sie dich verknackt haben. Wir sind hier, um dir klarzumachen, daß es sich nicht auszahlt, das zu machen, was du gemacht hast, was immer das war. Und du wärst nicht hier, wenn du nicht etwas getan hättest, was die Gesellschaft schädigt, und darum werden wir dich als das behandeln, was du bist – ein Barbar.«

»Ich glaube kaum, daß so . . .«

Aber Eileen stand unter Dampf und unterbrach Carella mitten im Satz.

»Wenn du deine Zeit abgesessen hast, wenn du rauskommst, willst du gleich das nächste Ding drehen? Bitte sehr, viel Spaß. Aber laß dich nicht erwischen! *Wenn* wir dich erwischen – bei dem gleichen Delikt, bei einem anderen Delikt, bei irgendeinem Delikt –, dann . . . Na! Dann kannst du was erleben! Dann wirst du hinterher deinen Kumpels auf der Straße erzählen, daß es sich weiß Gott nicht auszahlt, was Illegales zu tun – was auch immer. Denn der Knast, in dem du jetzt landest, der ist nicht lustig, den sitzt du nicht auf einer Backe ab, ganz egal, *wo* du landest. Diesmal wird's wirklich knallhart, Mister. Diesmal schleppst du einen Felsbrocken hin und her, den ganzen Tag lang, und hinterher kriegst du einen Fraß, den würdest du deinem Hund nicht zumuten. Und es gibt kein Fernsehen, kein Radio, keine Sporthalle, wo du dich ausarbeiten kannst; du kriegst keinen Besuch, und du darfst nicht schreiben und nicht telefonieren. Du schleppst nur diesen gottverdammten Felsbrocken hin und her, schlingst den Scheißfraß runter und schläfst in einer Zelle auf einem Bett ohne Matratze und mit einer Toilettenschüssel ohne Sitz . . . Vielleicht lernst du's dann endlich. Vielleicht vergißt du's nicht wieder.«

Sie nickte nachdrücklich. Ihre Augen verschossen grüne Laserstrahlen.

Carella hütete sich, etwas zu sagen.

»Es gibt keinen einzigen Cop in dieser Stadt, der nicht dafür wäre, den Vollzug so zu organisieren, daß sie *Angst* davor kriegen.«

Carella sagte immer noch nichts.

»Dann würden alle Ganoven in der Stadt anfangen zu zittern, wenn sie nur das Wort ›Knast‹ hören. Dann würden alle Ganoven in den USA sagen, o nein, Mrs. Reagan, bitte nicht. Nicht mich – bitte jemand anders!«

Sie sah Carella und Kling herausfordernd an. *Na?* sagte ihr Blick; kein *Kommentar?* Dann wandte sie sich an Teddy, und sie flüsterte fast: »Wenn Cops könnten, wie sie wollten . . .«

Sie hatte Tränen in den Augen.

Vor der Wohnungstür sagte Eileen: »Es tut mir leid.«

»Schon in Ordnung«, sagte Kling.

»Ich hab allen den Abend verdorben.«

»Das Essen war ohnehin mies.«

Irgendwo im Haus fing ein Baby an zu schreien.

»Ich meine, wir sollten uns nicht mehr treffen«, sagte sie.

»Ich halte das für keine besonders gute Idee.«

Das Baby schrie noch immer. Kling fand, es sollte sich jemand darum kümmern, die Windeln wechseln, es füttern oder was immer erforderlich war.

»Ich war beim Pizzaz«, sagte Eileen.

Er sah sie verblüfft an. Pizzaz nannten die Cops die PSAS, die Psychological Services and Aid Section, einen psychologischen Beratungsdienst. Pizzaz klang so nett modern, so normal und unverfänglich. Es nahm der psychiatrischen Behandlung, von der kein Cop gern zugab, daß er sie brauchte, den üblen Nachgeschmack. Psychiatrische Behandlung endete oft damit, daß ein Cop seine Dienstwaffe abgeben mußte, und das fürchteten alle. Nimm einem Cop die Waffe weg, und er fühlt sich kastriert.

»Hm, hm«, machte Kling.

»Bei einer Frau namens Karin Lefkowitz.«

»Hm, hm.«

»Einer Psychologin. Es gibt da eine Hackordnung, weißt du.«

»Aha.«

»Ich soll zweimal die Woche hinkommen. Wann immer sie mich dazwischenschieben kann.«

»Na schön.«

»Und darum hab ich gedacht, es ist besser, wenn wir uns . . .«

»Abgelehnt.«

»Nur so lange, bis ich mich wieder gefangen habe.«

»Hat *sie* das vorgeschlagen?«

»Nein. Das war ganz allein meine Idee.«

»Eine lausige Idee, find ich.«

»Find ich nicht.«

»Ich schon.«

Eileen seufzte.

Kling sagte: »Ich wollte, jemand würde sich endlich um den Scheißschreihals kümmern.«

»Ja, also dann . . .« Eileen suchte in ihrer Tasche nach den Schlüsseln. Er konnte in der Tasche den Griff ihres Revolvers erkennen. Immer noch ein Cop. Aber sie sah das anders.

»Also, wenn es dir recht ist«, sagte sie, »dann möchte ich . . .«

»Nein, es ist mir nicht recht.«

»Es tut mir wirklich leid, Bert, aber es ist *mein* Leben, über das wir hier reden.«

»Meines auch.«

»Du bist nicht am Absaufen«, sagte sie und schob den Schlüssel ins Schloß. »Ich ruf dich an, wenn ich wieder Luft kriege, okay?«

»Eileen . . .«

Sie schloß auf. »Gute Nacht, Bert«, sagte sie, trat ein und machte die Tür hinter sich zu. Der Schließzylinder, gut geölt, klickte sanft.

Er stand noch minutenlang im Korridor und starrte auf die Tür. 304, stand darauf. Eine Schraube in der 4 war locker. Die Ziffer hing ein bißchen schief.

Er ging auf die Straße hinunter.

Die Nacht war sehr kalt.

Er sah auf die Uhr. Zehn vor zehn. Sein Dienst begann erst um Viertel vor zwölf.

»Also, ich meine«, sagte Lorraine, »du solltest zur Polizei gehen.«

»Nein«, sagte er.

»Ehe sie zu dir kommen.«

»Nein.«

»Weil . . . Scott, es sieht andernfalls ziemlich mies für dich aus, wirklich.«

Lorraine Greer war siebenundzwanzig. Sie trug ihr schwarzes Haar lang und hatte einen sehr blassen Teint, der durchsichtig wirkte wie Mondstein. Sie behauptete, sie habe veilchenfarbene Augen, wie Elizabeth Taylor, aber sie wußte, daß sie nur bläulich-grau waren. Sie liebte sehr dunklen Lippenstift, der auf ihrem Mund wie getrocknetes Blut wirkte. Sie hatte einen schönen Busen und gute Beine und trug Kleider, die beides zur Geltung brachten. Sie bevorzugte Rot, Gelb und Grün. Sie zog sich so an, daß sie ein bißchen an einen Baum erinnerte, bei dem im Herbst die Färbung einsetzt. Sie baute darauf, daß sie mit ihren Beinen und ihrer Oberweite in dieser nach Edellumpen getrimmten Aufmachung von Anfang an unverwechselbar sein würde, wenn sie erst ihren Durchbruch als Rockstar geschafft hatte.

Ihr Vater, ein Buchhändler, erklärte ihr, daß es in diesem Land *Tausende* von Mädchen mit langen Beinen und hübschem Busen gebe, und *Millionen* auf der Welt, und alle liefen sie in Edellumpen herum. Alle dachten, sie könnten Rockstars werden, wenn sie bloß eine Chance bekämen. Ihr Vater empfahl ihr, Anwaltssekretärin zu werden; Anwaltssekretärinnen verdienten gut, sagte er. Lorraine erwiderte, sie werde Rockstar werden. Sie habe nie eine musikalische Ausbildung gehabt, das sei richtig, aber er müsse doch zugeben, daß sie eine hübsche Stimme habe, und außerdem habe sie Hunderte von Songs geschrieben. Also jedenfalls die Texte. Gewöhnlich arbeitete sie mit einem Partner, der die Musik dazu schrieb. Sie schrieb immerzu Songs, mit wechselnden Partnern. Sie wußte, daß die Songs gut waren. Einige hielt sogar ihr Vater für gut.

· Vor Jahren war sie Scott Handlers Babysitter gewesen. Als sie fünfzehn war und er sechs.

Das war der Altersunterschied zwischen ihnen. Neun Jahre. Sie hatte ihn immer mit Wiegenliedern in den Schlaf gesungen, die sie selber schrieb. Also jedenfalls den Text. Damals war ihr Partner ein Mädchen gewesen, das sie von der High-School kannte, Silvia Antonelli. Die hatte mit neunzehn einen Lieferanten für sanitäre Einrichtungen geheiratet. Jetzt hatte sie drei Kinder und zwei Pelzmäntel; sie lebte in einem großen Haus im Pseudo-Tudorstil und schrieb keine Songs mehr.

Im Augenblick war eine Frau ihr Partner, die eine Rolle in *Chorus Line* bekommen hatte. Am Broadway, nicht bei einer dieser Tourneebühnen. Die Rolle dieser Puertoricanerin, wie immer die hieß, die, die den Song über den Kunsterzieher singt. Gonzalez? Irgend so was. Sie schrieb wunderbare Melodien. Sie war keineswegs Puertoricanerin, sondern Jüdin. Sehr dunkelhäutiger Typ. Schwarzes Haar, braune Augen – man nahm ihr die Puertoricanerin ohne weiteres ab; Lorraine konnte sie sich gut in der Rolle vorstellen. Sie hatte auch schon in *Anatevka* eine der Töchter Tevjes, des Milchmanns, gespielt, irgendwo unten in Florida. Aber das Komponieren von Songs war es, woran ihr Herz hing, nicht am Singen oder Tanzen. Sie war es, die Lorraine Vorwürfe gemacht hatte – *Du holst sie dir wohl demnächst aus dem Kindergarten?* –, weil sie etwas mit einem neun Jahre Jüngeren angefangen hatte. Lorraine hatte nur die Achseln gezuckt. Das war in der vergangenen Woche gewesen.

Sie wohnte in einem Apartment in der Innenstadt. Ihr Vater bezahlte die Miete, aber er warnte sie immer, er werde den Geldhahn bald zudrehen. Sie wußte, daß er es nicht ernst meinte. Sie war sein Augapfel, war noch immer das Kind in der Wiege. Sie hatte einmal einen Song geschrieben, *Wiegenlied*, und ihn ihrem Vater gewidmet. Rebecca – so hieß ihre Partnerin, Rebecca Simms, geb. Saperstein – hatte eine wunderschöne Melodie dazu geschrieben.

> Hör mein Wiegenlied . . .
> Mond am Himmel zieht,
> Wind rauscht durch das Ried,
> warmer Wind von Süd . . .
> Kleines Mädchen ist so müd' –
> Hör mein Wiegenlied.

Und so weiter.

Wann immer sie es sang, traten Lorraine die Tränen in die Augen. Auch Rebecca hielt es für eines ihrer besseren gemeinsamen Produkte; sie selbst aber mochte am liebsten einen feministischen Song mit dem Titel *Brenn!*, den sie geschrieben hatten, und in dem Jeanne d'Arc eine methaphorische Hauptrolle spielte. Rebecca trug ihr dunkles Haar in einer Windstoßfrisur, und Lorraine fragte sich manchmal, ob sie wohl lesbisch sei. Sie war außerordentlich ärgerlich gewesen, als Scott einzog.

Lorraine hatte nicht vorgehabt, mit Scott ins Bett zu gehen.

Er hatte einfach vor der Tür gestanden, kreideweiß im Gesicht, mit geröteten Augen; sie hatte zuerst gedacht, es komme von der Kälte draußen. Er habe ihre Adresse von ihrem Vater, sagte er, der sich an den früheren Babysitter-Job seiner Tochter erinnern konnte.

Schon in Ordnung, hatte sie gesagt, komm doch rein, wie geht's dir denn? Sie hatte ihn vor drei oder vier Jahren zuletzt gesehen, ehe er nach Maine gegangen war. Damals hatte er noch wie ein Junge ausgesehen – schlaksig, Pickel im Gesicht, na ja. Und jetzt sah er aus wie . . . Na ja, wie ein Mann. Sie war wirklich überrascht, wie gut er jetzt aussah. Aber er war natürlich immer noch ein Junge.

Er erzählte ihr, er könne sich noch gut daran erinnern, wie er ihr damals, als sie auf ihn aufpaßte, alles erzählt hatte, wie er ihr mehr vertraut hatte als seinen Eltern.

»Das ist sehr nett, was du mir da sagst, Scott.«

»Es ist wahr.«

»Schönen Dank, das ist sehr nett von dir.«

Sie hatte einen kurzen roten Rock, rote Strümpfe und gelbe Legwarmers an und weiche, niedrige schwarze Lederstiefel. Sie trug eine grüne Bluse und darunter keinen Büstenhalter. Sie hockte mit angezogenen Beinen auf der Couch. Sie hatte ihm einen Drink angeboten – Calvados, das einzige, was sie im Haus hatte –, und er hatte dankbar angenommen. Er war beim dritten Glas. Die Gläser waren ein Geburtstagsgeschenk von Rebecca. Es war der 28. Dezember. Es war draußen sehr kalt. Die Fenster des kleinen Apartments klapperten im Wind. Ihr fiel ein, wie sie ihn immer auf die Toilette gebracht und seinen kleinen Penis gehalten hatte, während er pinkelte. Manchmal hatte er eine kleine Erektion. Mit sechs Jahren. Dann pinkelte er über den ganzen Spülwasserbehälter, manchmal an die Wand. Sie lächelte, als sie daran dachte.

Er erzählte ihr, das Mädchen, mit dem er gegangen war, habe urplötzlich die Beziehung abgebrochen. Sie fand es reizend, wie er den Erwachsenenausdruck »Beziehung« gebrauchte. Aber schließlich war er achtzehn. Ein Mann. Mit achtzehn war er ein Mann, hatte er das Wahlrecht. Es war passiert, sagte er, als er an Thanksgiving nach Hause gekommen war. Schönes Thanksgiving-Geschenk, was? Sie fragte sich, ob es Leute gab, die sich an Thanksgiving beschenkten. Früher vielleicht, die Indianer und die Pilgerväter. Ob das wohl Stoff für einen Song war? Er erzählte ihr, das Mädchen habe den Bruch in der vergangenen Woche endgültig gemacht. Er habe sie in den Weihnachtsferien gleich nach seiner Ankunft besucht, und sie habe ihm erklärt, sie wolle ihn nie wiedersehen. In der letzten Woche habe er nur geheult . . . Sie hoffte nur, daß er nicht glaubte, sich in ein Kind zurückverwandeln zu können, indem er mit dieser Geschichte zu ihr kam. Und da fing er schon an zu weinen.

Sie hielt ihn in den Armen, wie sie es getan hatte, als sie fünfzehn und sechs Jahre alt waren und er mitten in der Nacht weinend wach wurde. Sie küßte sein Haar. Sie tröstete ihn. Aber dann, plötzlich . . .

Eines führte zum anderen. Seine Hände waren überall. Unter dem kurzen roten Rock, in der grünen Seidenbluse.

Rot und Grün, die Farben der Weihnacht. Sie zerflatterten unter seinen rauhen, männlichen Händen. Das war am Achtundzwanzigsten. Seit diesem Tag wohnte er hier.

Heute war der sechste Januar. Und vor fünf Minuten hatte er ihr erzählt, was er zu Annie bei ihrem letzten Treffen gesagt hatte. Annie Flynn, so hieß das Mädchen. Daß er sie beide töten würde, Annie und ihren neuen Freund, wer immer das war. Und jetzt hatte irgendwer Annie tatsächlich umgebracht, und er hatte Angst, die Polizei könnte denken, er sei es gewesen.

»Eben deshalb mußt du dich melden«, sagte sie.

»Nein.«

Er kaute an seiner Unterlippe. Er sah verdammt gut aus. Sie fühlte, wie sie feucht wurde, wenn sie ihn bloß ansah. Ob er überhaupt die leiseste Ahnung hatte, welche Gefühle er in ihr weckte?

»Außer, natürlich, du hast sie *tatsächlich* umgebracht«, sagte sie.

»Nein, nein«, sagte er. Er sah sie nicht an dabei.

»*Hast* du?« fragte sie.

»Nein, hab ich gesagt.« Aber er sah sie noch immer nicht an.

Sie trat zu ihm, packte ihn an den Haaren, zog seinen Kopf zurück. »Sag mir die Wahrheit.«

»Ich hab sie nicht umgebracht«, sagte er.

Ihr Mund auf dem seinen. Lieber Gott, was für süße Lippen. Sie küßte ihn wild und fragte sich, ob er die Wahrheit sagte.

Eine irgendwie aufregende Vorstellung: Womöglich *hatte* er das Mädchen . . .

Als Kling an diesem Abend ins Revier kam, saß José Herrera auf einer Bank im Korridor des zweiten Stocks. Er trug noch einen Kopfverband, der rechte Arm war geschient, das Gesicht noch verschwollen und verfärbt von Blutergüssen.

»*Buenas noches*«, grüßte er und grinste wie einer der mexikanischen Banditen in *Der Schatz der Sierra Madre*. Kling hatte das Gefühl, er sollte das Silber verstecken.

»Wartest du auf *mich*?« fragte Kling.

»Auf wen denn sonst?« Herrera grinste immer noch.

Kling hatte die größte Lust, ihm eine reinzuhauen – wegen dieses Grinsens und wegen seines Benehmens in der Klinik. Zu Ende bringen, was diese Schwarzen begonnen hatten. Er ging zu dem Trenngitter, klappte es auf, durchquerte das Dienstzimmer und setzte sich an seinen Schreibtisch.

Herrera war ihm gefolgt und setzte sich auf den Besucherstuhl. »Mir tut mein Kopf noch weh«, sagte er.

»Gut«, sagte Kling.

Herrera machte »Tz, tz, tz.«

»Was willst du hier?« fragte Kling.

»Heute nachmittag haben sie mich rausgeschmissen«, sagte Herrera. »Zu früh, mein ich. Ich verklag sie vielleicht.«

»Na schön. Verklag sie halt.«

»Ich denk, ich hab Chancen. Mein Kopf tut mir noch weh.«

Kling überflog einen ballistischen Bericht, den er angefordert hatte. Es ging um eine Schießerei am Heiligen Abend. Familienstreit. Ein Mann hatte Heiligabend seinen Bruder erschossen.

»Ich hab beschlossen, ich helf dir«, sagte Herrera.

»Danke, ich brauch deine Hilfe nicht.«

»In der Klinik haste mir gesagt . . .«

»Das war vor ein paar Tagen. Jetzt ist heute.«

»Ich kann dir ein ganz dickes Ding zuspielen . . . Drogen.« Herrera sprach leise, verschwörerisch, und sah immer wieder zu Andy Parker hinüber, der an seinem Schreibtisch telefonierte.

»Ich *will* kein dickes Ding«, sagte Kling.

»Die Burschen, die mich plattmachen wollten, ja? Ich wette, du hast die für ganz normale Nigger gehalten, richtig? Falsch. Das waren welche aus Jamaika.«

»Na und?«

»Weißt du Bescheid über jamaikanische Posses?«

»Ja«, sagte Kling.

»Wirklich?«

»Ja.«

Die jamaikanischen Gangs nannten sich Posses, weiß Gott, warum. Eine Posse ist ursprünglich eine Gruppe von Männern, die von einem Sheriff als Hilfssheriffs verpflichtet wird, um Ruhe und Ordnung aufrechtzuerhalten. Kling vermutete, es könne sich um so etwas wie die propagandistisch pervertierten *Zwiegedanken* in Orwells *1984* handeln: KRIEG IST FRIEDEN . . . Konnten dann nicht die Bösewichter auch Gutewichter sein und eine Gang eine Posse? Die Jamaikaner konnten das Wort noch nicht einmal richtig aussprechen, genau wie sie nicht »Mann« sagen konnten; sie sagten »Mahn«. Wie auch immer, sie schlugen dir den Schädel ein, ohne erst lange festzustellen, wer du eigentlich warst. So hatten sie es ja auch erfolgreich, wenn schon nicht mit tödlichem Ausgang, mit Herrera gemacht.

Und jetzt wollte er sie also verpfeifen.

Jedenfalls sah es so aus.

»Wir reden hier von 'ner Posse, das ist vielleicht die größte in Amerika«, sagte er. »Drogen, Mädchenhandel, Waffenschmuggel . . . Und die woll'n sich hier in der Stadt breitmachen.«

»Ausgerechnet hier in unserem kleinen Distrikt, ja?« sagte Kling.

»Größer als Spangler.«

»Hm, hm.«

»Kennst du Shower?«

»Ja, kenn ich.«

»Sogar größer als Shower«, sagte Herrera.

»Hm, hm«, machte Kling.

»Ich red von einem dicken Drogen-Deal, den sie landen woll'n.«

»Ach nee? Und wo?«

»Genau vor eurer Nase.«

»Und wie nennt sich diese Posse?«

»Langsam«, sagte Herrera. »Nicht so schnell.«

»Wenn du auspacken willst, dann tu's auch«, sagte Kling. »Du bist zu mir gekommen, ich hab nicht an deine Tür geklopft.«

»Aber deine Geschichte, die durft ich bestätigen, was? Wie du die Nigger . . .«

»Das ist lange vorbei. Im Präsidium sind sie überzeugt, daß ich nicht gegen die Vorschriften . . .«

»Is ja auch egal. Du bist mir was schuldig?«

King starrte ihn an. »Was schuldig?«

»Genau.«

»Wofür denn?«

»Für die Lebensrettung.«

»Ich bin *dir* was schuldig, weil ich *dir* das Leben . . .«

»Sag ich doch.«

»Ich fürchte, du hast noch 'n Dachschaden von den Baseballschlägern, Herrera. Wenn ich recht gehört habe . . .«

»Du hast recht gehört. Du bist mir was schuldig.«

»Und was schulde ich dir?«

»Personenschutz. Und vergiß es nicht.«

»Warum gehst du nicht ein bißchen spazieren?« schlug Kling vor und griff nach dem Ballistik-Report.

»Ich red noch nicht mal von diesen Kulturen«, sagte Herrera.

»Das ist gut, denn ich hör sowieso nicht zu.«

»Kulturen, wo, wenn du einem das Leben rettest, dann biste hinterher für sein Leben verantwortlich.«

»Und um was für Kulturen handelt es sich da?« fragte Kling.

»So asiatische Kulturen.«

»Zum Beispiel?«

»Oder Indianer. Weiß ich nich so genau.«

»Hm, hm«, machte Kling. »Aber keine spanischen Kulturen.«

»Nee, nich spanisch.«

»Du willst mir diese Kulturen bloß aufs Auge drücken, ja? So wie diese Jamaika-Posse der Stadt Drogen und Prostitu . . .«

»Ich hab gesagt, ich red hier nich von Kulturen.«

»Ja, wovon zum Henker redest du *denn*? Hör schon auf! Du verschwendest nur meine Zeit, Herrera.«

»Ich red von menschlicher Anständigkeit und Verantwortung«, sagte Herrera.

»Oh, lieber Gott, verschon mich!« Kling verdrehte die Augen himmelwärts.

»Weil, wenn du die Jakies nicht gestoppt hätt'st . . .«

»Jakies?«

»Die Jamaikaner.«

Kling hatte den Ausdruck noch nie gehört. Er hatte das Gefühl, daß Herrera ihn gerade erfunden hatte, so wie diese idiotischen asiatischen oder Indianerkulturen, die jemand verantwortlich für einen Menschen machten, dessen Leben er gerettet hatte.

»Wenn du die Jakies mich hättest killen lassen«, sagte Herrera, »dann bräucht ich mir jetzt keine Sorgen zu machen, daß sie mich jetzt killen woll'n.«

»Logisch.« Kling schüttelte den Kopf.

»Klar is das logisch.«

»Klar.«

»So krieg ich wahrscheinlich 'nen Nervenzusammenbruch, weil ich die ganze Zeit drauf warte, dasse von vorn anfangen. Willste, daß ich 'n Nervenzusammenbruch krieg?«

»Ich glaub, du hast schon einen«, meinte Kling.

»Willste, daß die mich ummachen?« fragte Herrera.

»Nein«, sagte Kling ehrlich. Wenn er das gewollt hätte, dann hätte er sie ja nur beim ersten Versuch nicht zu hindern brauchen. Dann wäre ihm auch kein Zahn ausgeschlagen worden . . . Er war immer noch nicht beim Zahnarzt gewesen.

»Gut. Ich bin froh, daß du einsiehst, daß du mir was schuldest«, sagte Herrera.

Kling war weder ein buddhistischer Mönch noch ein Hindu-Priester oder ein indianischer Schamane; er hatte keineswegs das Gefühl, Herrera etwas zu schulden.

Aber wenn womöglich wirklich eine mächtige jamaikanische Posse hier einen großen Drogen-Deal plante . . .

»Sagen wir, ich biete dir Personenschutz«, sagte er.

5

Er hieß Lewis Randolph Hamilton, und in den asiatischen Gangs hatten sie Schwierigkeiten, seinen Namen auszusprechen. Zu viele L's, und das R. In den Gangs mit spanischer Muttersprache nannten sie ihn *Luis el Martillo*, Louis der Hammer. Das sollte nicht heißen, daß er mit einem Hammer bewaffnet herumgelaufen wäre. Hamilton trug eine .357 Magnum, von der er großzügig und ohne feine Unterscheidungen Gebrauch machte. Es hieß, er habe innerhalb von einigen Jahren in den Vereinigten Staaten dreiundzwanzig Morde persönlich begangen. Für die italienischen Gangs war er *Il Camaleonte*, das Chamäleon, weil kaum jemand wußte, wie er aussah. Oder wie er *zur Zeit* aussah.

Im Miami Police Department hatten sie Fahndungsfotos, auf denen er eine übertriebene Afro-Frisur und einen Schnurrbart trug. Bei den Kollegen in Houston hatte er das Haar in zig dünne Zöpfe gedreht und sah aus wie eine männliche Medusa. Im New York Police Department gab es Bilder, auf denen sein Haar, extrem kurz geschnitten, wie eine wollige schwarze Mütze auf seinem Schädel wirkte, und in Los Angeles kannte man ihn mit einem dichten Vollbart. Hier in dieser Stadt gab es überhaupt kein Foto von ihm, denn hier war er noch nie festgenommen worden. Er hatte hier acht Menschen getötet. Die ganze Unterwelt wußte das, und die Polizei vermutete es. Aber Hamilton war wie eine verwehende Rauchfahne. In Jamaika hatten sie ihn jahrelang *The Smoke* genannt. Den Rauch, wegen seiner Fähigkeit, sich zu verziehen und spurlos zu verschwinden.

Hamiltons Posse hatte überall die Finger drin.

Prostitution. In der Vergangenheit eine reine Mafia-Domäne, dann zunehmend in chinesischer Hand, seit Tina und Toni Pao, zwei überaus attraktive Schwestern, von Hongkong nach San Francisco umgezogen waren und begonnen hatten, Mädchen aus Taiwan via Guatemala und Mexiko einzuschmuggeln. Diese Aktivitäten weiteten sich nach der Ostküste hin aus, überzogen das Land wie ein Spinnennetz und waren – durch die Verbindung mit den lokalen *Tongs* und den Connections in Übersee – praktisch unangreifbar hier in dieser Stadt. Hamilton hatte die enormen Profite entdeckt, die damit herauszuholen waren, daß man an sorgfältig ausgewählten Straßenecken unter dem Schutz von geeigneten Polizisten Mädchenfleisch verhökerte. Das Ganze war keineswegs first class. Bloß ein Haufen junger drogenabhängiger Mädchen, die da, nichts auf dem Leib außer ein paar Fetzen *Penthouse*-Wäsche, in der Kälte rumstanden.

Waffenschmuggel. Da waren die Mittel- und Südamerikaner groß im Geschäft. Vielleicht weil sie, wie Taxifahrer auf dem Rückweg vom Flughafen, nicht gern leer unterwegs waren. Wer eine Ladung von kolumbianischem Koks raufgebracht hat, fährt nicht gern mit leerem Schiff heim. Lieber mit dem Laderaum voll Schießeisen – Handfeuerwaffen großer Reichweite, automatische Gewehre, Maschinengewehre –, die man in der Karibik mit sattem Gewinn los wird. Hamilton wußte, wie man Drogen raufkriegte. Jetzt lernte er – viel zu schnell, für den Geschmack der spanischsprechenden Konkurrenz –, wie man gestohlene Waffen runterschaffte.

Und Drogen, natürlich.

Wenn eine Gang – egal welche, welcher Nationalität, welcher Hautfarbe auch immer – nicht im Drogengeschäft engagiert war, dann war es keine Gang, sondern ein Damen-Handarbeitskränzchen. Hamiltons Posse war dick drin im Drogengeschäft. Und mit genug Waffen für eine Invasion in Beirut.

All das war der Grund, weshalb die Schlitzaugen, die südamerikanischen Spics und die Spaghettifresser es gern gesehen hätten, wenn ihn einer umlegen würde.

Und das amüsierte Hamilton. All die geheuerten Killer – was konnten sie denn machen, wenn sie keine Ahnung hatten, wie er aussah? Solange keiner von seinen Leuten umgedreht wurde, hockte niemand im Gebüsch und wartete auf ihn. Wirklich sehr komisch. Diese Scheißgangs, einfach albern. Killerverträge! Ja, war er denn ein kleiner dummer Junge, der vor einer Slum-Baracke im Matsch spielte? Die Vorstellung von einem Hollywood-Schurken mit gebrochenem Nasenbein, der wie ein Bluthund hinter ihm her sein sollte, brachte ihn nur zum Lachen.

Aber heute nicht.

Heute war ihm nicht zum Lachen.

Heute war er verärgert über die Art und Weise, wie drei seiner Leute die Angelegenheit José Herrera vermurkst hatten.

»Warum Baseballschläger?« fragte er.

Eine vernünftige Frage.

Nur einer der drei stand vor ihm. Die anderen beiden waren im Krankenhaus. Aber selbst wenn der Cop sie nicht außer Gefecht gesetzt hätte, wären sie nicht gegen Kaution rausgekommen. Widerstand gegen die Staatsgewalt? Um Gottes willen! Der eine, den sie losgeeist hatten, schämte sich offensichtlich. Etwa ein Meter neunzig groß, über neunzig Kilo schwer und mit riesigen Händen, die jetzt herunterhingen, sah er aus wie ein Schuljunge, dem der Rohrstock bevorsteht. Wie damals als kleiner Junge in Kingston.

Hamilton saß geduldig und erwartungsvoll da. Er maß nur eins dreiundachtzig, er war kleiner als der Mann, mit dem er sprach. Aber selbst in seiner verständnisvollen Haltung lag etwas ungeheuer Drohendes.

Er wandte sich zu dem Mann, der neben ihm auf der Couch saß: »Isaac?« sagte er. »Warum Baseballschläger?«

Der andere zuckte die Achseln. Isaac Walker, sein Vertrauter und Leibwächter . . . Nicht daß er einen brauchte. Einen Vertrauten, ja. An der Spitze wird man einsam. Aber ein Leibwächter? Lewis Randolph Hamilton, dem konnte keiner. Ende der Durchsage.

Isaac schüttelte den Kopf. Er war auch der Ansicht, daß Baseballschläger lächerlich waren. Baseballschläger waren was für Spics, die einem ein Bein brechen wollen, weil der hinter seiner Frau her war. Wichtige Sache bei den Spics, ihre Weiber. Natürlich gab es auch bei der Posse Frauen – so wie die Huren früher mit den Soldaten herumzogen. Sie waren im Bedarfsfall greifbar. Aber niemand ließ sich wegen einer Fotze auf eine Schießerei ein. Bloß bei den Spic-Gangs, bei denen war das eine große Macho-Veranstaltung. Sogar bei den Kolumbianern, von denen man doch annehmen sollte, sie hätten mehr Grips angesichts der Summen, um die es bei ihren Operationen ging. Wenn du dich an die

Frau eines Spics ranmachst, ist das vielleicht nicht so ernst, wie wenn du an seinen sonstigen Mistkram ran willst, aber es ist ernst genug. Brich dem Kerl ein Bein, setz ihn außer Gefecht. Aber wer hatte angeordnet, daß die drei mit Baseballschlägern auf Herrera losgingen?

»Wer hat gesagt, ihr sollt Baseballschläger nehmen?« fragte Hamilton.

»James.«

Wie ein kleiner Junge, der seinen besten Freund verpetzt.

James. Der jetzt im Buenavista Hospital lag, wo sie ihm die Kugel von diesem Cop aus der Schulter gepult hatten. Dort hatte er Isaac auch zugeflüstert, daß er dem Cop einen Zahn ausgeschlagen hatte. Er schien stolz darauf zu sein. Der tickt ja wohl nicht richtig, hatte Isaac gedacht; legt sich mit einem Cop an! Als der Cop auftauchte, hätten sie in verschiedenen Richtungen türmen sollen und Herrera für einen anderen Tag aufsparen. Was sie im Endergebnis ohnehin hatten tun müssen. Einen Cop zusammenschlagen? Der hatte weiß Gott nicht alle Tassen im Schrank. James. Der, wie sich jetzt herausstellte, das mit den Baseballschlägern angeordnet hatte.

»Also James hat das angeordnet?« wiederholte Hamilton seine Frage.

»Ja, Lewis. Es war James, ganz bestimmt.«

Der Jamaika-Akzent war unüberhörbar. Der Mann hieß Andrew Fields. Ein Hüne von einem Mann. Er hätte Hamilton mit bloßen Händen in der Mitte durchbrechen und ihm die Glieder einzeln ausreißen können, so wie er es schon mit anderen getan hatte, ohne mit der Wimper zu zucken. Aber es lag Respekt in seiner Stimme. Wenn er »Lewis« sagte, klang es eher wie »Sir«.

»Also er hat gesagt, Baseballschläger?«

»Ja, Lewis.«

»Wo ich ausdrücklich gesagt hatte, ihr sollt ihn kaltmachen?«

»So ist's bei uns angekommen, Lewis.«

»Aber ihr habt trotzdem Baseballschläger genommen«, sagte Hamilton.

Andrew hoffte, daß er ihm glaubte. Daß er nicht auf die Idee kam, er, oder auch Herbert, hätte eigenmächtig gehandelt. Hätten gefunden, die Schläger seien das Richtige für den kleinen Spic. Herbert war der dritte Mann der Jagdgesellschaft gewesen. Der, der seinen Schläger nach dem Cop geschmissen hatte. Der erste, auf den der Cop geschossen hatte. Er hatte mit der Schläger-Entscheidung nicht das geringste zu tun gehabt. Es war James' Entscheidung gewesen. Vielleicht, weil es sich um einen Spic handelte, und Baseballschläger waren etwas, das Spics verstanden. Aber wenn es nur darum ging, den Mann plattzumachen, was spielte es für eine Rolle, *wie* sie es machten? Als ob der sich hinterher im Grab daran erinnern würde, ob er durch eine Kugel, ein Messer oder drei Baseballschläger hineinbefördert worden war! Diese Überlegungen von James hatte Andrew nicht mitbekommen. Aber in einer Posse gab es, wie in jeder Firma, Kommandoebenen. Der Mann hatte Schläger gesagt, und so hatten sie Schläger genommen.

»Hatte James die Absicht, den Mann nur zu verletzen?« fragte Hamilton.

»Ich denke, er wollte ihn in die Kiste packen, Lewis.«

»Also ihm nicht bloß ein paar Knochen brechen?«

»Er hat gesagt, du willst ihn in der Kiste haben, Lewis.«

»Warum dann die Baseballschläger?« fragte Hamilton ruhig und hob mit ausgebreiteten Händen fragend Schultern und Augenbrauen. »Wenn's nur darum geht, diesen Mann in einer Kiste in ein Loch im Boden zu befördern, wozu dann der Umstand? Verstehst du, was ich sagen will? Warum nicht ruck-zuck, *adiós, amigo*, wenn du uns Ärger machst, dann küß deine Schwester zum Abschied? Drück ich mich klar aus?«

»Yes, Lewis.«

»Hatte James eine Erklärung? Hat er gesagt, er will die Schläger aus einem bestimmten Grund?«

»Er hat keinen Grund genannt, Lewis.«

»Na so was!« Hamilton seufzte und sah Isaac ratsuchend an.

»Soll ich ins Krankenhaus geh'n und ihn fragen?« sagte Isaac.

»Nein, nein. Sie haben die Kaution für ihn abgelehnt; da steht ein Bulle vor der Zimmertür. Nein, nein. Das hat Zeit; wir reden schon noch mit ihm, Isaac.« Er lächelte, und das Lächeln war eisig.

Andrew war froh, daß er nicht in James' Haut steckte. Es sah so aus, als sei das Beste, was James passieren konnte, eine lange, lange Zeit im Knast, unerreichbar für Hamilton. Obgleich sich Andrew kein Gefängnis in den Vereinigten Staaten vorstellen konnte, in dem er vor Hamilton sicher gewesen wäre. Andrew wußte nicht, warum Hamilton den kleinen Spic umgelegt haben wollte; das hatte ihm keiner gesagt. Aber er wußte, daß James Mist gebaut hatte, und der Spic lief immer noch da draußen rum.

»Andrew?«

»Yes, Lewis?«

»Ich bin stocksauer über die Geschichte.«

»Yes, Lewis.«

»Ich schick drei Mann los, um einen einzigen kleinen Spic fertigzumachen . . .«

»Yes, Lewis.«

». . . den man mit Kleinkaliber hätte wegpusten können . . .«

Diese Augen. Wie Flammenwerfer.

»Aber statt dessen habt ihr drei beschlossen . . .«

»Es war James, der . . .«

»Scheißegal, wer. Ihr habt den Job geschmissen.«

Schweigen.

Andrew senkte den Blick.

»Muß ich das allein erledigen?« fragte Hamilton.

»Nein, Lewis. Wenn du's noch so willst . . . Ich mach das schon.«

»Ich will's noch so.«

»Na gut.«

»Aber keine Panne diesmal.«

»Keine Panne.«

»Wir wollen nicht die Baseballmeisterschaften gewinnen, Andrew.« Ein Lächeln.

»Ich weiß, Lewis.«

»Zieh los und sing dem Mann sein Schlummerlied«, sagte Hamilton.

Die Sozialarbeiterin, die für die Hoddings die Adoption bearbeitet hatte, hieß Martha Henley. Sie war schon seit vierzehn Jahren bei der privaten Adoptionsagentur Cooper-Anderson. Sie war Ende Sechzig, dicklich und trug ein dunkelbraunes Kostüm, flache Schuhe und eine altmodische goldene Brille. Sie begrüßte die Detectives herzlich an diesem Montag um zehn Uhr und bot ihnen die beiden Sessel gegenüber ihrem Schreibtisch an. Hinter den Eckfenstern ihres Büros hing ein trüber Winterhimmel, in den ein paar Wolkenkratzer ragten. Sie erzählte ihnen gleich zu Anfang, sie liebe Kinder. Sie erzählte ihnen, daß es ihr größtes Glück sei, die richtige Familie für ein adoptionsbedürftiges Kind zu finden. Sie glaubten ihr das. Sie hatten ihr am Telefon erklärt, warum sie mit ihr sprechen wollten. Jetzt wollte sie wissen, warum sie meinten, daß Informationen über die Adoption von Susan Hodding für ihren Fall von Bedeutung sein könnten.

»Nur insofern, als sie einen neuen Einstieg in die Sache eröffnen könnten«, sagte Meyer.

»Wie das?«

»Wir untersuchen im Augenblick zwei Möglichkeiten«, sagte Carella. »Einmal kann es sich um Anschluß-Morde handeln – Morde, die im Zusammenhang mit anderen Verbrechen begangen wurden. In diesem Fall, Einbruch. Oder Vergewaltigung. Oder beides.«

»Und die zweite Möglichkeit?«

Sie machte sich mit einem altmodischen Füllfederhalter mit Goldfeder Notizen auf einem linierten gelben Block. Meyer bemerkte, daß sie Linkshänderin war. Sie schrieb mit einer seltsam verkrümmten Hand. Meyer vermutete, daß sie zu einer Zeit aufgewachsen war, als Lehrer noch versuchten, Linkshänder auf Rechts umzuerziehen. Er stellte sich vor, daß es etwas mit Gut kontra Böse zu tun gehabt hatte, rechts die Hand Gottes, links die finstere Hand des Teufels. Quatsch, dachte er. Diese Umerziehungsversuche hatten in vielen Fällen nur dazu geführt, daß die Kinder stotterten und Lernschwierigkeiten hatten.

Carella redete noch. Mrs. Henley schrieb noch mit.

». . . den *Babysitter* töten wollte, die kleine Flynn. In diesem Fall wäre der Mord an dem Baby ein Nebeneffekt, wenn Sie so wollen, eine Folge des Mordes. Das ist die zweite Möglichkeit.«

»Ja«, sagte sie.

»Aber da gibt es noch eine dritte Möglichkeit«, sagte Carella.

»Nämlich?«

»Der Mörder wollte das *Baby* töten.«

»Ein sechs Monate altes Kind? Das ist doch kaum vorstell . . .«

»Zugegeben. Aber . . .«

»Ja, ich weiß. In dieser Stadt . . .« Sie ließ den Satz in der Luft hängen.

»Also«, sagte Carella, »der Grund, weshalb wir hier sind . . .«

»Sie sind hier, weil sie für den Fall, daß es das Baby *war*, das in erster Linie . . .«

»Ja.«

». . . dann müssen Sie soviel wie möglich über die Adoption wissen.«

»Ja.«

»Womit soll ich anfangen?«

Die Hoddings waren vor etwas über einem Jahr zum ersten Mal in die Agentur gekommen, auf Empfehlung ihres Anwalts. Sie hatten sich schon immer ein Kind gewünscht, seit Mrs. Hodding . . .

»Sie hat als Mannequin gearbeitet, wissen Sie«, erklärte Mrs. Henley.

»Ja, das wissen wir.«

. . . den Beruf aufgegeben hatte. Aber obgleich sie den Ratschlägen ihres Arztes gewissenhaft folgten, war alles vergebens gewesen. Enttäuscht hatten sie endlich beschlossen, mit Hilfe eines Anwalts eine seriöse Adoptionsagentur zu finden.

So Mrs. Henley wörtlich. Sie hatte eine etwas blumige Ausdrucksweise, fand Carella, antiquiert wie ihr Füller und die goldgefaßte Brille.

»Ihr Anwalt hat uns empfohlen«, fuhr sie fort und nickte wie zur Bestätigung des gesunden Urteilsvermögens des Anwalts. »Mortimer Kaplan, von der Kanzlei Greenfield, Gelfman, Kaplan, Schuster und Hold. Eine sehr seriöse Sozietät. Wir haben uns dann mit den Kinderheimen in Verbindung gesetzt, haben Referenzen eingeholt und die Hoddings darauf vorbereitet, was für ein Kind sie möglicherweise zu erwarten hatten. Da sollten sie sich keine Illusionen machen.«

»Was meinen Sie damit?« fragte Carella.

»Na ja, manchen Leuten schwebt so ein Bilderbuchbaby vor – blond, mit blauen Augen, süßen Patschhändchen und einem reizenden Lächeln. Aber so sehen nicht alle Babys aus. Wir kriegen alle möglichen Babys. Wir bringen sie alle unter.«

»*Alle?*« staunte Meyer.

»Alle«, bestätigte sie. »Wir haben Babys untergebracht, die körperlich behindert sind. Wir haben welche untergebracht, die mit AIDS geboren wurden . . . Es gibt ja, Gott sei Dank, so viele hilfsbereite Menschen.«

Carella nickte.

»Jedenfalls«, sagte sie, »um es kurz zu machen: Im Juli letzten Jahres habe ich die Hoddings angerufen und ihnen mitgeteilt, daß wir ein Neugeborenes hätten, das sie sich ansehen könnten. Na, fast neugeboren. Es war zu diesem Zeitpunkt zwei Wochen alt. Das ist die Bedenkzeit, die wir den leiblichen Eltern lassen. Zwei Wochen. Wir geben das Kind in ein Säuglingsheim und den leiblichen Eltern Gelegenheit, es sich anders zu überlegen, falls sie das wollen. Nach zwei Wochen können sie das Baby zurückverlangen oder notariell bestätigen, daß sie es in die Obhut der Agentur übergeben. In diesem Fall war ich ziemlich sicher, daß die Mutter – der einzige erreichbare Elternteil – der Adoption zustimmen würde. Jedenfalls rief ich die Hoddings an und bat sie, sich das Baby anzuschauen. Ein kleines Mädchen. Sie waren, wie ich es erwartet hatte, entzückt. Ein wunderhübsches Baby, wirklich. Ein Bilderbuchbaby, ein Prinzeßchen. Ich gab ihnen alle Informationen . . .«

»Welche Informationen, Mrs. Henley?«

»Informationen über die leiblichen Eltern – in diesem Fall war über den Vater wenig bekannt –, Gesundheitszustand, Religionszugehörigkeit, Schulabschluß und so weiter. Alles, was sie wissen mußten. Die Pflegemutter und ich verbrachten ungefähr zwanzig Minuten mit den Hoddings und der kleinen Susan . . . Das ist der Name, den wir ihr hier gegeben haben; die Mutter hatte sich nicht darum gekümmert. Sie haben sicher von den Hoddings erfahren, daß sie den Namen der Mutter nicht kennen. Er ist natürlich hier in unseren Unterlagen, aber die Adoptionsakten und die Geburtsurkunde sind versiegelt. Auf alle Fälle, wie gesagt, die Hoddings mochten das Kind vom ersten Augenblick an und waren damit einverstanden, Susan für das Probevierteljahr zu sich zu nehmen.«

»Wann war das, Mrs. Henley?«

»Anfang August. Da haben sie Susan mitgenommen . . . Die kleine Susan!« Mrs. Henley schüttelte den Kopf. »Und jetzt das!«

Jetzt das, ja, dachte Carella. Dann fragte er: »Wann fand die eigentliche Adoption statt?«

»Anfang Dezember.«

»Wer ist die leibliche Mutter?« fragte er.

»Ich lasse mir die Akte kommen.« Mrs. Henley drückte auf einen Knopf an ihrem Telefon. »Debbie«, sagte sie, »würden Sie mir die Akte Hodding bringen? Mr. and Mrs. Peter Hodding . . . Danke.« Sie ließ den Knopf los und sagte: »Es dauert nur einen Augenblick.«

Wenige Minuten später klopfte es, und ein dunkelhaariges Mädchen in langem Rock und weißer Rüschenbluse kam herein und legte einen Schnellhefter auf Mrs. Henleys Schreibtisch.

»Ah ja, danke, Debbie.«

Debbie lächelte im Hinausgehen Carella zu. Mrs. Henley blätterte schon in den Papieren.

»Hier haben wir's schon«, sagte sie. »Aber, meine Herren, ich kann Ihnen nicht einfach . . .«

»Natürlich nicht«, sagte Carella. »Sie waren sehr entgegenkommend, Mrs. Henley, und wir wollen Sie und die Agentur nicht in Schwierigkeiten bringen. Wir kommen später noch mal vorbei und bringen eine gerichtliche Verfügung mit.«

Die Mutter hieß Joyce Chapman.

Im vergangenen Juni, als sie erstmals Kontakt mit der Agentur aufgenommen hatte, hatte sie 748 North Orange, Apartment 41, als Adresse angegeben.

»Das ist im Zweiunddreißigsten«, sagte Meyer. »Unten in der Nähe von Hopscotch.«

Carella nickte.

Laut dem Cooper-Anderson-Formular war sie einen Meter sechsundsiebzig und wog achtundsechzig Kilo.

HAARFARBE:	blond
AUGEN:	grün
HAUTFARBE:	hell
BESONDERE MERKMALE:	ausdrucksvolle Augen
CHARAKTER:	fröhlich
NATIONALITÄT:	Amerikanerin
ETHNISCHE ABSTAMMUNG:	schottisch/irisch
RELIGION:	katholisch
SCHULABSCHLUSS:	High-School, ein Jahr College
BERUF:	./.
KENNTNISSE, HOBBYS:	Tennis, Tauchen
KRANKHEITEN:	Masern, Keuchhusten
ALLERGIEN:	./.
OPERATIONEN:	./.

Nein, sie war nie in eine Klinik eingewiesen worden . . .

Nein, sie war nicht drogenabhängig . . .

Nein, sie war keine Alkoholikerin . . .

Nein, sie war auch nie wegen einer Straftat festgenommen oder zu einer Gefängnisstrafe verurteilt worden.

Unter den Papieren, die durch die gerichtliche Verfügung freigegeben worden waren, befand sich ein Dokument, das Joyce kurz nach der Geburt des Babys unterschrieben hatte.

VEREINBARUNG
MIT DER COOPER-ANDERSON-AGENTUR

Ich, Joyce Chapman, stimme hiermit der Freigabe meines Kindes an einen Beauftragten der Cooper-Anderson-Agentur zu und weise die im St. Agnes Hospital zuständigen Personen an, besagtes Kind einem Beauftragten der Cooper-Anderson-Agentur zur Abholung zu übergeben.

Hiermit ermächtige ich die Cooper-Anderson-Agentur, an meiner Stelle jeder medizinischen, zahnmedizinischen oder chirurgischen Behandlung zuzustimmen, die nach Meinung des/der von der Cooper-Anderson-

Agentur gewählten Arztes/Ärzte für das Wohlbefinden des Kindes erfor-
derlich ist. Weiterhin willige ich ein, daß an besagtem Kind ein HIV-Test
vorgenommen wird sowie erforderlichenfalls andere Tests dieser Art. Die
Cooper-Anderson-Agentur wird mich über die Testergebnisse informieren.
Ich bin damit einverstanden, daß die Cooper-Anderson-Agentur die Zu-
kunft meines Kindes plant, und ich werde die Agentur jederzeit über meine
Adresse und meinen Aufenthalt auf dem laufenden halten, bis endgültige
Pläne für die Adoption bei der Agentur vorliegen oder ich beschließe, das
besagte Kind in meine Obhut zurückzunehmen.

Außerdem hatte Joyce vor einem Notar ein weiteres Dokument
unterschrieben:

EIDESSTATTLICHE VERSICHERUNG
DER LEIBLICHEN MUTTER BETR. DIE INTERESSEN
DES BENANNTEN LEIBLICHEN VATERS

Vor mir, dem unterzeichneten Notar, erscheint heute Joyce Chapman *und*
erklärt, über die Bedeutung einer eidesstattlichen Versicherung belehrt, zu
Protokoll wie folgt:
1) *Daß sie die leibliche Mutter des infragestehenden Kindes ist;*
2) *daß der leibliche Vater wie auch sein derzeitiger Aufenthalt* unbekannt *sind;*
3) *daß der leibliche Vater den Unterhalt des Kindes nie bestritten oder*
   dazu beigetragen hat. Er hat auch nie auf andere Weise irgendwelches
   Interesse an dem Kind gezeigt.
4) *In Anbetracht des oben Gesagten ist die leibliche Mutter der Überzeu-*
   gung, daß der leibliche Vater an dem besagten Kind nicht interessiert ist
   und keine Einwände gegen eine Adoption erheben würde.

gez. Joyce Chapman

Da war noch ein Formblatt:

Die Cooper-Anderson-Agentur macht alle Eltern, die ein Kind zur Adop-
tion freigeben, darauf aufmerksam, daß ihr Kind zu irgendeinem späteren
Zeitpunkt nach dem Namen und Aufenthalt seiner Eltern fragen könnte.

*Die Agentur wird diese Informationen nicht ohne Einwilligung der Eltern
herausgeben, es sei denn, das Gesetz verlangt dies.
Um Ihrem Kind in der Zukunft helfen zu können, fordert die Agentur Sie
auf, uns über alle Erkrankungen auf dem laufenden zu halten, die bei Ihnen
oder Ihrer Familie auftreten und die später auch Ihr Kind befallen könnten.
Ich wünsche ----- Ich wünsche nicht ----- benachrichtigt zu werden, wenn
mein Kind sich in der Zukunft mit mir in Verbindung setzen will.
Ich möchte diesbezüglich zur Zeit ------- keine Entscheidung treffen.
Ich bin mir darüber im klaren, daß ich diese Entscheidung jederzeit in
schriftlicher Form widerrufen kann.*

Joyce Chapman

»Die schau'n wir uns mal an«, sagte Carella.

748 North Orange lag in einem Teil der Stadt, in dem alles klang
wie aus dem Prospekt eines Immobilienmaklers in einer Klein-
stadt in Florida. Schmale, gewundene Straßen, die Lime, Hibiscus,
Pelican, Manatee und Heron hießen und an ähnlich schmale Straßen namens Goedkoop, Keulen, Sprenkels und Visser angrenz-
ten, in denen ursprünglich vor vielen Jahren einmal Holländer gewohnt hatten.

Im Zentrum des 32. Reviers war der Scotch Meadows Park, an
dessen westlichem Ende die Hopper Street begann; so war das
Stummelwort »Hopscotch« entstanden. Die Gegend war jetzt en
vogue, weil sich hier alle möglichen Künstler niedergelassen hatten. Orange Street allerdings war nicht en vogue. 748 North war
ursprünglich eine Schuhfabrik gewesen, dann ein Lagerhaus für
alle möglichen Maschinen, und schließlich waren durch eingezo-
gene Zwischenwände »Lofts« entstanden, Studios und einfache
Atelierwohnungen, in denen jedoch keine arrivierten Künstler
wohnten, wie im eigentlichen Hopscotch, sondern Leute, die sich
zwar Schauspieler, Dramatiker, Musiker oder Tänzer nannten,
aber meist Studenten waren. Die richtigen Schauspieler, Dramatiker, Musiker und Tänzer lebten etwas weiter draußen in einer
kürzlich renovierten Gegend nahe dem Theaterdistrikt; das mußte
man auseinanderhalten.

Die junge Frau, die bei Apartment 41 öffnete, hieß Angela Quist. Die Detectives erklärten ihr, daß sie an der Aufklärung eines Mordfalls arbeiteten, und fragten, ob sie Joyce Chapman sprechen könnten.

Die wohne nicht mehr bei ihr, sagte sie, und sie selbst sei gerade im Begriff, auszugehen. Sie hatte einen Lodenmantel an, Bluejeans und Stiefel; eine rote Wollmütze hatte sie über die Ohren heruntergezogen. Sie sei wirklich sehr in Eile, sagte sie; der Unterricht beginne um eins, und sie wolle nicht zu spät kommen. Aber dann legte sie Mantel und Mütze doch ab und sagte, wenn sie's kurz machten, hätte sie schon noch ein paar Minuten Zeit. Sie setzten sich in ein kleines Wohnzimmer, an dessen Wänden Picasso-Drucke hingen.

Angela Quist war Schauspielerin.

Und hauste in einem Loft.

In Wirklichkeit war sie Kellnerin und nahm einmal in der Woche an ihrem freien Tag Schauspielunterricht; ihr Loft maß sieben mal sieben Meter und war durch Leichtbauplatten von einem Dutzend ähnlicher Räumlichkeiten abgetrennt.

Die Decke war allerdings sehr hoch.

Und Angela hatte tatsächlich ein sehr schönes Gesicht mit hohen Wangenknochen, aristokratischer Nase, üppigem Mund und Augen wie Saphiren. Ihr Haar war honigfarben und ihre Stimme sanft und wohlklingend. Wer sagt denn, daß Aschenbrödel nicht zum Ball gehen und später im Schloß leben kann?

Sie hatte Joyce Chapman in Seattle, Washington, kennengelernt, wo sie beide aufgewachsen und zusammen zur Schule gegangen waren.

Nach dem Schulabschluß waren sie beide in diese Stadt gekommen; Angela, um Schauspielerin zu werden, Joyce, um an der Ramsey-Universität Literatur zu studieren.

»Bei Parker Harrison«, sagte Angela.

Carella reagierte nicht.

»Dem Dichter«, fügte sie hinzu. »Und Romancier.«

Carella hatte das Gefühl, er sollte jetzt sagen, ›Oh ja, natürlich – Parker Harrison!‹ Statt dessen räusperte er sich.

»Er ist ziemlich berühmt«, sagte Angela.

Meyer räusperte sich ebenfalls.

»Es ist gar nicht so leicht, in seinem Seminar angenommen zu werden«, sagte Angela.

»Aber Joyce hat er offenbar angenommen«, sagte Carella.

»O ja. Sie hat unheimlich viel Talent, wissen Sie.«

»Und sie studiert noch bei ihm?« fragte Meyer.

»Joyce? Eh . . . Nein.«

»Was macht sie jetzt?« fragte Carella.

»Also, das weiß ich wirklich nicht.«

»Wissen Sie, wo sie wohnt?«

»Ja.«

»Können Sie uns ihre Adresse geben?«

»Ja, sicher. Aber . . . Ich meine, wenn es mit was zu tun hat, was *hier* passiert ist . . .«

»Ja, es ist hier . . .«

». . . in dieser Stadt, dann seh ich nicht ein, wieso Ihnen die Adresse von Joyce weiterhelfen könnte.«

»Wie meinen Sie das, Miss Quist?«

»Na, weil sie in Seattle ist. Also . . .«

Carella und Meyer sahen sich an.

»Ich meine, sie ging nach Seattle zurück, nachdem das Kind da war. Also, genauer, nachdem das Kind untergebracht war.«

»Hm, hm. Also irgendwann im August.«

»Ungefähr Mitte August. Also, das Kind wurde im Juli geboren . . .«

»Ja.«

»Und ich glaube, die Formalitäten wurden sofort abgewikkelt.«

»Ja.«

»Und sobald alles erledigt war . . .«

»Erledigt?«

»Na, sie wollte das Kind nicht am Hals haben, ja? Sie ist schließlich erst neunzehn. Wir haben lang darüber gesprochen. Sie ist katholisch, deswegen kam Abtreibung nicht in Frage, aber behalten wollte sie das Baby auf keinen Fall. Sie ist wirklich unerhört begabt; sie hat eine große Karriere vor sich. Sie hat nie daran gedacht, das Kind zu behalten.«

»Hat sie nie eine Heirat erwogen?« fragte Meyer.

»Ja, also . . . Die Beziehung der beiden war nicht ganz dieser Art.«

»Was wollen Sie damit sagen?«

»Sie hat ihn in einer Bar kennengelernt. Ein Seemann. Handelsmarine. Unterwegs in den Persischen Golf . . . Er weiß bis heute noch nicht, daß er Vater ist.«

»Wie heißt er?«

»Keine Ahnung.«

»Weiß es Joyce?«

»Ich denke schon . . . Es muß eine ziemlich oberflächliche Begegnung gewesen sein.«

»Hm, hm«, sagte Meyer.

»Sie war vermutlich besoffen. Ich hab schon geschlafen, als sie ihn anschleppte. Normalerweise haben wir uns abgesprochen, wenn wir . . .«

»Hm, hm.«

»Dann hat die andere eben woanders übernachtet . . .«

»Hm, hm.«

». . . so daß man unter sich sein konnte, ja?«

»Hm, hm. Aber trotzdem kam sie einfach mit diesem Seemann heim . . .«

»Ja. Na ja . . .« Angela zuckte die Achseln. »Sie ist manchmal . . . Joyce handelt manchmal ein bißchen überstürzt. Aber sie ist wirklich sehr begabt, ja?« Sie zuckte wieder die Achseln.

»Also muß man ihre kleinen Eigenheiten ertragen«, sagte Meyer.

Angela sah ihn an, als vermute sie Sarkasmus.

»Wie hat er denn ausgesehen?«

»Keine Ahnung. Hab ich doch gesagt! Ich habe geschlafen, als sie reinkam, und ich hab noch geschlafen, als er am nächsten Morgen ging.«

»Und Sie sagen, sie war im Seminar dieses . . .«

»Ja. Parker Harrison.«

»Warum ist sie dann zurück nach Seattle . . .«

»Ihr Vater ist krank.«

»Hm, hm.«

»Er liegt im Sterben. Er hat da oben eine große Holzhandels-
gesellschaft. Chapman Lumber.«

»Hm, hm.«

»Leberkrebs. Ich wollte sie schon mal anrufen und fragen,
wie's ihm geht.«

»Wann haben Sie zuletzt mit ihr gesprochen?« fragte Meyer.

»Am Silvesterabend. Sie rief von Seattle an.«

Die Detectives sahen sich an.

»Von Seattle?« fragte Carella. »Von dort hat sie angerufen?«

»Ja, von Seattle. Um mir alles Gute zum neuen Jahr zu wün-
schen.«

»Könnten wir bitte ihre Nummer dort haben?« fragte Meyer.

»'türlich. Ich schau gleich nach«, sagte Angela. »Aber was hat
Ihr Mordfall mit Joyce zu tun?«

»Ihr Kind ist ermordet worden«, sagte Carella.

Die beiden Männer saßen in einem Schnellrestaurant Ecke
Longacre und Dale.

Es war halb zwei, früher Nachmittag, aber sie saßen beim
Frühstück. Der eine aß Buttertoast mit Ahornsirup, der andere
Eier mit Wurst und Pommes frites. Dazu tranken sie beide Kaf-
fee.

Für den einen wie den anderen war es ein bißchen zu früh,
bereits auf den Beinen zu sein. Halb zwei? Sehr früh für Nacht-
arbeiter. Normalerweise begann ihr Tag jeweils so um zwei, drei
Uhr. Kriech aus dem Bett, mach dir 'ne Tasse Kaffee, ruf ein paar
Leute an, sieh zu, wer sich mit dir zum Frühstück treffen will,
geh in Gemütsruhe unter die Dusche, mach dich fein und schau
zu, daß du so um vier, halb fünf die erste Mahlzeit schaffst.

»Du hast da reichlich Sirup drauf«, sagte der, der die Eier aß.

»Ich mag's so.« Der mit dem Toast schaute dem anderen auf
den Teller. »Was du da ißt, das ist genug Cholesterin für sechs
Infarkte«, sagte er. »Die Eier. In einem Ei ist mehr Cholesterin als
in einem ganzen Steak.«

»Wer hat dir denn das erzählt?«

»Es ist eben so.«

»Na und?«

»Kann dich umbringen, Cholesterin.«

»Und was glaubst du, wie sie diesen Toast machen?«

»Was meinst du damit?«

»Das, was du da ißt, vollgeschmiert mit Sirup. Was denkst du, womit die das machen?«

»Na, mit Brot.«

»Und was noch?«

»Sie rösten das Brot.«

»Und eh sie's rösten?«

»Was meinst du?«

»Wo tauchen sie's rein?«

»Keine Ahnung. Worin denn?«

»Eier.«

»Nee. Tun sie nicht.«

»Tun sie doch.«

»Willste mir erzählen, da sin Eier drin?«

»Was denkste denn, was das Zeug ist?«

»Was für 'n Zeug?«

»Na, auf dem Toast. Auf beiden Seiten.«

»Ich hab gedacht, das ist, wo'ses drin rösten.«

»Nee, das sin Eier. Eier sin das . . . Also, daß du das nich weißt . . .«

»Woher soll ich das denn wissen? Ich hab so was noch nie gemacht.«

»Also kriegste 'n Infarkt. All das Cholesterin!«

»Krieg ich nich.«

»Doch, kriegste. In einem einzigen Ei is mehr Cholesterin . . .«

»Von mir aus!«

». . . als in einem ganzen Steak – hast das nich gesagt?«

»Laß mich in Frieden essen, okay?«

Sie aßen eine Weile schweigend.

»Was haste denn letzte Nacht gemacht?« fragte der mit den Eiern. Er hatte leiser gesprochen. Sie saßen ganz hinten im Lokal, und der einzige weitere Gast saß vorn am Eingang, aber trotzdem hatte er seine Stimme gesenkt. Sein Gegenüber wischte mit einem Stück Toast Sirup vom Teller auf und schob es tropfend in den

Mund; er kaute, leckte die Lippen und sagte: »Ein Supermarkt.«
Er sprach auch leiser.

»Wo?«

»In Riverhead. Ich hab mich abends einschließen lassen. Sammy Pedicini und ich, wir haben zusammengearbeitet. Erinnerst du dich an ihn?«

»Klar. Wie geht's ihm denn?«

»Dem geht's gut. Es war sein Job. Er hat mich da reingeholt.«

»Was hat's denn gebracht?«

»Da waren bloß zweitausend im Safe. Wahrscheinlich nur, wasse morgens für die Kassen brauchen, wennse aufmachen. Also, ehrlich, ich hätt da nicht mitgespielt, wenn Sammy nicht gesagt hätte, er macht Kippe. Ich hab die ganze Nacht in dem Scheißladen verplempert. Erst mußt ich die Alarmanlage lahmlegen, damit ich ihn reinlassen konnte, und dann haben wir wer weiß wie lang mit so einem vorsintflutlichen Safe rumgemacht. Für lausige zwei Riesen. Bis vier Uhr früh hat's gedauert. Ich hab Sammy gesagt, wenn er mich noch mal für so 'ne Pleite haben will, dann kann er mich mal . . . Na, und du?«

»Einfamilienhaus in Calm's Point. Hab ich die ganze letzte Woche beobachtet. Die Familie muß verreist sein.«

»Warste allein?«

»Du stellst Fragen! Wie lange kennste mich denn? Klar war ich allein.«

»Und was haste erwischt?«

» 'n paar hübsche Mäntel.«

»Den, den du anhast?«

»Nein, nein. Der ist vom Silvesterabend. Das is 'n Ralph-Lauren-Mantel für elfhundert Riesen.«

»Also, ehrlich, nach elfhundert sieht der nich aus, Doc.«

»Kostet er aber. Frag im Geschäft. Das is Kamelhaar.«

»Glaub ich dir ja. Ich sag nur, er sieht nich so aus.«

»In der Jefferson is 'n Ralph Lauren. Geh rein und frag.«

»Ich sag ja, ich glaub's dir, Doc. Bloß, es is nur Stoff . . .«

»Die beiden von gestern abend sind Pelz.«

»Was für?«

»Ein Waschbär . . .«

»Bringt doch nix. Da verschwend ich meine Zeit nich für. Und der andere?«

»Rotfuchs.«

»Das issen schöner Pelz, Rotfuchs.«

»Hm hm.«

»Calm's Point, haste gesagt? Wo die Mäntel her sind?«

»Ja. Die von gestern abend. Nich der, den ich anhab.«

»Da sollteste gut aufpassen. Calm's Point . . .«

»Was soll'n das heißen?«

»Hat Sammy jedenfalls gesagt.«

»Warum? Was is los mit Calm's Point?«

»Da haben Cops bei deiner alten Adresse rumgeschnüffelt.«

»Wovon redest du da?« Er sprach noch leiser.

»Sagt Sammy.« Der andere sprach auch leiser. »Park Street, stimmt's?«

»Ja und?«

»Seine Freundin wohnt Park Street. Sie hat ihm erzählt, daß ein paar Cops nach dir gefragt haben.«

»Was red'ste da für 'n Scheißdreck?«

»Sammy hat das gesagt.«

»Daß Cops nach mir *gefragt* haben?«

Beide flüsterten nur noch.

»Ja, hat ihm seine Freundin erzählt. Sie wohnt mit zwei anderen Nutten in 'nem Apartment, und sie hat gesagt, zwei Detectives . . .«

»Wann war das?«

»Letzte Nacht. Als Sammy an diesem Scheißsafe so ewig lang . . .«

»Ich will wissen, wann sie nach *mir* gefragt haben!«

»So vor paar Tagen vielleicht . . . Mußte Sammy fragen. Ich glaub, Freitag hat er gesagt. Ruf ihn doch an, er sagt's dir schon.«

»Hat seine Freundin gesagt, *warum* sie nach mir fragen?«

»Das ist alles nur aus zweiter Hand, Doc. Die Cops haben nicht mir *ihr* gesprochen, sondern mit den Leuten aus deinem früheren Haus.«

»In der Park Street?«

»Ja.«

»1146 Park?«

»Was auch immer. Aber als die Cops wieder weg waren, isse mal rüber und hat gefragt, was eigentlich los ist. Und einer aus dem Haus hat gesagt, sie suchen nach dir.«

»Nach mir . . . Und weshalb?«

»Sie wollen dir 'n paar Fragen stellen.«

»Was für Fragen denn?«

»Keine Ahnung, Doc.« Er grinste. »Du hast doch nicht etwa was ausgefressen in letzter Zeit?«

6

Carella wählte die Nummer um zwei Uhr seiner Ortszeit.

Die Telefonistin der Firma Chapman Lumber in Seattle war erstaunt über den Anruf von einem Detective aus den Oststaaten. Carella erklärte ihr, er versuche Joyce Chapman zu erreichen, und die Telefonistin sagte, Augenblick bitte. Dann war eine andere Frau am Apparat.

»Ja, bitte?«

Carella sagte sein Sprüchlein noch einmal auf – wer er war und was er wollte. Er habe die Nummer gewählt, die man ihm als die Miss Chapmans gegeben habe . . .

»Weshalb wollen Sie Miss Chapman sprechen?«

»Mit wem spreche ich, bitte?« fragte Carella.

»Mit Mr. Chapmans Sekretärin. Er war im Krankenhaus . . .«

»Ja, ich weiß Bescheid.«

»Also wenn Sie *mir* sagen können, was . . .«

»Ich will nicht Mr. Chapman sprechen«, sagte Carella, »sondern seine Tochter. Aber auf der Nummer, die ich habe, kann ich sie nicht erreichen.«

»Und in welcher Angelegenheit wollen Sie sie sprechen?«

»Wie war doch gleich Ihr Name, Ma'am?«

»*Miss.* Miss Ogilvy. Miss Pearl Ogilvy.«

Das paßt zusammen, dachte Carella. »Miss Ogilvy«, sagte er, »ich habe hier einen Doppelmord aufzuklären, und ich würde sehr gern mit Joyce Chapman sprechen. Wenn Sie wissen, wo sie sich aufhält, würden Sie mir die Mühe sparen, die Polizei in Seattle einzuschalten, die bestimmt . . .«

»Miss Chapman hält sich in The Pines auf.«

»Ist das ein Hotel in Seattle?«

»Nein, es ist Mr. Chapmans Haus. The Pines.«

»Ah so. Ist die Nummer richtig?« Er las ihr die Nummer vor, die Angela Quist ihm gegeben hatte.

»Nein, die letzte Ziffer ist eine Neun, keine Fünf.«

»Haben Sie besten Dank.«

»Keine Ursache«, sagte Miss Ogilvy und legte auf.

Carella drückte auf die Gabel, bekam wieder das Freizeichen, wählte die Ortskennzahl 206 und dann die Nummer, diesmal mit einer Neun am Ende. Das Rufzeichen.

Lange. Immer wieder.

Er wollte schon aufgeben, da . . .

»Hallo?«

Eine total verschlafene Stimme.

»Miss Chapman?«

»Mmm.«

»Hallo?«

»Mmm.«

»Hier spricht Detective Carella, 87. Revier. Ich rufe von . . .«

»Wer?«

»Tut mir leid, wenn ich Sie geweckt habe«, sagte er, »spreche ich mit Joyce Chapman?«

»Ja. Wie spät ist es denn?«

»Bei Ihnen an der Westküste kurz nach elf.«

»Sagen Sie mir doch noch mal, wer Sie sind.«

»Detective Carella. Ich rufe von Isola an, Miss Chapman. Wir bearbeiten hier einen Doppelmord, und ich wüßte gern . . .«

»Einen *was*?«

»Einen Doppelmord.«

»Himmel!«

»Wir haben heute früh mit einer Angela Quist gesprochen . . .«

»Angie? Hat sie was damit zu tun?«

»Nein, Miss Chapman. Wir haben mit ihr gesprochen, weil wir sie an der letzten Adresse trafen, die wir von Ihnen hatten.«

»Von *mir*?«

»Ja.«

»*Meine* letzte Adresse?«

»Ja.«

»Was hab *ich* denn mit Ihrem Mord zu tun? Und woher haben Sie meine letzte Adresse?«

»Von der Cooper-Anderson-Agentur«, sagte Carella.

Langes Schweigen.

»Wer ist ermordet worden?« fragte Joyce endlich. »Mike?«

»Wer ist Mike?« fragte Carella.

»Mike. Der Vater des Babys. Hat ihn jemand umgebracht?«

»Mike und was noch?«

Wieder Schweigen. Dann:

»Ist er tot oder nicht?«

»Vielleicht. Ich habe keine Ahnung«, sagte Carella. »Aber er ist keines der Opfer in dem Fall, den wir bearbeiten.«

»Was ist er denn? Ein Verdächtiger?«

»Nicht, wenn er am Silvesterabend an Bord eines Schiffes im Persischen Golf war. Wie heißt er denn mit Nachnamen?«

»Woher wissen Sie, daß er bei der Marine war?«

»Handelsmarine«, sagte Carella.

»Ist doch dasselbe.«

»Nicht ganz. Miss Quist hat es erwähnt.«

»Und wissen Sie das von ihr, daß ich das Kind zur Adoption freigegeben habe?«

»Nein.«

»Woher wissen Sie dann etwas von Cooper-Anderson?«

»Von den Adoptiveltern.«

»Und Cooper-Anderson hat Ihnen meinen *Namen* gegeben? Das ist ein gottverdammter Vertragsbruch!«

»Miss Chapman, eine der Toten ist Ihr Baby.«

Er glaubte, ein scharfes Luftholen am anderen Ende zu hören. Er wartete.

»Es ist nicht mein Baby«, sagte Joyce schließlich.

»Juristisch vielleicht nicht . . .«

»Emotional auch nicht. Nur biologisch. Ich habe es zur Welt gebracht, Mr. Carella . . . So heißen Sie doch?«

»Ja, Carella.«

»Und alles Weitere geht mich nichts mehr an.«

»Ich verstehe. Aber immerhin ist sie jetzt tot.«

»Das bedaure ich. Warum rufen Sie mich an, Mr. Carella?«

»Miss Chapman, wir wissen, daß Sie am Silvesterabend in Seattle waren . . .«

»Ist das, wann sie . . .«

»Ja.«

»Und wer noch? Sie haben gesagt, ein Doppel . . .«

»Ihr Babysitter. Ein junges Mädchen namens Annie Flynn. Sagt Ihnen der Name etwas?«

»Nein.«

»Miss Chapman, können Sie mir den vollen Namen des Vaters sagen?«

»Warum wollen Sie den wissen? Wenn Sie denken, er war's . . .«

»Wir denken vorläufig noch gar nichts. Wir versuchen nur . . .«

»Er wußte noch nicht mal, daß ich schwanger war. Wir waren an einem Samstagabend zusammen, und am nächsten Tag lief sein Schiff aus.«

»Wo haben Sie ihn getroffen, Miss Chapman?«

»In Lang's Disco. Unten im Quarter.«

»Ja, kenn ich. Und Sie haben ihn in das Apartment in der Orange Street mitgenommen?«

»Ja.«

»Und dort die Nacht mit ihm verbracht?«

»Ja.«

»Haben Sie ihn später noch mal getroffen?«

»Nein. Sag ich doch. Am nächsten Tag ist sein Schiff ausgelaufen.«

»Ziel Persischer Golf.«

»Um Öl aus Kuwait zu holen. Hat er wenigstens gesagt. Kann reine Angabe gewesen sein. Manche versuchen, bei den Mädchen Eindruck zu schinden, indem sie behaupten, sie hätten einen gefährlichen Job.«

»Wissen Sie, ob er noch im Persischen Golf ist?«

»Ich hab ihn zum letzten Mal um acht Uhr früh am achtzehnten Oktober gesehen, vor fünfzehn Monaten.«

»Sie haben ein Gedächtnis für Zeitabläufe«, meinte Carella.

»Hätten Sie auch, wenn Sie neun Monate nach dem Abschiedskuß ein Kind gekriegt hätten.«

»Dann wurde Susan an diesem Abend gezeugt?«

»So haben sie das Kind genannt?«

»Susan, ja.«

»Susan«, wiederholte sie.

»Ja.«

»Susan«, sagte sie noch einmal.

Er wartete. Aber es kam nichts mehr.

»Also an diesem Wochenende«, sagte Carella abschließend.

»Ja«, bestätigte sie.

»Wie heißt er mit Nachnamen?« fragte Carella. »Der Vater.«

»Weiß ich nicht«, sagte Joyce.

Carella hob die Augenbrauen.

»Sie kennen seinen Nachnamen nicht«, wiederholte er.

»Ich kenne seinen Nachnamen nicht.«

»Er hat Ihnen nicht gesagt, wie er . . .«

»Zeigen Sie mich doch an«, sagte sie.

Carella nickte zu der Wand hinüber. »Wie sah er aus?« fragte er.

»Groß, dunkles Haar, blaue Augen . . . Was weiß ich.«

»Hm hm«, machte er.

»Ich bin nicht promiskuitiv«, sagte sie.

»Okay.«

»Ich war blau.«

»Okay.«

»Wir waren vergnügt, es war ein netter Abend, ich hab ihn aufgefordert mitzukommen.«

»Okay. War er weiß, schwarz, spanischer Typ . . .?«

»Weiß.«

»Und seinen Namen hat er nie genannt?«

»Nein.«

»Und Sie haben nicht gefragt?«

»War mir doch ganz wurscht.«

»Okay. Hat er Ihnen erzählt, wie sein Schiff hieß?«

Schweigen.

»Miss Chapman?«

»Ja, ich denke nach.«

Er wartete.

»Es war ein Tanker.«

»Ja?«

»Nennen sie die nicht nach Generälen?«

»Ich glaube schon. Manchmal.«

»Die General Soundso?«

»Kann schon sein.«

»Putnam? Oder Putney? Die General Putney? Könnte das ein Tanker sein?«

»Das kann ich rauskriegen.«

»Aber wie . . . Er kann sie doch gar nicht umgebracht haben«, sagte sie. »Er hat ja noch nicht mal gewußt, daß sie existiert!«

»Wir würden einfach gern mal mit ihm *reden*, wenn wir ihn auftreiben können«, sagte Carella. »Miss Chapman, sagt Ihnen der Name Scott Handler etwas?«

»Nein.«

»Jemand, den Sie vielleicht mal gekannt haben?«

»Nein.«

»Den Sie mal irgendwo zufällig getroffen haben?«

»Zum Beispiel in einer Disco, ja?« Ihre Stimme war plötzlich hart, schneidend. »Ich bin nicht promiskuitiv, Mr. Carella. Das hab ich Ihnen schon mal gesagt.«

»Das hat auch niemand behauptet, Miss Chapman.«

»Sie haben das Wort ›zufällig‹ so betont.«

»Das wollte ich nicht.«

»Haben Sie aber! Woher zum Teufel soll ich wissen, wer dieser Scott Hampton . . .«

»Handler.«

»Wer auch immer – woher soll ich ihn kennen?«

»Ich habe nur gefragt, ob Ihnen der Name etwas . . .«

»Nein. Sie wollten wissen, ob ich ihn *zufällig* . . .«

»Ja, aber ich . . .«

»So wie ich Mike getroffen habe!«

Carella seufzte.

»Ich kenne ihn nicht«, sagte Joyce.

»Okay«, sagte er.

Ein langes verlegenes Schweigen. Dann sie:

»Hören Sie . . .«

»Ja?«

»Wenn Sie . . . Wenn Sie herausfinden wer . . . Wer. . .«

Sie brachte es nicht über die Lippen. Aber dann kam es doch, ein Flüstern:

»Susan. Wer Susan umgebracht hat . . .«

Dann hatte sie ihre Stimme wieder in der Gewalt.

». . . dann lassen Sie's mich wissen, ja?« Damit legte sie auf.

Eileen versuchte, die Situation einzuschätzen.

Es war erst ihr zweiter Besuch bei der Frau, und sie war nicht sicher, ob es zu einem weiteren kommen würde. Wie ein Cop, der einen Verdächtigen studiert, schätzte sie Karin Lefkowitz ab.

Jüdischer Typ, Großstadt. Barbra Streisand, aber hübscher. Braune Haare, hinten keilförmig zulaufend geschnitten. Blaue Augen, blickten intelligent. Hübsche Beine, sie mußte mit hohen Absätzen umwerfend aussehen. Aber sie trug flache. Dunkelblaues Kostüm – und flache Absätze. Das alles gefiel Eileen.

»Also«, sagte Karin, »sollen wir mit der Vergewaltigung anfangen?« Ohne Vorbereitung direkt an die Gurgel.

Das gefiel ihr auch . . . Oder?

»Das ist es nicht, worüber ich sprechen will«, sagte sie.

»Okay.«

»Ich meine, ich bin nicht deswegen hier. Wegen der Vergewaltigung.«

»Okay.«

»Das ist lange her. Ich habe gelernt, damit zu leben.«

»Schön. Worüber *reden* wir also?«

»Wie ich Ihnen letzte Woche sagte . . . Ich will kündigen.«

»Aber nicht, weil Sie vergewaltigt worden sind.«

»Das hat nichts damit zu tun.« Eileen schlug die Beine übereinander. »Ich habe einen Mann getötet.«

»Das haben Sie mir gesagt, ja.«

»Deswegen will ich aussteigen.«

»Weil Sie in Erfüllung Ihrer Pflicht einen Mann getötet haben.«

»Ja. Das will ich nicht noch einmal tun müssen. Nie mehr.«

»Okay.«

»Ich denke, das ist einsehbar.«

»Hm, hm.«

Eileen sah sie an. »Was machen wir hier eigentlich?« fragte sie.

»Was hätten Sie denn gern?« fragte Karin.

»Vor allem hätte ich gern, daß Sie sich eines klarmachen: Ich bin ein Cop.«

»Hm, hm.«

»Detective/Second Grade . . .«

»Hm, hm.«

». . . der ein bißchen Bescheid weiß über Vernehmungstechnik.«

»Hm, hm.«

»Zum Beispiel Fragen mit Gegenfragen zu beantworten, um einen Verdächtigen zum Reden zu bringen.«

»Hm, hm«, machte Karin und lächelte.

Eileen lächelte nicht zurück. »Wenn ich frage, was wir hier machen, werd ich sauer, wenn Sie zurückfragen, wie *ich's* mir vorstelle. *Sie* sind vom Fach; *Sie* sollten wissen, wie's weitergeht.«

»Okay«, sagte Karin.

»Und, nebenbei, die ›Okay‹- und ›Hm hm‹-Masche, die kenn ich auch. Da sitzt ein Verdächtiger – mach, daß er weiterredet; okay-ihn und hmhm-ihn, bis er umfällt.«

»Aber Sie sind keine Verdächtige.« Karin lächelte immer noch.

»Was ich sagen will . . .«

»Ich verstehe, was Sie sagen wollen. Sie sind Profi, und Sie möchten als Profi behandelt werden.«

»Ja.«

»Schön. Mach ich. Wenn Sie sich mir gegenüber genauso verhalten.«

Eileen sah sie an.

»Also«, begann Karin, »Sie wollen den Dienst quittieren?«

»Ja.«

»Und deshalb sind Sie hier?«

»Ja.«

»Warum?« fragte Karin.

»Hab ich doch gesagt. Ich will . . .«

»Ja, aussteigen. Aber deswegen weiß ich nicht, warum Sie hier sind. Wenn Sie aussteigen wollen, warum kommen Sie dann zu mir?«

»Weil ich im Labor mit Sam Grossman gesprochen habe . . .«

»Captain Grossman, ja.«

»Ja, und ich habe ihm irgendwas erzählt, ich weiß nicht mehr, was, daß ich 'n anderen Job suche. Na, wir redeten ein bißchen, und er fragte, ob ich Bescheid weiß über Pizzaz, und ich sage, ja, weiß ich, und er schlug vor, ich solle Dr. Lefkowitz anrufen, die könnte mir vielleicht bei dem Problem helfen, das ich da offenbar hätte.«

»Und was genau ist dieses Problem, das Sie da offenbar haben?«

»Hab ich Ihnen ja gesagt. Ich will aussteigen.«

»Na und? Warum tun Sie's nicht?«

»Das ist ja das Problem. Jedesmal, wenn ich kündigen will, dann . . . irgendwie kann ich nicht.«

»Hm hm. Haben Sie schon mal ein Kündigungsschreiben aufgesetzt?«

»Nein. Noch nicht.«

»Hm. Hm. Und wann kam es zu diesem Zwischenfall, bei dem Sie geschossen haben?«

»Bei dem ich *getötet* habe, meinen Sie. Ich habe einen Mann *getötet*, Dr. Lefko . . . Wie soll ich Sie eigentlich anreden?«

»Wie würden Sie mich denn gern anreden?«

»Jetzt machen Sie's schon wieder«, sagte Eileen.

»Tut mir leid. Gewohnheitssache.«

Eileen seufzte. »Ich möchte immer noch wissen, wie ich Sie anreden soll.«

»Dr. Lefkowitz widerstrebt Ihnen?«

»Ja.«

»Warum?«

»Ich weiß nicht. Haben Sie vor, mich mit Detective Burke anzureden?«

»Ich habe da gar nichts vor. Wie hätten Sie's denn gern?«

»Also, so wird das nichts«, meinte Eileen.

»Warum nicht?«

»Weil mir schon klar ist, daß Sie eine Gegenfrage stellen müssen, wenn ich eine Frage stelle, aber das macht's zu dem gleichen Spielchen, das wir mit jedem billigen Taschendieb spielen.«

»Ja, aber hier ist es kein Spiel«, sagte Karin.

Ihre Blicke trafen sich.

»Die Vernehmung eines Diebs ist ja auch kein Spiel«, sagte Karin.

Eileen sah sie immer noch an.

»Also sollten Sie sich vielleicht weniger auf meine Technik konzentrieren als darauf, wie wir miteinander auskommen können.«

»Ja, vielleicht.«

»Das heißt, wenn Sie über meine Ungeschicklichkeit hinwegsehen können.« Karin lächelte.

Eileen lächelte auch.

»Also«, sagte Karin, »wie soll ich Sie nennen?«

»Eileen.«

»Und wie möchten Sie mich nennen?«

»Wie hätten Sie's denn gern?« fragte Eileen.

Karin mußte lachen. »Karin, okay?«

»Karin, okay«, sagte Eileen.

»Das ist dir recht?«

»Ja.«

»Gut. Können wir jetzt anfangen?«

»Ja.«

»Also schön. Wann hast du den Mann erschossen?«

»Am Halloween-Abend.«

»Am vergangenen?«

»Ja.«

»Vor drei Monaten also.«

»Vor zwei Monaten und neun Tagen«, sagte Eileen.

»Und wo?«

»In einem möblierten Zimmer in der Canal-Zone.«

»Am Hafen?«

»Ja.«

»Drüben in Calm's Point?«

»Ja.«

»Im Zweiundsiebzigsten?«

»Revier, ja. Aber ich hab mit Annie Rawles zusammengearbeitet, von der Sitte . . . Jetzt wird's kompliziert. Die Mordkommission hat sie eingeschaltet, und die hat sich an mich gewandt, weil sie einen Lockvogel brauchte.« Eileen zuckte die Achseln. »Ich gelte als guter Lockvogel.«

»Bist du's?«

»Nein.«

»Warum hat Annie dich dann . . .«

»Damals war ich's.«

»Ein guter Lockvogel.«

»Ja. Aber das ist vorbei.«

»Und deshalb willst du aussteigen?«

»Na ja, wenn ich für den Job nicht mehr tauge, dann kann ich doch ebensogut aussteigen, oder?« Sie zuckte wieder die Achseln. »So seh ich das jedenfalls.«

»Hm, hm . . . Wie hieß er denn?«

»Der, den ich erschossen habe?«

»Ja. Wer denn? Von wem reden wir denn?«

»Ich hab mir gedacht, daß du den meinst, den ich erschossen hab. Halloween nacht, ja?«

»Ja.«

»Robert Wilson. Also, Bobby. Er nannte sich Bobby.«

»Warum hast du ihn erschossen, Eileen?«

»Weil er mit einem Messer auf mich losgegangen ist.«

»Hm, hm.«

»Er hatte schon drei Nutten kaltgemacht in dieser Stadt.«

»Ein reizender Mensch.«

»Das war er tatsächlich. Ich meine, das klingt blöd, ich weiß . . .«

»Ja?«

»Ich mußte mir immer wieder sagen, *das ist ein Killer*. Das ist einer, der schon drei Frauen umgebracht hat. Eine erst sechzehn Jahre alt. Sie haben mir Fotos gezeigt im Zweiundsiebzigsten – er hat ganze Arbeit geleistet, weiß Gott. Ich spreche von Genitalverstümmelung. Das wußte ich; ich wußte, daß er sehr gefährlich war, aber ich fand ihn charmant . . . Das klingt irre, ich weiß.«

»Hm, hm.«

»Er hat Witze erzählt.«

»Hm, hm.«

»Sehr *komische* Witze. Es war ganz seltsam. Ich saß da neben einem Killer, und ich *lachte* . . . Sehr seltsam.«

»Wie sah er aus?«

»Bobby? Er war blond. Eins fünfundachtzig, eins sechsundachtzig, so da rum. Neunzig Kilo, vielleicht ein bißchen was drüber. Ein großer, breiter Mann. Hatte eine Tätowierung am rechten Daumen. Ein blaues Herz, rot umrandet.«

»Stand was drin?«

»Wie meinst du das?«

»Das Herz. Stand da was drin? Buchstaben oder so?«

»Ach so. Nein, nichts. Fand ich auch komisch.«

»Gleich? Von vornherein?«

»Nein, später. Als ich drüber nachdachte. Ein Herz ohne Inschrift. Da steht doch gewöhnlich was drin. Jeder kleine Gauner, mit dem ich zu tun gehabt habe, wenn der 'ne Tätowierung hatte, also ein Herz – da hat immer ein Name dringestanden. Bei ihm nicht . . . Sonderbar.«

»Also, damit ich's richtig mitkriege: Als du mit ihm in dem möblierten Zimmer warst, da hat er Witze erzählt?«

»Nein, vorher. In der Bar. Sie hatten mich in eine Bar geschickt, schön als Nutte aufgemacht. Weil . . .«

»Weil die ersten drei Opfer Nutten waren.«

»Ja eben. In der Bar hat er mich angequatscht, und ich mußte ihn rauslotsen, damit er loslegen konnte. Also gingen wir in das Zimmer.«

»Wo er dann mit dem Messer auf dich los ist und du schießen mußtest.«

»Ja.«

»Aber es muß dich doch jemand gesichert haben.«

»Die sind mir abhanden gekommen. Aber das ist eine andere Geschichte.«

»Kann ich sie hören?«

»Na schön.« Eileen seufzte. »Mein jetziger Freund hat gedacht, ich brauch bei der Sache ein bißchen Unterstützung, und . . .«

»Wie heißt *der* nun wieder?«

»Kling. Bert Kling. Er ist Detective oben im Siebenundachtzigsten.«

»Das ist er für dich, ja?«

»Was? Detective?«

»Jetziger Freund.«

»Das heißt, er war es.«

»Jetzt nicht mehr?«

»Ich hab ihm gesagt, ich will ihn eine Weile nicht sehen.«

»Warum?«

»Ich hab mir gedacht, es ist besser so . . .«

»Hm, hm.«

». . . während ich versuche, mit mir ins reine zu kommen.«

»Wann war das?«

»Freitag abend hab ich's ihm gesagt.«

»Wie hat er's aufgenommen?«

»Es hat ihm nicht geschmeckt.«

»Was hat er gesagt?«

»Erst hat er gesagt, er hält das für keine besonders gute Idee, und dann, er hält es für eine beschissene Idee . . . Er wollte auch wissen, ob du das vorgeschlagen hast.«

»Und was hast du gesagt?«

»Daß ich ganz allein draufgekommen bin.« Eileen brach ab und fuhr fort: »*Hättest* du's vorgeschlagen?«

»Es ist noch zu früh, das kann ich dir jetzt noch nicht sagen.«

»Aber hältst du's für richtig? So lange, bis ich mich wieder im Griff habe?«

»Wie lange kennst du ihn schon?«

»Och, schon ziemlich lang. Bei einem Einsatz im Siebenundachtzigsten haben wir uns kennengelernt. In einem Waschsalon. Da hat einer einen kleinen Überfall veranstaltet. Sie haben mich als Kundin reingeschickt, mit einem Korb voll dreckiger Wäsche.«

»Hast du ihn gekriegt?«

»Na sicher.«

»Und wann war das?«

»Ist schon lange her. Ich hab manchmal das Gefühl, ich kenne Bert schon ewig.«

»Und liebt er dich?«

»O ja.«

»Und liebst du ihn?«

Eileen überlegte. »Ich glaube schon«, sagte sie schließlich.

»Ich nehme an, ihr schlaft miteinander?«

»O ja. Seit . . . Da war kurz nach der Sache im Waschsalon ein anderer Einsatz. Da hat einer im Park am Worth-Memorial-Hospital Krankenschwestern vergewaltigt. Im Chinatown-Revier, weißt du?«

»Hm, hm. Hast du den auch erwischt?«

»Hab ich, ja.«

»Du mußt *verdammt* gut gewesen sein.«

»Na ja, ich war okay, glaub ich. Aber das war einmal.«

»Wir haben den Faden verloren. Was wolltest du sagen?«

»Nur, daß wir nach der Sache im Park . . . Da bin ich das erste Mal mit ihm raufgegangen.«

»Und so hat es angefangen?«

»Ja.«

»Und seitdem seid ihr intim gewesen.«

»Ja . . . Das heißt, nein.«

»Nein?«

»Nicht seit . . .« Eileen schüttelte den Kopf.

»Nicht seit wann?«

»Halloween«, sagte Eileen. »Aber das ist wieder eine andere Geschichte.«

Karin sagte: »Vielleicht ist das alles ein und dieselbe Geschichte.«

Als José Herrera am Donnerstag nachmittag um drei Uhr auf die Straße trat, wurde er dort von Andrew Fields erwartet. Es war ein kalter, grauer, beschissener Tag, wie die Januartage in dieser Stadt nun mal sind. In Jamaika gibt's solche Tage nicht. Nie. In Jamaika war es immer hell und sonnig. Und wenn's mal regnete, war's eine andere Art Regen als in dieser beschissenen Stadt hier. Fields bedauerte manchmal, Jamaika je verlassen zu haben. Da war nur das Geld . . . Das Geld gab's hier. In Jamaika wischte man sich den Arsch mit einer Zeitung vom vergangenen Jahr.

Herrera hatte den Mantel wie ein Cape über die Schultern geworfen und nicht zugeknöpft wegen der Schiene an seinem linken Arm. Fields fragte sich, was er unter dem Mantel anhaben mochte. Eine Wolljacke mit nur einem Ärmel? Wenn er ihn umgelegt hatte, würde er nachsehen, was er unter dem Mantel trug. Und er würde die Armbanduhr klauen, die er an Herreras Handgelenk glitzern sah. Auf die Entfernung sah sie wie Gold aus, aber es konnte auch Talmi sein. Viele Spics trugen falschen Schmuck.

Fields hatte vor, bei erster Gelegenheit zu Herrera aufzuschließen, neben ihm herzugehen und ihm auf englisch zu sagen – falls der Scheißspic überhaupt Englisch verstand –, daß er eine Pistole in der Tasche habe und daß Herrera brav und friedlich mit ihm kommen solle bis zu dem Haus 704 Crosley Street, einem leerstehenden Gebäude in dieser bezaubernden Spic-Nachbarschaft, in der Herrera lebte. Dort wollte Fields mit ihm in den zweiten Stock steigen und ihn in den Hinterkopf schießen. Saubere Lösung und ganz einfach. Nur kein großes Theater.

Herrera stand vor der Haustür und schaute die Straße hinauf und hinunter. Ganz cool, wie ein Gangster im Fernsehen.

In dieser Gegend liefen nur zehntausend Schwarze rum, und unter denen versuchte der dämliche Spic jetzt den auszumachen, der ihn umlegen sollte.

Fields grinste.

Als sie am Neujahrstag mit Baseballschlägern auf ihn losgegangen waren, hatten sie Jeans und Lederjacken und Stiefel getragen und rote Wollmützen; sie hatten wie eine Street-Gang ausgesehen. Heute war Fields wie ein Banker angezogen: dunkler Anzug, dunkler Mantel, schwarze Schuhe, perlgrauer Stetson, schwarzer Schal. Aktentasche in der linken Hand, damit die rechte frei war für den Ballermann in seiner Tasche, wenn er Herrera einholte und ihm klarmachte, daß sie jetzt einen kleinen gesunden Morgenspaziergang unternehmen würden.

Herrera hatte offenbar auf der Straße nichts Bedrohliches entdeckt. Er stieg die Außentreppe hinunter und blieb stehen, um einen alten Mann anzusprechen, der bei einem Feuer stand, das in einem aufgesägten Benzinfaß brannte. Fields brauchte eine Minute, um dahinterzukommen, was er von ihm wollte. Er zeigte dem Alten die Zigarettenpackung, die er gerade aus der Tasche gezogen hatte, und bat ihn, ihm eine Zigarette anzuzünden. Der Alte nickte, nahm das Streichholzheftchen, das Herrera ihm gab, riß, zunächst erfolglos wegen des Windes, mehrere Hölzer an, bis es endlich klappte und er Herrera Feuer geben konnte.

Laß sie dir schmecken, dachte Fields. Es ist deine letzte.

Herrera dankte dem Alten und steckte Streichhölzer und Zigarettenpackung wieder ein. Dann schaute er wieder die Straße hinauf und hinunter. Wär doch 'ne Affenschande, wenn keiner den Dandy umlegen würde, dachte Fields; er ist doch so scharf drauf.

Herrera setzte sich in Bewegung.

Fields auch.

Er folgte ihm in sicherem Abstand und wartete auf den richtigen Zeitpunkt. Er wollte nicht zu viele Leute um sich herum haben, nur so viele, daß er Deckung hatte, aber kein großes Gedränge, in dem jemand womöglich mitkriegte, was er zu Herrera sagte. Nach fünf oder sechs Blocks entdeckte Fields eine günstige Lücke im Fußgängerverkehr. Zwei oder drei Personen in Herreras unmittelbarer Umgebung, sie gingen in der gleichen Richtung. Und von weiter vorn kam ein halbes Dutzend entgegen. Jetzt oder nie!

Mit schnellen und geschmeidigen Schritten ging er los. Er hatte vor, rasch an Herreras linke Seite zu kommen, die Seite mit dem verletzten Arm und zugleich die Seite, die der Pistole in seiner Tasche am nächsten war. Er war noch ein halbes Dutzend Schritte hinter Herrera, als der plötzlich nach rechts schwenkte und in einer Bar verschwand. *Las Palmas* hieß sie. Fields schaute durch das Fenster ins Innere.

Der große blonde Cop, der am Neujahrstag die Schießerei veranstaltet hatte, saß an der Bar.

Herrera setzte sich gerade auf den Hocker neben ihn.

Felice Handler stand vor einer mit Zebrastreifen bedeckten Wand. Sie erinnerte mit ihrem blonden Kraushaar und den bernsteinfarbenen Augen an eine satte Löwin, die vor den Häuten einer Herde posierte, an die sie sich herangeschlichen und die sie nach und nach getötet und gefressen hatte. Die anderen Wände des Raumes waren schwarz. Mrs. Handler war, wie sie schon früher mitgeteilt hatte, Innenarchitektin.

Während Meyer mit ihr sprach, liefen noch Handwerker in der

Wohnung herum. Das erschwerte die Konversation. Er hatte den Verdacht, daß ihr die Unterbrechungen gelegen kamen. Er war schließlich hier, um ihr weitere Fragen über ihren Sohn zu stellen. Für Mrs. Handler war alles andere wichtiger als diese blutrünstige Mordgeschichte. Sollte die Tapete mit dem feinen Blumenmuster ins Elternschlafzimmer oder ins Gästezimmer? Auf welche Wand des Elternschlafzimmers kam der raumhohe Spiegel? (Das hätte auch Meyer beantworten können.) Wohin sollte die Goldmetallic-Tapete mit den roten Tupfen? Hätte sie gern ein Farbmuster des Rottons für die Decke im Arbeitszimmer? War die Raumschifftapete fürs Kinderzimmer? Und was war mit dieser gelben Tapetenrolle, die im Plan gar nicht erwähnt war – wo sollte die hin? (Meyer hätte auch darauf die Antwort gewußt.)

Schließlich war seine Geduld erschöpft. »Mrs. Handler«, sagte er, »ich kann mir denken, wie wichtig es ist, daß all diese Leute auf ihre Fragen Antworten von Ihnen . . .«

»Allerdings«, sagte sie.

»Das ist mir klar. Aber wir haben *auch* eine Menge Leute, die auf Antworten warten.«

»Ach ja?«

Eine Augenbraue angehoben. Ihr Gesichtsausdruck sagte, was in drei Teufels Namen kann schon wichtiger sein als meine Arbeit hier?

Jetzt sagte er: »Allerdings . . . Und ich würde Ihnen nur sehr ungern eine Vorladung schicken, nur um mich mit Ihnen unterhalten zu können, aber . . .« Er ließ den Satz in der Luft hängen.

Sie sah ihn an.

Meint der das im Ernst? In den bernsteinfarbenen Augen blitzte es auf. Abwägung: Ihm sagen, hol doch deine Scheißvorladung, wenn's dir Spaß macht . . . Statt dessen das Lächeln aus *Gefährliche Liebschaften.*

»Ich bitte um Entschuldigung«, sagte sie. »Natürlich kriegen Sie jetzt Druck von allen Seiten. Da hängen sich doch wohl sämtliche Medien rein?«

Er hätte gern geantwortet, daß der Druck von oben nichts mit seinem eigenen dringenden Wunsch zu tun hatte, den Fall abzuschließen. Aber das wäre nicht ganz aufrichtig gewesen. Das

Fernsehen und die Revolverpresse suhlten sich in der Sache. Ein sechs Monate altes Baby? In seinem Bettchen ermordet? Also, wenn in dieser Stadt noch nicht mal ein Baby sicher war – wer war dann überhaupt noch sicher?

Seit dem Vormittag, an dem die Sache bekanntgeworden war, hatte Lieutenant Byrnes einen Anruf nach dem anderen erhalten. Erst ein Captain von der Headquarters Division im Stadtzentrum. Dann der Chief of Detectives. Dann Howard Brill, einer der Deputy Police Commissioners. Als nächster der First Deputy selbst, und schließlich der Commissioner. Alle hatten sie sich höflich erkundigt, ob seine Detectives im Einsatz vorankämen, oder ob sich vielleicht doch die Mordkommission über Beratung hinaus um den Fall kümmern solle? Oder vielleicht Special Forces? Nur eine Anfrage natürlich. Also, bitte sagen Sie Bescheid, wenn Sie Unterstützung . . . Klartext: Gebt Laut, wenn ihr schon im Anfangsstadium steckenbleibt.

»Könnten wir nicht rausgehen auf den Korridor?« schlug Meyer vor. »Bloß für zehn Minuten, okay? Wo Ihre Leute nicht dauernd unterbrechen? Mehr verlang ich ja gar nicht.«

»Können wir«, sagte sie und schaute auf ihre Uhr. »Ohnehin Zeit für eine Zigarettenpause.«

Sie traten auf den Korridor hinaus und folgten ihm bis zu dem Notausgang am Ende. Mrs. Handler klopfte eine Zigarette aus einem Pall-Mall-Päckchen und bot auch Meyer eine an. Er hatte die Marke jahrelang nicht geraucht, und die altbekannte rote Packung weckte die Gier. Aber er schüttelte den Kopf. Er sah zu, wie sie die Zigarette anzündete, den Rauch tief inhalierte und genüßlich wieder ausstieß. Chinesische Folter.

»Mrs. Handler«, sagte er, »Sie wissen natürlich, daß Ihr Sohn bis jetzt nicht in Prentiss Academy zurück ist.«

»Nein, wußte ich nicht.«

»Ich habe heute früh dort angerufen, kurz bevor ich mit Ihnen sprach.«

»Verstehe. Und jetzt wollen Sie wissen, ob ich Nachricht von ihm habe.«

»Haben Sie?«

»Nein.«

»Als wir am letzten Dienstag mit Ihnen sprachen, da . . .«

»Ja?«

». . . da haben Sie gesagt, Ihr Sohn sei an diesem Morgen nach Maine zurückgefahren . . .«

»Ja.«

». . . aber das stimmte natürlich nicht.«

»Das wußte ich damals nicht.«

»Er hat Ihnen gesagt, er fährt zurück?«

»Ja.«

»Mrs. Handler, haben Sie die Ferientermine von Prentiss?«

»Worauf wollen Sie hinaus?«

»Wußten Sie nicht, daß der Unterricht erst am Neunten wieder losging?«

»Ja, das wußte ich.«

»Aber Sie haben es nicht sonderbar gefunden, daß Ihr Sohn schon am Dritten gefahren ist. Fast eine Woche, ehe er dort fällig war.«

»Scott ist sehr ehrgeizig. Er arbeitet gerade an einem schwierigen wissenschaftlichen Projekt und wollte bald weitermachen.«

»Dann haben Sie nicht komisch gefunden, daß er . . .«

»Nein. Er steht vor dem Abschlußexamen. Und die Professoren bewerten auch die Initiative der Studenten.«

»Darum hatten Sie, als er sagte, er fährt zurück . . .«

»Keinen Grund zu der Annahme, er tut das *nicht*. Stimmt.«

Nach jedem zweiten oder dritten Satz nahm sie einen tiefen Zug an der Zigarette und stieß den Rauch wieder aus. Meyer verspürte akute Entzugserscheinungen, wie er so neben ihr stand.

»Und finden Sie es nicht befremdlich, daß er jetzt nicht dort oben ist? Am Tag *nachdem* der Lehrbetrieb wieder angefangen hat?«

»Ja, ein bißchen komisch ist das schon.«

»Aber Sie scheinen sich keine Sorgen zu machen.«

»Tu ich auch nicht. Er ist jetzt ein großer Junge. Er kann schon auf sich selber aufpassen.«

»Haben Sie eine Idee, wo er stecken könnte, Mrs. Handler?«

»Keine Ahnung.«

»Er hat nicht angerufen . . .«

»Nein.«

». . . oder geschrieben?«

»Nein.«

»Aber Sie machen sich keine Sorgen.«

»Wie ich Ihnen sagte . . .«

»Ja, ich weiß. Er ist jetzt ein großer Junge. Mrs. Handler, noch mal zurück zum Silvesterabend . . .«

»Warum?«

»Weil Ihr Sohn mit einem der Opfer in Verbindung gestanden hat, Mrs. Handler, und jetzt unauffindbar ist. Darum möchte ich wissen, was er am Silvesterabend gemacht hat.«

»Ich hab Ihnen schon gesagt . . .«

»Ja. Sie hatten eine Party. Sie hat um neun Uhr angefangen . . .«

»Ja.«

». . . und war um vier Uhr früh zu Ende.«

»Ungefähr, ja.«

»Und Ihr Sohn war die ganze Zeit anwesend.«

»Ja.«

»Sind Sie ganz sicher?«

»Absolut.«

»Ich nehme an, Ihre Gäste können das bestätigen . . .«

»Ich habe keine Ahnung, ob noch irgend jemand Scotts Anwesenheit oder Abwesenheit bemerkt hat. Er ist mein Sohn. Ich bin es, die . . .«

»Abwesenheit?«

»Wieso? Was wollen Sie damit sagen?«

Sie warf die Zigarette auf den Boden und trat sie aus. Dann öffnete sie ihre Handtasche, holte die Pall-Mall-Packung heraus, nahm eine Zigarette, zündete sie an . . . Verzögerungstaktik, dachte Meyer. Den ersten Fehler hatte sie schon gemacht, und sie wußte es. Aber er wußte es auch.

»Sie sagen, er war die ganze Nacht da, Mrs. Handler.«

»Ja, war er.«

»Und wenn er nicht oben in Maine ist, wohnt er bei Ihnen, ja?«

»Ja . . .« Vorsichtig jetzt. Die Löwin versucht Witterung aufzunehmen.

»Also brauchte er nicht zu der Party zu *kommen*, ja? Er war schon da, nicht wahr?«

»Ja. Und?«

»Und er brauchte nach der Party nicht irgendwohin heimzugehen; er war schon daheim. Was meinten Sie also mit seiner ›Anwesenheit oder Abwesenheit‹?«

»Das war nur so eine Redensart«, sagte sie.

»Ach ja? Eine Metapher?«

»Jetzt hören Sie mal zu . . .« Sie schmiß ihre Zigarette weg wie einen Fehdehandschuh.

»Ja, Mrs. Handler?«

»Kommen Sie mir nicht auf die Tour, ja?« Sie trat wütend die Zigarette aus. Ihre Augen schossen wieder Blitze. Sie starrte ihn herausfordernd an.

Steuerzahler kontra Beamter.

Meyer erkannte, daß es an der Zeit war, die Samthandschuhe auszuziehen. »Ich brauche eine Gästeliste«, sagte er.

»Wozu?«

»Weil ich wissen will, ob jeder Ihrer Gäste beschwören kann, daß Ihr Sohn die ganze Nacht über anwesend war. Während ein sechs Monate altes Baby und sein sechzehn Jahre alter Babysitter *ermordet* wurden, Mrs. Handler. Wenn Ihnen das lieber ist, komme ich mit einem Gerichtsbeschluß. Wir können es uns leichter machen, wenn Sie mir Namen, Adressen und Telefonnummern Ihrer Gäste geben. Was halten Sie davon . . . Wollen Sie nicht uns beiden eine Menge Zeit sparen? Oder wollen Sie Ihren Sohn so lange abschirmen, bis Sie ihn zum Hauptverdächtigen hochgeschaukelt haben?«

»Ich weiß nicht, wo er ist«, sagte Mrs. Handler.

»Danach habe ich jetzt nicht gefragt«, sagte Meyer.

»Und ich weiß nicht, wohin er damals gegangen ist.«

Meyer stieß sofort nach: »Also er *hat* die Party verlassen?«

»Ja.«

»Um welche Zeit?«

»Etwa um . . .« Sie zögerte. Sie versucht sich an die Tatzeit zu erinnern, dachte Meyer. Sie will noch immer die Spur ihres Sohnes verwischen. Und sie hofft auf das schlechte Gedächtnis der anderen, teilweise betrunkenen Gäste, die vielleicht bemerkt hatten, wie er Mantel und Hut . . . »Okay, lassen wir's gut sein«, sagte er. »Also Gerichtsbeschluß. Sie können inzwischen die Gästeliste machen. Aber seien Sie sich darüber im klaren, daß Sie Ihrem Sohn keinen Gefallen tun. Bis später, Mrs. Handler.«

Er war schon auf dem Weg zum Fahrstuhl, da sagte sie: »Moment noch, bitte.«

7

Am Mittwoch nachmittag, dem 11. Januar, um zwei Uhr fanden sie Colby Strothers. Er saß auf einer Steinbank im Matisse-Flügel des Jarrett Museum of Modern Art an der Jefferson Avenue und zeichnete an einer Bleistiftkopie des großen Matisse-Gemäldes, das ihm gegenüber an der weißen Wand hing. Er arbeitete so konzentriert, daß er die beiden Detectives minutenlang nicht bemerkte. Als er endlich aufsah, schien er erstaunt.

»Mr. Strothers?« fragte Meyer.

Mrs. Handlers Beschreibung traf recht genau zu. Neunzehn Jahre alt, unwahrscheinlich blaue Augen, Grübchen-Kinn und dicke braune Stirnlocke. Er hatte die Figur eines Footballspielers, aber offenbar zugleich die Seele eines Künstlers: Er studierte im ersten Semester am Granger Institute, einer der hervorragendsten Kunstschulen der Stadt.

»Detective Meyer, 87. Revier«, stellte sich Meyer vor und zeigte Dienstmarke und Ausweis. »Und das ist mein Kollege, Detective Carella.«

Strothers blickte unsicher.

Mrs. Handler hatte Meyer empfohlen, sich im Granger Institute zu erkundigen. Meyer war am Vormittag hingegangen und hatte mit jemandem in der Verwaltung gesprochen, der ihn an den Leiter der Abteilung für Malerei verwiesen hatte. Von dem hatte er erfahren, daß Strothers am Nachmittag im Jarrett-Museum sein werde. Und so standen nun Meyer und Carella da, Matisse im Rücken und vor sich einen verwirrten Kunststudenten, der von einer Steinbank zu ihnen aufsah und sich wahrscheinlich fragte, ob es wohl eine Gesetzesübertretung sei, in einem Museum zu kopieren, das Privatbesitz war.

»Wir sollten vielleicht irgendwo hingehen, wo man reden kann«, schlug Meyer vor.

»Warum?« fragte Strothers. »Was hab ich denn ausgefressen?«

»Gar nichts. Wir haben bloß ein paar Fragen«, sagte Carella.

»Worüber?«

»Scott Handler.«

»Was hat *er* ausgefressen?«

»Sollen wir rausgehen in den Garten?«

»Bei *dem* Wetter?«

»Oder in die Cafeteria? Wie Sie wollen.«

»Oder wir bleiben einfach hier sitzen«, sagte Meyer. »Was Ihnen lieber ist.«

»Geh'n wir in die Cafeteria«, meinte Strothers.

Sie gingen wie drei alte Kumpel durch die Korridore, vorbei an Picassos und van Goghs und Chagalls und Gauguins. Sie folgten den Hinweisschildern den Glaswänden entlang, die den Blick auf den Skulpturengarten freigaben, der beherrscht wurde von einem herrlichen Chamberlain, erreichten über die Rolltreppe den ersten Stock mit der neu eingerichteten Syd-Solomon-Ausstellung und weiter in den zweiten Stock, wo die Schilder sie am Filmvorführraum des Museums mit der zur Zeit laufenden Hitchcock-Retrospektive (inklusive *Die Vögel*) vorbei zur Cafeteria führten, die jetzt, um zehn nach zwei, nur schwach besetzt war.

»Möchten Sie einen Kaffee?« fragte Carella.

»Gern«, sagte Strothers zögernd. Er machte ein Gesicht, als frage er sich, ob sie sich trauen würden, ihn in der Öffentlichkeit mit dem Gummiknüppel zu bearbeiten.

»Milch? Zucker?«

»Beides. Wenig Milch.«

»Meyer?«

»Schwarz.«

Carella ging zur Theke. Meyer und Strothers blieben sitzen. Meyer lächelte ihm zu, versuchte die Lage zu entspannen. Strothers lächelte nicht zurück. Carella kam mit dem Tablett, stellte die Tassen auf den Tisch und setzte sich zu ihnen.

»Also dann . . .« Meyer lächelte wieder.

»Erzählen Sie mal, wo Sie am Silvesterabend waren«, begann Carella.

»Ich dachte, es geht um Scott?«

»Es geht um ihn. Waren Sie zusammen?«

»Ja.«

»Wo?«

»Bei ihm zu Hause. Da war 'ne Party. Scott hat mich eingeladen.«

»Wann kamen Sie hin?«

»Was hat Scott angestellt?«

»Gar nichts. Haben Sie ihn in letzter Zeit gesprochen?«

»Nein.«

»Also, wann kamen Sie hin?«

»So um halb zehn, zehn.«

»Allein?«

»Nein, ich hatte ein Mädchen dabei.«

»Wie heißt sie?«

»Warum?«

»Mr. Strothers, das ist nur eine Routinebefragung. Wir wollen nur . . .«

»Schön und gut, aber ich möchte wissen, warum Sie . . .«

»Wir versuchen rauszukriegen, *wann* Scott Handler am Silvesterabend *wo* war«, sagte Meyer.

»Wozu brauchen Sie dann den Namen meiner Freundin? Wenn es sich um Scott Handler dreht, warum . . .«

»Nur weil sie gegebenenfalls eine weitere Zeugin wäre«, sagte Carella.

»Eine Zeugin wofür?«

»Dafür, wo Scott Handler wann war.«

»Und was ist für Sie der kritische Zeitpunkt?« fragte Strothers.

Carella bemerkte sehr wohl, daß er ihnen den Namen seiner Freundin noch nicht genannt hatte. Er fand das hochanständig. Er überlegte, ob er dem Jungen nicht im Klartext sagen sollte, worum es ging. Daß sie wissen wollten, wo Handler zwischen zwölf Uhr dreißig, als Annie Flynn ihren letzten Telefonanruf entgegennahm, und zwei Uhr dreißig gewesen war, als die Hoddings sie tot aufgefunden hatten. Sein Blick traf den Meyers. Meyer zwinkerte. *Ja. Riskier's.*

»Wir untersuchen einen Doppelmord«, sagte Carella. »Eines der Opfer ist ein Mädchen, mit dem Handler bekannt war. Wir versuchen zu ermitteln, wo er sich zwischen zwölf Uhr dreißig und zwei Uhr dreißig aufgehalten hat.«

»Am Silvesterabend«, sagte Strothers.

»Ja. Na, eher am Neujahrsmorgen.«

»Richtig. Also eine ernste Sache.«

»Eine ernste Sache, allerdings.«

»Aber wenn das die kritische Zeitspanne ist . . .«

»Das ist sie.«

». . . dann ist Scott aus dem Schneider.«

»Was wollen Sie damit sagen, Mr. Strothers?«

»Weil ich weiß, wo er während der zwei Stunden war. Er war nicht unterwegs, um jemand umzubringen.«

»Sondern?«

»Er war mit mir zusammen. Und mit meiner Freundin. Und mit seiner.«

»Können wir die Namen haben?«

»Reicht Ihnen mein Wort nicht?«

»Doch, doch«, sagte Carella. »Aber wenn das noch zwei andere Leute beschwören können, wäre Ihr Freund . . .«

»Wer sagt denn, daß er mein Freund ist?«

»Ich dachte . . .«

»Ich kenne ihn kaum. So um Thanksgiving rum hab ich ihn getroffen, bei einer Vernissage. Er war von Maine heruntergekommen. Er geht da in eine Privatschule.«

»Hm hm.«

»Es war gerade bei ihm was schiefgelaufen mit einem Mädchen, und er war ziemlich . . .« Er hielt plötzlich inne. Sein Blick sagte, daß ihm etwas dämmerte. »Ist sie die Tote?«

Die Detectives warteten.

»Das Mädchen, das ihn abserviert hat?«

»Was hat er Ihnen von ihr erzählt?«

»Nur daß sie ihn rausgeschmissen hat. Allzu schwer hat er's offenbar nicht genommen. Am Silvesterabend war er wohl drüber weg.«

»Haben Sie ihn mal gesehen zwischen Thanksgiving und . . .«

»Nein. Sagte ich doch. Wir sind uns auf dieser Vernissage begegnet, und hinterher ist er mit mir und meiner Freundin zu einer Party gegangen. Bei einem befreundeten Maler, der unten im Quarter ein Loft hat. Scott wirkte so deprimiert, deshalb luden wir ihn ein. Dann rief er mich Ende Dezember an und sagte, sie hätten bei ihm zu Hause eine Silversterparty, und ob ich kommen will und Doro . . .«

Er brach abrupt ab.

»Heißt Ihre Freundin Dorothy?« fragte Carella.

»Ja.«

»Und weiter?«

»Ich möchte nicht, daß sie da reingezogen wird«, sagte Strothers.

»Okay«, sagte Carella. »Also Sie sind so um halb zehn, zehn auf dieser Party aufgekreuzt . . .«

»War ein Reinfall«, sagte Strothers. »Wenn er mir gesagt hätte, daß wir da die einzigen jungen Leute sein würden . . . Die waren alle so zwischen dreißig und vierzig!«

Meyer ließ sich nichts anmerken.

»Wie lange sind Sie geblieben?« fragte Carella.

»Kurz nach zwölf sind wir abgehauen.«

»Sie und Dorothy, und Scott und seine Freundin.«

»Nein, seine Freundin war nicht da. Zu der sind wir ja gegangen. In ihre Wohnung.«

»Sie war nicht auf der Handler-Party?«

»Nein.«

»Warum nicht? Haben Sie eine Ahnung?«

»Ich denk mir, weil sie viel älter ist als Scott. Weil er nicht scharf darauf war, daß seine Mutter sie kennenlernt.«

»Wieviel älter?« fragte Meyer.

»Na, sie ist schon ziemlich alt«, sagte Strothers.

»Wie alt?« fragte Meyer. »Dreißig? Vierzig?«

Er ließ sich noch immer nichts anmerken.

»So da rum bestimmt. Mindestens achtundzwanzig.«

»Wie heißt sie?« fragte Carella.

»Lorraine.«

»Und wie noch?«

»Greer.«

»Adresse?«

»Weiß ich nicht. Irgendwo unten im Quarter. Wir sind mit dem Taxi rübergefahren.«

»Und Sie erinnern sich nicht an die Adresse?«

»Nein, tut mir leid.«

»Was macht sie beruflich? Wissen Sie das?«

»Sie ist Kellnerin und will ein Rock-Star werden.« Strothers zuckte betont die Achseln und machte in unmißverständlicher Weise klar, was er von ihren Chancen hielt.

»Wann kamen Sie dort an?«

»Na, so ungefähr . . . Viertel vor eins, ja? So um die Drehe.«

»Und bei Scott sind Sie kurz nach zwölf aufgebrochen . . .«

»Ungefähr zwanzig nach.«

»Und etwa Viertel vor eins kamen Sie dort an.«

»Ja.«

»Und wann haben Sie Miss Greers Apartment verlassen?«

»Kurz nach fünf. Ein paar Leute saßen schon beim Frühstück.«

Meyer stellte die Hauptfrage: »War Scott Handler die ganze Zeit bei Ihnen?«

»Ja.«

»Sind Sie absolut sicher?«

»Ja, also . . .«

»Ja, Mr. Strothers?«

»Na ja, wir waren zusammen, als wir seine Wohnung verließen . . .«

»Natürlich.«

»Und wir waren zusammen, als wir in Lorraines Wohnung ankamen . . .«

»Ja?«

»Aber das war ’ne ziemlich große Party, wissen Sie . . .«

»Haben Sie ihn aus den Augen verloren? Ist es das?«

»Na ja, Dorothy und ich . . . Wir haben uns mal verkrümelt . . . Sie wissen schon . . .«

»Hm, hm.«

»Also, wir waren . . . Na . . . Nicht voll anwesend, ja? Ungefähr eine Stunde.«

»Nicht voll anwesend heißt . . .«

»Wir waren im Schlafzimmer.«

»Hm, hm. Von wann bis wann?«

»Na, von . . . Ich würde sagen, von ungefähr eins bis etwa halb drei.«

»Also wissen Sie nicht mit Sicherheit, ob Scott Handler die ganze Zeit da war.«

»Na ja, er war da, als wir ins Schlafzimmer gingen, und er war da, als wir wieder rauskamen, darum nehme ich an . . .«

»Er war um eins da, und er war um halb drei da.«

»Vielleicht war's ein bißchen später.«

»Wieviel?«

»Vielleicht drei.«

»Hm, hm.«

»Oder vielleicht halb vier.«

»Also, Sie waren zweieinhalb Stunden lang ›nicht voll anwesend‹.«

»Ja. Ich glaub schon.«

Das hätte Handler reichlich Zeit gelassen . . .

»Sie sagten, sie ist Kellnerin?« fragte Meyer.

»Scotts Freundin? Ja.«

»Hat sie erwähnt, wo sie arbeitet?«

Lewis Randolph Hamilton ging im Zimmer auf und ab.

»Hast du gehört?« fragte er Isaac.

Isaac hatte es gehört. Fields hatte es ihnen gerade erzählt.

»Bist du sicher, daß er derselbe Cop ist?« fragte Hamilton.

»Derselbe«, sagte Fields. »Der, der Herbert und James zusammengeschossen hat und mich auch erwischt hätte, wenn ich den Schläger nich fallengelassen hätt.«

»Zusammen in dieser Bar, hm?«

»*Las Palmas*. Walker Street.«

»Nebeneinander, im Gespräch wie alte Freunde.«

»Wie Brüder«, sagte Fields.

»Und was denkste, hat der kleine Joey dem Mann erzählt?« sagte Hamilton.

Isaac sah ihn bedeutungsvoll an.

Hamilton legte Fields den Arm um die Schultern.

»Schönen Dank, Andrew«, sagte er. »Clever von dir, an dem Punkt auszusteigen. Vergiß den kleinen Joey für 'ne Weile, klar? Vergiß den kleinen José.«

Fields sah ihn verwirrt an. »Du willst ihn nich abserviert ham?«

»Na hör mal, Andrew – wie willste denn an ihn rankommen, Mann? Wenn er einem Bullen auf dem Schoß sitzt? Noch dazu einem Bullen, der dich gesehen hat, der dich kennt?«

Fields wurde auf einmal unsicher. Machte ihm Hamilton irgendwie Vorwürfe? Wollte Hamilton sagen, da haste Mist gebaut? So wie James mit den Baseballschlägern?

»Sie ham mich nich geseh'n, Lewis«, sagte er. »Keiner von den beiden. Der Cop nich, und der Spic auch nich.«

»Gut«, sagte Hamilton.

»Also, wenn du noch willst, daß ich ihn abservier . . .«

»Aber was hat er dem Cop schon erzählt?« fragte Hamilton.

Ein Märchen.

Kling genierte sich fast, als er dem Lieutenant Bericht erstattete.

Laut Herrera ging es um folgendes: Am dreiundzwanzigsten Januar wurde ein Schiff erwartet. Am Montag abend. Aus Kolumbien, aber unter irgendeiner skandinavischen Flagge. Und mit hundert Kilo Kokain an Bord. Der normale Kaufpreis lag bei fünfzehntausend bis fünfundzwanzigtausend das Kilo, aber da die Posse die ganze Ladung übernehmen wollte, war der Preis auf zehn Riesen gesenkt worden. Ein Kilo sind bekanntlich zwei Pfund. Eine Million Dollar in bar sollten gegen zweihundert Pfund Kokain ausgetauscht werden. Ein ganz schöner Haufen Nasenpulver; auf der Straße brachte das zwölfeinhalb Millionen.

Soweit klang die Sache noch vernünftig. Der normale Verdienst bei einer Drogen-Investition lag bei fünf zu eins; hier waren es zwölfeinhalb zu eins. Aber okay, das Zeug wurde mit Mengenrabatt gekauft.

Aber das Weitere klang nach den Gebrüdern Grimm: Herrera behauptete, die Posse hätte Vorbereitungen getroffen, das Kokain hier in der Stadt zu übernehmen. Wo, wisse er noch nicht, aber das werde er für Kling herausfinden, wenn Kling dafür sorgte, daß die Posse ihn nicht in den nächsten Tagen umlegte. Wenn dann – nach den üblichen Qualitätstests – die Übergabe erfolgte, sollten Kling und seine Leute einschreiten, die Sache auffliegen lassen und das Zeug beschlagnahmen – nachdem Herrera rausgekriegt hatte, wo das Ganze über die Bühne gehen sollte, natürlich.

»Natürlich«, sagte Kling.

Er hätte gern gewußt, was da wohl für Herrera drin sein mochte. Aber er fragte ihn nicht gleich.

Statt dessen fragte er nach dem Namen der Posse.

Herrera erklärte wieder, sie sei größer als Shower oder Spangler, sogar größer als die Tel-Aviv-Posse – ein sonderbarer Name für eine Gang von Jakies, aber sie hieß tatsächlich so. Dann kam Herrera vom Thema ab und informierte Kling, wieso die Jakies darauf verfallen waren, ihre Gangs ›Posses‹ zu nennen: Es kam daher, daß sie so viele von den in der Karibik außerordentlich beliebten Spaghetti-Western gesehen hatten. Kling fand das, falls es zutraf, sehr interessant. Aber er wollte noch immer den Namen der Posse wissen.

»Ich weiß den Namen der Posse nich«, sagte Herrera.

»Aha.«

»Ja, ich weiß ihn nich«, sagte Herrera.

»Die Burschen wollen dich plattmachen, aber du weißt nicht, wer sie sind.«

»Ich weiß, daß die, die ihr festgenommen habt, mich plattmachen wollten.«

»Hast du sie gekannt, *ehe* sie's probiert haben?«

»Ja«, sagte Herrera. »Aber ich wußte nicht, wer sie waren.«

Und von hier an wurde die Geschichte immer märchenhafter.

Herrera sagte, er habe in eben dieser Bar, *Las Palmas*, in der er Kling seine Märchenstunde vorführte, in einer der Wandnischen gesessen und eine Diskussion von drei Schwarzen mit angehört, die in der Nachbarnische waren.

»Hm, hm«, machte Kling.

»Sie sprachen über die Lieferung, von der ich dir gerade erzählt hab.«

»Auch über die ganzen Zahlen und so weiter.«

»Ja.«

»Die hundert Kilo . . .«

»Ja.«

»Den Mengenrabatt . . .«

»Ja, über das alles.«

»Und das Lieferdatum. Alle Details.«

»Ja. Bloß nich über den Ort. Den weiß ich noch nich.«

»Das hast du alles mitgehört.«

»Ja.«

»Sie sprachen über eine Ladung Kokain, und sie sprachen laut genug, daß du mithören konntest.«

»Ja.«

»Hm, hm.«

Aber, sagte Herrera, sie mußten ihn wohl gesehen haben, als er die Bar verließ, und sie mußten sich gedacht haben, daß er alles mitgekriegt hatte. Wahrscheinlich hatten sie später den Barmann gefragt, wer er sei, und so war es gekommen, daß sie am Silvesterabend versucht hatten, ihn umzulegen.

»Weil du von der Lieferung wußtest.«

»Ja.«

»Und natürlich, weil du sie identifizieren könntest.«

»Natürlich.«

»Ihre Namen hast du nicht gewußt.«

»Stimmt. Die Namen nicht.«

»James Marshall, Andrew Fields und . . .«

»Ja, ich weiß. *Jetzt* weiß ich die Namen. Bloß damals, da hab ich sie nich gewußt.«

»Und warum haben sie sich dann Sorgen gemacht? Du hast nicht gewußt, wer sie sind, du hast nicht gewußt, wo die Übergabe geplant ist – warum sollten sie sich Sorgen machen wegen dir?«

»Ach das!« sagte Herrera.

»Ja, ach das – spuck's schon aus.«

»Ich wußte den Übergabetermin.«

»Hm, hm.«

»Und die Menge.«

»Hm, hm. Und wie heißt das Schiff?«

»Weiß ich nich. Ein Schwede. Oder ein Däne.«

»Oder vielleicht ein Finne.«

»Vielleicht, ja.«

»Daraufhin werden sie sehr nervös, die drei von dieser Posse – von einer Posse war tatsächlich die Rede, hm? Als du mitgehört hast?«

»Aber ja. Die Posse dies, die Posse das . . .«

»Bloß der Name ist nicht gefallen.«

»Nee. Kein Name.«

»Zu blöd, was?«

»Na, den kann ich rauskriegen.«

»So wie du rauskriegen kannst, wo die Übergabe steigen soll, hm?«

»Genau.«

»Wie?« fragte Kling. »Die versuchen dich umzulegen. Wie willst du rauskriegen, wo sie das Zeug übernehmen wollen?«

»Ach das!« sagte Herrera.

Ein wunderschönes Märchen.

Herrera berichtete von einem Vetter, einem Anstreicher in Bethtown, dessen Frau bei einem Jamaikaner putzte, dessen Bruder ein großes Tier in Posse-Kreisen war und von dem es hieß, er gehöre zur Reema-Posse – aber um die gehe es hier nicht. Herrera war sicher, wenn die Frau seines Vetters mal behutsam auf den Busch klopfte hinsichtlich der Person – also Herrera selbst –, die am Silvesterabend beinahe umgelegt worden wäre, dann würde sie in Null Komma nichts den Namen der Posse erfahren, zu der die drei Täter gehörten. Und sobald sie Herrera den Namen gesagt hatte, würde alles weitere ein Kinderspiel sein.

»Woher weißt du, daß es nicht die Reema-Posse ist?« fragte Kling.

»Was meinst du?«

»Du hast gesagt, es geht in deiner Sache nicht um die Reema-Posse.«

»Ach so. Ich weiß das, weil die Frau von meinem Cousin, die hat schon ein paar Fragen gestellt, und die Posse war's nicht, die mich plattmachen wollte.«

»Und wieso wird alles weitere ein Kinderspiel sein, sobald du den Namen der Posse weißt?«

»Weil ich Verbindungen hab«, sagte Herrera.

»Hm, hm«, machte Kling.

»Die wissen so was.«

»Was wissen die?«

»Na, Posses und so.«

»Hm, hm.« Kling sah ihn an.

Herrera bestellte noch einen Corona mit Lime Juice.

Kling sagte: »Und was ist in der Sache für dich drin, José?«

»Genugtuung«, sagte Herrera.

»Aah«, sagte Kling, »Genugtuung, so.«

»Und Personenschutz natürlich. Schuldest du mir.«

Jetzt geht's damit wieder los, dachte Kling.

»Du hast mir das Leben gerettet«, sagte Herrera.

Kling fragte sich, ob an dem, was ihm Herrera erzählt hatte, auch nur ein Wort wahr sein könnte.

Das *Steamboat Café* lag in einem neugeschaffenen Gebäudekomplex am Ufer des Dix, südlich und westlich des Innenstadtbezirks. Portside war für Erwachsenenpublikum geplant worden. Es gab drei Restaurants – mittlere Preislage, teuer und *sehr* teuer. Ein Dutzend eleganter Läden. Aber die Teenager, die Portside entdeckten, waren nicht daran interessiert, in guten Restaurants zu essen oder in Luxusgeschäften einzukaufen. Sie waren nur daran interessiert, andere Teenager zu treffen. Dafür eignete sich Portside. Von allen Ecken und Enden der Stadt strömten sie hier zusammen, Tag und Nacht. Binnen kürzester Zeit wanderten Tausende von ihnen durch das von Landschaftsgärtnern angelegte Gelände, besetzten sämtliche Bänke, wanderten händchenhaltend über die Wege und knutschten unter Bäumen auf den trägergestützten Terrassen entlang dem Fluß.

Die Erwachsenen in dieser Stadt machten sich nicht viel aus Teenagern. Die Erwachsenen blieben aus Portside weg.

Und all die Boutiquen, die Buchhandlungen, die Blumengeschäfte und die Juweliere machten Läden Platz, in denen es T-Shirts, Ohrringe, Bluejeans, Schallplatten und Turnschuhe gab. Das *sehr* teure Restaurant schloß nach einem halben Jahr; eine Disco namens *Spike* eröffnete darin. Das nur teure Lokal schloß auch und machte einer blendend gehenden McDonald's-Kneipe Platz. Das *Steamboat Café*, das Restaurant der mittleren Preislage, hatte nur überlebt, weil es tatsächlich ein umgebauter Flußdampfer war und, an einer der Terrassen festgemacht, im Dix schwamm. Teenager mögen was Neues.

Hier arbeitete, hatte Colby Strothers gesagt, Lorraine Greer als Kellnerin.

Es war zwanzig nach vier, als die Detectives dort ankamen.

Der Manager erklärte ihnen, die Mädchen der Frühschicht würden Feierabend machen, sobald die Tische gedeckt, die Zukkerdosen, die Pfeffer- und Salzstreuer und die Ketchupflaschen gefüllt und ganz allgemein alles für die nächste Schicht vorbereitet sei. Das gehöre zum Job, alles fertigmachen für die nächste Schicht. Er wies auf eine hochgewachsene junge Frau, die vor den Besteckkästen stand:

»Das ist Lorraine Greer«, sagte er.

Langes schwarzes Haar, blasser Teint, blaugraue Augen, die groß wurden, als die Detectives sich auswiesen.

»Miss Greer«, sagte Carella, »wir versuchen jemand zu finden, den Sie vermutlich kennen.«

»Und wer ist das?« fragte sie. Sie suchte sich gerade aus den Besteckkästen Messer, Gabeln und Löffel zusammen und ließ sie in einen Korb fallen, in dem eine ausgebreitete Serviette lag. »Augenblick – ich darf mich nicht verzählen«, sagte sie. Meyer vermutete, daß sie die Anzahl ihrer Tische mit der Anzahl der Plätze an jedem Tisch multiplizierte und auf diese Art herausfand, was sie an Besteck brauchte.

»Scott Handler«, sagte Carella.

»Kenn ich nicht«, sagte sie. »Tut mir leid.«

Sie nahm den Korb auf und machte sich auf den Weg durch das Restaurant. Die Detectives folgten ihr. Der Boden – das *Deck* – schwankte mit den Wellen des Flusses. Carella zerbrach sich den Kopf darüber, warum Strothers sie belogen haben könnte. Ihm fiel nichts ein.

»Miss Greer«, sagte er, »wir sind ziemlich sicher, daß Sie Mr. Handler kennen.«

»Ach ja? Und wie kommen Sie darauf?«

Gabel auf die gefaltete Serviette links vom Teller. Rechts ein Messer, Suppenlöffel, Teelöffel – in dieser Reihenfolge; so arbeitete sie sich um jeden Tisch herum. Jedesmal sechs Plätze. Ganz bei der Sache.

»Wir haben mit einem jungen Mann namens Colby Strothers gesprochen . . .«

»Kenn ich auch nicht. Tut mir leid.«

Draußen auf dem Fluß Schiffe. Ein Schlepper. Ein Touristenschiff. Ein Boot der Wasserschutzpolizei. Lorraine beobachtete aus den Augenwinkeln den mittschiffs gelegenen Eingang des *Steamboat Cafés*. Beide Detectives bemerkten es.

»Mr. Strothers sagte uns . . .«

»Es tut mir leid, aber ich kenne sie alle beide nicht.«

Ihr Blick wich nicht von der Eingangstür. Aber dann blitzte es plötzlich auf in ihren Augen.

Beide Detectives fuhren herum.

Der junge Mann, der in der Tür stand, war etwa eins fünfundachtzig groß; blond, breitschultrig, mit schmalen Hüften. Er trug eine rote Clubjacke im Blousonschnitt mit Strickbund und -manschetten, braune Lederhandschuhe, braune Hose, braune Sportschuhe. Er erfaßte die Situation mit einem Blick, wandte sich um und war wieder draußen.

»Handler!« brüllte Carella, und beide Detectives rannten zur Tür. Handler – wenn er es war – war schon unten auf der Pier, als sie herauskamen. »Polizei!« schrie Carella, aber er blieb nicht stehen. Er warf beinahe einen Halbwüchsigen um, der gerade einen Hamburger aß, und rannte weiter Richtung Eingang zum Portside-Areal von der Straße aus. Carella und Meyer hingen gut zwanzig Meter zurück. Handler – wenn er es war – wandte sich nach links und lief Richtung Innenstadt am Fluß entlang.

Die Straßenbeleuchtung war schon an; es war die Tageszeit, zu der die Stadt im Zwielicht zwischen Dämmerung und Nacht lag. Ein Schlepper tutete auf dem Fluß, ein paar Blocks entfernt raste eine Ambulanz mit jaulender Sirene durch die Stadt, und dann trat für einen Augenblick völlige Stille ein, in die hinein Carella noch einmal »Polizei!« brüllte. Das Wort zerriß die kurze Stille, und gleich darauf setzten wieder die vielfältigen Geräusche der

Stadt ein, Stimmen, Maschinen und das Aufklatschen von Handlers Sohlen auf dem Pflaster – wenn er es war.

Carella rannte nicht gern hinter Leuten her. Meyer auch nicht.
Das war was fürs Kino. Im Kino unterteilen sie eine Flucht- und
Verfolgungssequenz in vierzig einzelne Takes, die später zu einer
durchlaufenden Verfolgungsjagd zusammengeschnitten werden, bei der der Cop wie ein olympischer Goldmedaillenstar aussieht und der Schurke wie der Bursche, der nur Bronze kriegt. In
der Realität läuft das in einem einzigen Take ab. Du stampfst auf
dem Bürgersteig hinter einem her, der fünfzehn oder zwanzig
Jahre jünger und in erheblich besserer körperlicher Verfassung
ist als du, und hoffst, daß die rote Clubjacke nichts mit Aschen-
bahn oder Basketball zu tun hat. In der Realität fangen die Wa-
denmuskeln an zu schmerzen, und es brennt in deiner Lunge,
wenn du hinter einem her rennst und weißt, daß du ihn wahrscheinlich nie einholen wirst, immer den Blick auf der entschwin-
denden roten Jacke und kaum noch in der Lage, die weißen Buchstaben darauf zu erkennen, *The Prentiss Academy*, die du in der
Dämmerung schon nicht mehr entziffern könntest, wenn du
nicht vorher gewußt hättest, was da steht. In der Realität merkst
du nur, wie der Abstand zu der roten Jacke immer weiter wächst
und wächst . . .

»Wir schaffen's nicht!« brüllte Carella.

Aber dann . . . In dieser Stadt geschehen manchmal Zeichen
und Wunder. Plötzlich kam ihnen ein Streifenwagen entgegen,
und Handler – wenn er es war – sah ihn, machte auf dem Absatz
kehrt, rannte durch den Verkehr hindurch schräg über die Straße
und kam ihnen auf der anderen Seite entgegen, auf die nächste
Kreuzung zu, wo er zweifellos nach Norden abbiegen wollte. Sie
errieten das und rannten auf dieselbe Ecke zu. Carella erreichte
sie kurz vor ihm, Meyer einen Augenblick später, so daß sie ihn
zwischen sich hatten. Er sah die Pistolen und blieb stehen. Alle
drei waren sie außer Atem. Weiße Dampfwölkchen in der Luft.

»Scott Handler?«

Er war es.

Die beiden Frauen waren weiße Nutten und etwas hochkarätiger als die, die Hamiltons Leute jeden Tag auf die Straße schickten. Hamilton hatte sie bei einer Dame namens Rosalie Purchase bestellt. Rosalie war in den Sechzigern, und es war weder der Mafia gelungen noch den Chinesen und neuerdings den Jamaikanern und den ›anderen exotischen Punks‹, wie sie sie trotzig nannte, sie aus dem Geschäft zu drängen. Rosalie handelte mit Qualitätsfleisch; das mochte der Grund für ihr geschäftliches Überleben sein. Heutzutage, wo Zwei-Dollar-Huren in billigen Motels an den Landstraßen billige Tricks für bibelfeste Pastoren abziehen, ist es für den *richtigen* Sünder gut zu wissen, daß Rosalie Purchase ihm ein Vollblutpferdchen besorgt, wenn ihm der Sinn danach steht.

Rosalie trug Hüte als Markenzeichen.

Auf der Straße, zu Hause, im Restaurant, sogar in der Kirche.

Bei den Cops hieß sie Rosalie the Hat.

Oder auch Rosalie the Hot, obgleich sie nie persönlich den Klienten irgendwelche sexuellen Dienstleistungen erbracht hatte. Falls sie tatsächlich Klienten haben *sollte*. Bei einer Dame, die nun schon eine ganze Reihe von Jahren ganz öffentlich ein Bordell betrieb, war es erstaunlich, wie wenig Material die Polizei über sie hatte. Gemessen an dem, was die Polizei beweisen konnte, hätte sie ebensogut Modistin sein können. Kein Mensch konnte verstehen, wieso man sie nie hatte hochgehen lassen. Oder auch nur ihr Telefon angezapft worden war. Natürlich gab es Gerüchte. In jeder Branche gibt's Gerüchte.

Es gab Leute im Department, die wußten, daß Rosalie zur gleichen Zeit wie Michael Fallon in East Riverhead aufgewachsen war und daß sie sich als Teenager heiß und innig geliebt hatten. Es traf auch zu, daß Rosalie später nach San Antonio, Texas, gezogen war, nachdem Fallon sie sitzengelassen und eine gewisse Peggy Shea geheiratet hatte. Darüber hinaus gab es nur Mutmaßungen.

Stimmte es zum Beispiel, daß die arme Rosalie mit ihrem gebrochenen Herzen da draußen im Wilden Westen gelernt hatte, wie man einen Puff betreibt? Stimmte es, daß man sie in dieser Stadt nur deshalb nicht hatte hochgehen lassen, weil sie, als sie hierher zurückkam, um ein Vermögen zu machen und einen Haufen Hüte zu kaufen, sofort Fallons Mätresse geworden war? Stimmte es, daß sie es *noch* war? In diesem Fall wäre es erklärlich gewesen, daß man sie nicht hatte hochgehen lassen, da Michael Fallon zufällig Chief of Detectives war.

All dies war Stoff für allerhand Klatsch, der unten im Headquarter hinter vorgehaltener Hand ausgetauscht wurde.

Die beiden Mädchen hießen Cassie und Lane.

Es waren nicht ihre richtigen Namen. Sie stammten aus Westdeutschland und hießen Klara Schildkraut und Lottchen Schmidt, aber im Land der unbegrenzten Möglichkeiten wurde daraus Cassie Cole und Lane Thomas. Beide waren Anfang Zwanzig, beide blond, beide trugen hochhackige Schuhe mit Knöchelriemchen und Teddies – Cassie rot, Lane schwarz –, und beide waren, champagner- und kokainbedingt, nicht mehr ganz zurechnungsfähig. Genau wie Hamilton und Isaac.

Es war eine nette kleine Nachmittagsparty in Hamiltons Penthouse am Grover Park North. Es war auch eine kleine geschäftliche Besprechung hier im zweiundzwanzigsten Stock; nichts machte Hamilton mehr Spaß, als das Geschäftliche mit dem Vergnüglichen zu mixen. Die beiden Mädchen waren von Rosalie Purchase darauf gedrillt, kiloweise für Vergnügliches zu sorgen. Isaac sorgte seinerseits für Vergnügliches, indem er den Mädchen wieder und wieder nachschenkte und ihnen frische Häufchen von einem erstklassigen Koks auf ihre Schminkspiegel kippte. Die Mädchen schnüffelten mit weitgespreizten Beinen. Im Westen war die Sonne fast völlig untergegangen, ein ersterbender Fleck am äußersten Rand des Südfensters.

Die Mädchen sprachen mit starkem deutschen Akzent.

»This is very good shit«, sagte Cassie.

Es klang wie »Das ist werrie gut Schitt.«

»Wir haben unsere Verbindungen«, sagte Hamilton und blinzelte Isaac zu.

Sie hatten sich beide schick gemacht für die Mädchen. Hamilton hatte einen grünseidenen Pyjama an, einen gelbseidenen Morgenrock und schwarze Samtslipper mit einer Stickerei auf dem Spann, die aussah wie das Wappen des belgischen Königs.

Er wirkte wie Eddie Murphy als Hugh-Hefner-Darsteller. Isaac trug ein rotseidenes Oberteil mit V-Ausschnitt und Bermuda-Shorts in der gleichen Farbe, auch in Seide. Er war barfuß. Er hatte eine Brille auf. Er sah aus wie ein dressierter Affe mit einer enormen Erektion.

»Komm, mach's mir«, sagte er zu Lane.

Lane inhalierte einen kleinen Berg von Koks. Mit der freien Hand griff sie nach unten und knöpfte den schwarzen Teddy zwischen den Beinen auf. Keuchend fing sie an, sich zu streicheln. Isaac sah zu, wie sie ihre Lippen bearbeitete.

»Warum meinst du, daß der Cop sich da reinhängt?« fragte er.

»Wegen dem, was ihm Herrera vielleicht erzählt hat«, meinte Hamilton.

»Aber was *weiß* der kleine Spic denn schon?«

»Das sagt man doch nicht!« sagte Cassie, die endlich den Kopf vom Spiegel hob. Rosalie hatte ihr verboten, Männer spanischer Abstammung Spics zu nennen – wegen der zahlreichen kolumbianischen Kunden, die Dealer aus Miami waren.

»Bist du fertig mit dem Shit?« fragte Hamilton.

Cassie grinste. »Für den Augenblick schon.«

Mein Gott, sie war total hinüber. Mein Gott, diese zwei Nigger, was die für einen wundervollen Shit hatten!

»Dann komm und mach's mir«, sagte Hamilton.

»Oh, yeah«, sagte sie. Es klang wie »Ach ja.«

Sie ging zu ihm hinüber, hockte sich zwischen seinen Knien auf den Teppich und rückte sich bequem zurecht. Der Träger des Teddys rutschte von der rechten Schulter. Sie wollte ihn wieder hochschieben, aber Hamilton sagte:

»Nein, laß das so.«

»Okay«, sagte sie und zog den Teddy über ihre rechte Brust herunter. Hamilton umfaßte sie und begann geistesabwesend, sie zu kneten. Die Warze wurde augenblicklich steif.

»Er steht auf Titten«, sagte sie zu Lane.

Lane hockte breitbeinig auf Isaacs Schoß, das Gesicht ihm zugewandt. Seine Hände umspannten beide Brüste.

»Er auch«, sagte sie.

Sie sprachen jetzt deutsch, obwohl Rosalie sie davor gewarnt hatte, es in Gegenwart von Kunden zu tun. Kunden schätzten es nicht, womöglich in einer fremden Sprache begutachtet zu werden. Aber hier war es okay, weil sich Hamilton und Isaac mittlerweile in einem jamaikanisch-kreolischen Dialekt unterhielten, den beide Mädchen nicht verstanden. Cassie und Lane quasselten wie zwei deutsche Hausfrauen, die über den Gartenzaun miteinander tratschen, nur daß die eine Hamilton im Mund hatte und die andere wie verrückt auf Isaac herumritt. Hamilton schaute auf Cassies wippenden blonden Kopf hinunter, trank von seinem Champagner und sang Isaac im Patois-Dialekt was vor. Der seinerseits auch Champagner trank und Lane in klar verständlichem Englisch aufforderte, sich herumzudrehen. Sie tat es sofort und kommentierte den Stellungswechsel auf deutsch für Cassie: Wenn er's durch die Hintertür probiert, dann ist Scheiße am Dampfen, dann wird's eine schmutzige Party.

Schmutzig in jeder Hinsicht.

Isaac und Hamilton sprachen über Mord.

Hamilton meinte, wenn José Herrera, aus Dankbarkeit oder warum auch immer, dem blonden Cop irgend etwas von ihrem Vorhaben erzählt hatte, ja, dann waren sie doch *beide* in Gefahr, der Cop noch mehr als Herrera. Dann mußte er schleunigst beseitigt werden, zum Schweigen gebracht werden für den Fall, daß er noch mit niemand darüber gesprochen hatte, oder, falls er die Information bereits weitergegeben hatte, als Warnung.

»Wir müssen eine Erklärung abgeben«, sagte Hamilton in Patois.

Die Polizei mußte zur Kenntnis nehmen, daß da, wo Dollarmillionen auf dem Spiel stehen, keiner querschießen darf.

»Schließlich zahlen wir denen grade genug«, sagte Isaac im Dialekt.

»Hat sein Name in der Zeitung gestanden?« fragte Hamilton.

»Den krieg ich raus.«

Lane stand vor ihm, die Beine weit gespreizt, vornübergebeugt, die Hände auf den Schenkeln und den Blick starr auf Hamilton gerichtet, während Isaac sie von hinten rammelte. Ihr Gesicht war völlig ausdruckslos. Hamilton wollte sie plötzlich unbedingt haben.

»Komm her«, sagte er.

»Ich?«

»Nee, Adolf Hitler.« Es sollte ein Witz sein.

Lane war zweiundzwanzig; von Adolf Hitler hatte sie nur ziemlich nebulöse Vorstellungen. Aber sie wußte, wer hier der Boss war. Sie löste sich mit einem vielversprechenden Blick über die Schulter von Isaac und ging lächelnd und sich die Lippen leckend, so wie Rosalie es ihr beigebracht hatte, hinüber zu Hamilton, der auf der Couch mit Cassie beschäftigt war.

Isaac hütete sich zu protestieren. Er schenkte sich noch ein Glas Champagner ein und sah zu, wie die beiden Mädchen Hamilton bearbeiteten.

Hamilton sagte im Dialekt: »Den Cop nehm ich mir selber vor.«

»Warum?«

»Weil keiner von denen weiß, wie ich ausseh«, sagte Hamilton grinsend. Und dann, auf englisch, zu den Mädchen: »Ja, prima, sehr gut macht ihr das.«

»Er mag's so«, sagte Lane auf deutsch.

»Na klar«, sagte Cassie auf deutsch.

»Und dann machen wir den Spic fertig«, sagte Hamilton im Dialekt. »Den schäbigen Spion.«

»Mach ihn jetzt fertig«, sagte Lane auf deutsch.

»Kchch«, sagte Cassie auf englisch.

Carella sprach im Vernehmungszimmer mit Lorraine.

Meyer sprach mit Scott im Großraumbüro.

Lorraine kam es so vor, als trete sie im Londoner *Palladium* bei ausverkauftem Haus auf. Endlich ein Star. Alle Augen waren auf sie gerichtet. Nebenan standen wahrscheinlich hundert weitere Cops hinter dem falschen Spiegel in der Wand. Sie hatte viele Filme gesehen, sie wußte Bescheid über Zweiwegspiegel ... Es war tatsächlich ein Zweiwegspiegel, bloß beobachtete keiner sie und Carella von nebenan. Aber das wußte Lorraine nicht, und so machte sie einen Star-Auftritt daraus. *Die* Großveranstaltung hier in dem alten Gebäude des Reviers. Sie wollte vor den Cops die

Schau ihres Lebens abziehen. Zu ihrem Pech war es halt nur ein einziger Cop.

Scott, auf der anderen Seite, kam es so vor, als redete er mit einem Priester. Er vermutete, daß Meyer Jude war, aber er kam sich vor wie im Beichtstuhl. Reumütig und weinerlich, in Erwartung der Buße, die Meyer ihm auferlegen würde.

»Ich hab sie nicht umgebracht«, sagte Scott.

»Hat Sie jemand beschuldigt?« fragte Meyer.

Fast hätte er gesagt, hat Sie jemand beschuldigt, *mein Sohn*? Wegen Scotts unterwürfiger Haltung kam er sich mit seinem kahlen Kopf wie ein Mönch mit Tonsur vor. So, als müsse er das Kreuzeszeichen machen und ›Dominus vobiscum‹ sagen.

Statt dessen sagte er: »Warum sind Sie weggelaufen?«

»Ich hatte Angst.«

»Warum?«

»Weil ich genau wußte, was Sie denken würden.«

»Nämlich?« Er unterdrückte das »mein Sohn« noch eben.

»Daß ich's war«, sagte Scott. »Weil sie mich abgesägt hat.«

»Möchten Sie mir nicht sagen, wo Sie am Silvesterabend waren?«

»Er war bei *mir*«, sagte Lorraine.

Sie war aufgestanden, Carella und dem Spiegel zugewandt, hinter dem jetzt zweifellos der Police Commissioner, der Chief of Detectives und alles, was Rang und Namen hatte, versammelt waren, um ihren Auftritt mitzuerleben. Ehe sie das *Steamboat Café* verließ, hatte sie sich umgezogen und die Kellnerinnen-Uniform gegen ihre normale Straßenkleidung getauscht. Kurzer Jeans-Rock, roter Pullover, rote Strumpfhose, kurze schwarze Stiefel mit Stulpe, die bis über die Knöchel heruntergeschlagen war. Sie gab eine Vorstellung für Carella und all die Leute hinter dem Spiegel. Carella war klar, daß sie wußte, daß sie lange und bemerkenswert hübsche Beine hatte.

»Von wann bis wann?« fragte er.

Er saß auf der anderen Seite des langen, den Raum füllenden Tischs, den Spiegel im Rücken.

»Er kam so um halb eins«, sagte Lorraine.

Viertel vor eins, hatte Strothers gesagt.

»Blieb er die ganze Nacht?« fragte Carella.

»Ja, die ganze Nacht«, sagte Scott.

»Bis wann?«

»Ja, also, ich bin die *ganze* Nacht geblieben. Ich meine, ich hab da geschlafen. Mit Lorraine.«

Das macht noch mal fünfzig ›Gegrüßet seist du, Maria‹, dachte Meyer.

»Ich hab da gewohnt«, sagte Scott. »Bei Lorraine. Als ich von dem Mord erfuhr . . .«

»Wie haben Sie's erfahren?«

»Es kam doch im Fernsehen.«

Kein Mensch liest mehr Zeitung, dachte Meyer.

»Ich hab mir vorgestellt . . . Ich wußte, Sie würden denken, ich war's. Denn ihre Eltern würden bestimmt den Krach erwähnen, den wir hatten. Und was ich da gesagt habe. Und ich wußte, was Sie . . .«

»Was haben Sie denn gesagt?«

»Daß er sie umbringen würde«, sagte Lorraine.

»Hm, hm«, machte Carella.

»Sie und ihren neuen Freund. Beide.«

»Hm, hm. Und das hat er an dem Tag gesagt, an dem er vor Ihrer Wohnungstür stand?«

»Nein, nein. Das war erst später. Als er zu mir kam, da hatte sie gerade erst Schluß gemacht. Ein paar Tage vorher.«

»Also wann?«

»Drei Tage nach Weihnachten. Als er zu mir kam. Weil ich früher sein Babysitter war. Mir konnte er alles sagen.«

»Und er hat Ihnen gesagt, daß Annie Flynn Schluß gemacht hatte.«

»Ja.«

»Aber die Morddrohungen hat er nicht erwähnt.«

»Na, Morddrohungen würde ich das nicht nennen.«

»Wie würden Sie's denn nennen, Miss Greer?«

»Also, würden *Sie* von Morddrohungen sprechen?« sagte sie und schaute direkt in den Spiegel hinter Carella.

»Ja, das würde ich. Wenn jemand droht, einen anderen umzubringen, dann nennen wir das eine Morddrohung.«

»Na, er hatte doch nicht *wirklich* vor, die beiden umzubringen.«

»Ach, das war doch nur so dahingesagt«, sagte Scott.

»Daß Sie sie und ihren neuen Freund umbringen würden.«

»Ja. Ich war wütend. Ich hab . . . Ich hab einfach das Erstbeste gesagt, was mir eingefallen ist. Weil ich wütend war und verletzt und . . . Verstehen Sie eigentlich, was ich Ihnen erklären will?«

Ja, mein Sohn.

»Ja, ich verstehe«, sagte Meyer. »Was ich *nicht* verstehe, das ist, weshalb Sie meinten, es sei besser, unterzutauchen statt . . .«

»Er hat Angst gehabt«, sagte Lorraine. »Er dachte, ihre Eltern werden Ihnen sagen, womit er gedroht hat, und Sie werden ihn greifen und ein Geständnis aus ihm rausquetschen . . . Ich meine nicht *rausprügeln*. Ich meine, ihn aufs Kreuz legen, ihn dazu bringen, Dinge zu sagen, die er eigentlich nicht sagen *will* . . . Gehen Sie nie ins Kino?«

»Doch, manchmal«, sagte Carella. »Wann hat er Ihnen das alles erzählt?«

»Vergangenen Freitag. Ich hab ihm geraten, sich freiwillig zu stellen.«

»Hm, hm.«

»Sonst würden Sie denken, er hat sie umgebracht.«

»Und was hat er gesagt?«

»Er hat gesagt, er hat sie *nicht* umgebracht.«

»Warum wollte er denn nicht zu uns kommen?«

»Hab ich doch gesagt. Weil er Angst hatte.«

»Verstehe ich nicht. Er hatte doch ein wasserdichtes Alibi.«

»Ach Gott, Alibis!« sagte sie zu dem Spiegel und wischte die

Möglichkeit vom Tisch, daß ein Unschuldiger sich erfolgreich gegen clevere, aggressive Cops durchsetzen kann. Wie die hinter dem Spiegel.

»Also, er *hat* doch ein Alibi, oder?« sagte Carella.

Sie sah ihn an. War *er* im Begriff, clever zu werden?

»Sie haben gesagt, er war die ganze Nacht bei Ihnen . . .«

»Das stimmt.«

Gerade heraus. Herausfordernd. Paßt dir's nicht, daß ich mit einem Neunzehnjährigen schlafe? Dein Pech. Rock-Stars tun, was sie wollen.

»Er hat die Wohnung zu keiner Zeit verlassen, stimmt das?«

»Er war die ganze Nacht da. Wir haben so um fünf, halb sechs gefrühstückt. Dann sind alle aufgebrochen, und wir gingen zu Bett.«

»Na also«, sagte Carella.

»Rühreier mit Speck, Kaffee, Brötchen. So um sieben, halb acht waren alle weg. Dann gingen wir ins Bett, Lorraine und ich.«

Meyer nickte. »Erzählen Sie mal von diesem neuen Freund.«

»Wie bitte?«

»Von Annies neuem Freund. Der, von dem Sie gesagt haben, Sie wollen ihn umbringen.«

»Ich hab Ihnen doch gesagt, das war nur so dahinge . . .«

»Ja, ich weiß. Aber hat sie nicht gesagt, wer es ist?«

»Sie hat gesagt, ich spinne.«

»Und was sollte das heißen?«

»Na ja . . . Daß es gar keinen gibt.«

»Haben Sie's geglaubt?«

»Nein.« Er sah Meyer in die Augen. »Ich glaube, sie hat wegen eines anderen mit mir Schluß gemacht.«

Er hatte im Verkaufsbüro des neuen Apartmenthauses als Kaufinteressent vorsprechen müssen, um an die Etagenpläne zu kommen. Er wußte, wo die Wohnung der Hoddings lag; er hatte es bei seinem ersten Besuch dem Verzeichnis entnommen, das am Empfang auslag. Yes, Sir, hatte der Portier gesagt, kann ich Ihnen helfen? Er hatte nach dem Verkaufsbüro gefragt und erfahren, daß es im zweiten Stock lag und als Musterwohnung möbliert war. Es war eines der größeren Apartments, hatte der Verkäufer erklärt, 850 000 Dollar, wegen der Aussicht auf den Park. Das gleiche Apartment weiter oben – es gab achtzehn Geschosse – kostete 1,6 Millionen. Es gab auch billigere Wohnungen, die keinen Blick auf den Park hatten, sondern auf die Seitenstraße; da ging es mit 525 000 Dollar los. In diesem Stadtteil zu wohnen war eben nicht billig.

Er ließ sich Pläne der noch zum Verkauf stehenden Apartments geben. Jedes hatte einen Namen, es las sich wie eine Wohnungsspeisekarte: Es gab das Cosmopolitan, das Urbanite, das Excell, das Luxor und das Teuerste, Tower Suite, das mit einem identischen Apartment den ganzen achtzehnten Stock einnahm. Das Nachbargebäude zur Rechten war gleichfalls nur achtzehn Stockwerke hoch. Die Bebauungspläne des Bezirks sahen eine Höhenbegrenzung vor, so daß keine Gefahr bestand, je von höheren Nachbarhäusern vom Sonnenlicht abgeschnitten zu werden. Und links war natürlich die Seitenstraße.

Er packte die Pläne der verschiedenen Apartments zusammen und verlangte einen Plan, aus dem ihre Lage auf den einzelnen Geschossen hervorging. Er wußte, daß die Hoddings in 4A wohnten. Alle A-Apartments waren Urbanites.

Er hatte die Pläne in der Hand. Er wußte genau, wo die Feuerleitern waren. Er wußte, wo er hineinkommen konnte. Wie er zu ihr kommen konnte.

Der Verkäufer dachte, den hab ich an der Angel.

8

Danny Gimp war beleidigt.

»Wie kommt's, daß du zu Donner gegangen bist?« fragte er.

Die beiden Männer saßen auf einer Bank am Rand der Eisbahn, die man nach Louis Weiss genannt hatte, dem berühmten Bergsteiger. Die ganze Stadt wußte, daß für Weiss kein Berg der Welt zu hoch war. Mit der Unterstützung seiner treuen Sherpas, mit der Gottesgabe seines Humors und einem Lächeln auf den Lippen kletterte Weiss in immer größere Höhen; nur ein einziges Mal hatte er sich die Nase erfroren. Vielleicht lag es an diesem einzigen Mißgeschick am Himalaja, daß eine Eisbahn nach ihm benannt worden war und keine Rollschuhbahn. Samstags glitt Weiss manchmal selber über das Eis und bat die Kinder freundlich, kein Bonbonpapier auf sein Eis zu schmeißen. An diesem Samstag war er nicht da.

Es war schon der vierzehnte Januar. Zwei Wochen waren seit den Morden vergangen. Acht Tage, seit Hal Willis mit Fats Donner gesprochen hatte.

Und jetzt wollte Danny Gimp wissen, warum.

Carella fragte: »Woher weißt du, daß wir uns an Donner gewandt haben?«

»Es ist mein *Beruf*, mich umzuhören.« Danny war noch mehr beleidigt. »Ich bin wirklich sauer, Steve. Ehrlich.«

»In seiner Vorgeschichte spielen Minderjährige eine Rolle.«

»Kein Grund, zu ihm zu gehen.«

»Wenn ein Baby und eine Sechzehnjährige die Opfer sind, ist das ein sehr *guter* Grund.«

»Dieser Doppelmord ist 'ne verdammt große Sache, Steve. Die Zeitungen sind voll davon, und im Fernsehen haben sie's auch dauernd damit.«

»Ich weiß«, sagte Carella mißmutig.

»Nu haste mal 'n dicken Hund, und statt zu mir zu kommen, rennste zu Donner. Also, ich kann das einfach nich versteh'n, Steve.«

»Außerdem«, sagte Carella lahm, »kann es mit einem Einbruch zusammenhängen, den Willis bearbeitet. Und Willis ist zu Donner gegangen, weil er schon mit ihm gearbeitet hat.«

Danny sah ihn an.

»Okay«, sagte Carella.

»Ich meine, Steve, du weißt doch . . .«

»Ich hab okay gesagt.«

Beide Männer schwiegen. Auf dem Eis schossen buntgekleidete Kinder jeglichen Alters vorbei. Ein junges Mädchen versuchte einen Dreifachsprung, hing strahlend in der Luft und landete auf dem Hintern. Ohne Anzeichen von Verlegenheit stand es auf, lief weiter und sprang wieder – nur doppelt diesmal.

»Tut's dir weh bei der Kälte?« fragte Danny.

Carella wußte sofort, wovon die Rede war.

»Weil, ich hab Schmerzen im Bein«, sagte Danny. »Wo *ich* den Schuß abgekriegt hab.«

Das war gelogen. Danny hatte nie einen Schuß abgekriegt. Er hinkte, weil er als Kind Polio gehabt hatte. Aber er behauptete, es komme von einer Schußverletzung in einer großen Gangster-Schießerei. Das, fand er, war eine Art Gütesiegel für jemand in der Informantenbranche. Carella verzieh ihm die Lüge. Beim ersten Mal, als es ihn selbst erwischt hatte, war Danny zu einem Krankenbesuch in die Klinik gekommen. Das war in Informantenkreisen üblich. Carella empfand so etwas wie Zuneigung zu ihm. Grauhaarig und noch dicklicher wirkend, als er tatsächlich war, weil er wegen der Kälte alle möglichen Kleidungsstücke übereinander trug, so saß er da auf der Bank und sah den Schlittschuhläufern zu. Er und Carella hätten alte Freunde sein können, die an einem schönen Wintertag im Park saßen und über die guten alten Zeiten redeten und sich über ihre kleinen Wehwehchen beklagten, wie ein Bein, das schmerzte, wenn das Thermometer fiel.

»Weil, ich hab gehört, du hast wieder was abgekriegt«, sagte Danny.

»Hm, hm.«

»An Halloween, heißt es.«

»Stimmt.«

»Deswegen hab ich gefragt, ob's bei der Kälte weh tut.«

»Ein bißchen, ja.«

»Du mußt aufhören, immer da zu stehen, wo sie hinschießen.«

»Ich weiß.«

»Kann ein schwerer Fehler sein bei 'nem Cop.«

»Ich weiß.«

»Also paß besser auf.«

»Mach ich.«

»Und ruf mich ab und zu mal an, wenn du wieder so 'n dicken Hund kriegst. Damit *ich* nicht bei *dir* anrufen und um einen Treff hier im Park betteln muß, bei dem ich mir den Arsch abfrier.«

»Der Park war dein Vorschlag«, sagte Carella.

»Na klar – das einzige, was mir fehlt, ist in irgend'ner Bar mit 'm Cop gesehen zu werden. Und noch dazu mit einem, der alle vierzehn Tage Kugelfang spielt. Du treibst es allmählich wie dieser andere bei euch – wie heißt er noch mal?«

»O'Brien.«

»O'Brien, ja. Der is ja bekannt dafür, oder? Daß er sich immer anschießen läßt, wenn er morgens aus dem Bett steigt.«

»Ja, den hat's ziemlich oft erwischt«, sagte Carella trocken.

»Na, und du? Willste seinen Rekord brechen?«

Carella wurde plötzlich klar, daß Danny ehrlich besorgt war.

»Ich paß schon auf«, sagte er freundlich.

»Tu das«, sagte Danny. »Und jetzt sag mir, hinter wem du her bist.«

»Hinter einem gewissen Proctor.«

»Dem Doctor?«

»Kennst du ihn?«

»Ich kenn den Namen. Kein Typ für Mord, Steve. Das is'n kleiner Einbrecher und Gelegenheitsdealer.«

»Wir meinen, daß es vielleicht Raubmord war.«

»Ja, dann . . .« Aber man hörte den Zweifel in seiner Stimme.

»Weil wir wissen, daß er in der Mordnacht woanders im gleichen Haus eingebrochen ist. Wenn er's noch mal probiert hat und von dem Babysitter überrascht worden ist . . .«

»Na klar, dann haste 'n Raubmord.«

»Weil er ein Messer benützt hat.«

»Ja, hab ich im Fernsehen mitgekriegt.«

»Eine zufällig bereitliegende Waffe.«

»Ja.«

»Schon möglich, wenn jemand überrascht wird. Er schnappt sich ein Messer aus dem Regal . . .«

»Um das zu tun, muß er nicht überrascht werden.«

»Na, ein Vorsatztäter verläßt sich doch nicht darauf, daß er vor Ort eine Waffe findet.«

»Das denk ich auch«, sagte Danny. Dann zuckte er die Achseln. »Proctor, Proctor . . . Wann hab ich kürzlich was von dem gehört? Ist der grad erst rausgekommen?«

»Vor zwei Jahren.«

»Hat er gegen irgendwelche Bewährungsauflagen verstoßen?«

»Ja. Wo hast du davon gehört?«

»Wenn einer seinem Bewährungshelfer abhanden kommt, das is doch in Null Komma nix rum. Der is so 'ne Art Errol Flynn, Herr der sieben Meere, ja? Dem kann keener . . . Aber das mein ich nich. Das war was Neues. Wo zum Henker hab ich da was gehört?«

Sie verstummten wieder.

Danny dachte angestrengt nach.

Carella wartete.

»Es wird mir schon noch einfallen«, meinte Danny schließlich.

Der Mann, der neben Klings Schreibtisch saß, war offensichtlich Jamaikaner.

Einer von den Jakies – das Etikett, des Herrera ihnen verpaßt hatte. Als ob die Stadt noch mehr ethnische Etiketts brauchte, als es ohnehin schon gab. Die Worte rollten von seiner Zunge wie die Wellen an den Strand seiner Inselheimat.

Er erklärte Kling, seine Frau habe gedroht, ihn umzubringen.

Er bat Kling, ihn nach Hause zu begleiten und seiner Frau – sie hieß Imogene – klarzumachen, daß sie so was nicht zu ihm sagen dürfe. Und erst recht nicht *tun* dürfe, was sie offenbar wirklich vorhatte. Sie hatte kürzlich für sechzehn Dollar und ein paar Zerquetschte auf der Straße eine Pistole gekauft, Kaliber .22.

Der Mann sagte, er heiße Dudley Archibald. Kling schätzte ihn auf Anfang Dreißig; seine Hautfarbe war sehr dunkel, die braunen Augen blickten sanft, und die Lippen waren schmal. Sein Haarschnitt war ein abgeschwächter Afro. Er trug einen konservativen hellbraunen Anzug aus einem für die draußen herrschenden Temperaturen wohl zu leichten Material. Sag einem in der Karibik, daß es hier oben kalt ist, und er nickt verständnisinnig und packt einen Pullover ein, wie man ihn auf den Inseln an kühlen Abenden braucht. Einfach so, klar? Und dann kommen sie hierher und frieren sich den Zappen ab. Ein *Tropical*-Anzug bei dreißig Grad minus draußen und vereisten Fenstern im Dienstzimmer.

Archibald erzählte Kling, er sei bei der Post. Dies sei sein freier Tag. Samstag. Er sei hergekommen an seinem freien Tag, weil er ernstlich Bedenken habe, daß seine Frau Imogene demnächst Gebrauch von der Pistole machen werde.

»Es wäre mir sehr lieb, Sir«, sagte er, »wenn Sie mit mir heimgehen und ihr klarmachen würden, daß das nicht die Ideallösung wäre.«

»Ach, wissen Sie«, wandte Kling ein, »die Leute sagen manchmal Sachen, die sie nie . . .«

»Yes, Sir, aber sie hat eine Pistole gekauft, Sir.«

»Trotzdem.«

»Ich kann mir nicht vorstellen, daß Sie meine Ermordung auf dem Gewissen haben wollen, Sir.«

Kling sah ihn an. Was zum Henker war da los? Erst Herrera, jetzt Archibald. Beide wollten Kling klarmachen, daß er für sie verantwortlich sei.

»Warum kommen Sie gerade zu mir?« fragte er.

Am liebsten hätte er gesagt, warum zum Deibel mußten Sie sich unter all den Detectives, die hier rumwimmeln, ausgerechnet mich aussuchen?

»Bei dem Einbruch in unserer Nachbarschaft«, sagte Archibald, »da waren Sie dabei.«

Kling machte sich klar, daß nicht von seiner Täterschaft die Rede war; der Mann wollte sagen, daß Kling die Untersuchung am Tatort vorgenommen hatte. Nach einem von Hunderten von Einbrüchen. Im Bereich des Reviers waren Einbrüche so häufig wie Kavaliersdelikte im Straßenverkehr.

»Bei wem ist da eingebrochen worden?« fragte er.

»Ich hab den Namen vergessen«, sagte Archibald. »Bei so 'ner Dicken.«

»Hm, hm.«

»Und die hat gesagt, Sie sind sehr gut.«

»Hm, hm.«

»Deshalb hab ich bei dem Sergeant unten nach Ihnen gefragt . . . Gloria Sowieso?«

Kling zuckte die Achseln.

»Ja, Gloria, glaub ich.«

»Wie auch immer, Mr. Archibald, es scheint mir übertrieben, wenn ich jetzt mit Ihnen gehe und in eine Angelegenheit reinplatze, die einstweilen noch nicht mal ein richtiger Familienkrach ist. Ich würde vorschlagen . . .«

»Eine Pistole *ist* ein Familienkrach«, sagte Archibald. »Sie hat gedroht, sie bringt mich damit um.«

»Hat sie das wörtlich so gesagt? Ich bring dich um?«

»Sie hat gesagt, sie schießt mich mit der Pistole über den Haufen. Kaliber .22.«

»Hatten Sie Streit?«

»Nein. Sie hat's in aller Ruhe gesagt. Beim Frühstück.«

»Wann war das?«

»Die ganze Woche schon. Jeden Morgen.«

»So, jeden Tag.«

»Ja.«

Kling seufzte.

»Die Pistole liegt im Brotkasten«, sagte Archibald.

»Verstehe.«

»In der Küche.«

»Hm, hm.«

»Wahrscheinlich will sie mich bei Tisch umbringen.«

Kling seufzte wieder. »Ich kann nicht mit Ihnen . . .«

»Dann wird mein Mord . . .«

»Nicht *jetzt*. Jetzt hab ich einen Termin.« Er sah auf die Uhr. »Um zwei, halb drei werde ich frei sein. Ich kann vielleicht so um drei bei Ihnen sein. Ist Ihre Frau dann zu Hause?«

»Yes, Sir. Dankeschön, Sir.«

»Und Ihre Adresse?«

»337 South Eustis, Apartment 44.«

»Sorgen Sie dafür, daß Ihre Frau da ist, okay? Ich komme vorbei und spreche mit ihr . . . Hat sie eigentlich einen Waffenschein?«

Archibald machte ein Gesicht, als sei ihm plötzlich klar geworden, daß er seine Situation nicht unbedingt verbessert hatte.

»No, Sir«, sagte er. »Aber ich möchte nicht . . .«

»Das ist ein Grund für mich, ihr das Ding wegzunehmen, klar?« sagte Kling und lächelte.

Archibald erwiderte das Lächeln nicht.

»Immer mit der Ruhe«, sagte Kling. »Es wird ihr keiner was tun.«

»Besten Dank, Sir«, sagte Archibald.

»Also, bis drei«, sagte Kling.

Es kam ihm nicht in den Sinn, daß in dieser Stadt gewisse jamaikanische Typen manchmal auf Polizisten zu schießen pflegten.

Manchmal fand Teddy das Ironische der Situation amüsant.

Sie war taub. Taub geboren. Sie hatte nie eine menschliche Stimme gehört, nie den Schrei eines Tieres, das Rascheln eines fallenden Blattes oder das Quietschen einer Maschine. Sie hatte noch nie im Leben ein Wort gesprochen. Eine Frau wie sie war im allgemeinen Sprachgebrauch eine Taubstumme – ein Etikett, das den Tatbestand beschreiben und vielleicht freundlich klingen sollte. Ein Krüppel, das wäre unfreundlicher gewesen. Jetzt sprach man von einem Gehörschaden. Ein Fortschritt. Ein anderes Etikett. Aber schließlich war sie nur Teddy Carella.

Was sie manchmal amüsierte, war die Tatsache, daß sie, die Taubstumme, die Hörgeschädigte, der *Krüppel* so gut zuhören konnte.

Eileen Burke hatte dies offenbar begriffen.

Vielleicht von Anfang an. Vielleicht auch erst am letzten Freitag, als ihr Teddy beim Abendessen so geduldig zugehört hatte.

»In dir hab ich immer meine beste Freundin gesehen«, sagte sie jetzt zu Teddys Überraschung. Ihre Bekanntschaft war bisher bestenfalls oberflächlich gewesen. Abendessen im Restaurant mit den Männern, gemeinsame Kinobesuche, ein Football-Spiel, eine Party bei Freunden, ein Polizeiball. Aber beste Freundin? Ein großes Wort. Teddy wählte ihre Worte behutsam – vielleicht, weil ihre flinken Finger bei einem einzigen Wortschwall so wenige Wörter unterbringen konnten. Beste Freundin? Sie staunte.

»Ich würde das keinem anderen Menschen erzählen«, sagte Eileen. »Ich bin bei einem Klapsmüller gewesen, Teddy. Ich geh zweimal die Woche . . .«

Sie hielt inne. Teddy blickte ratlos. Sie hatte ein Wort nicht mitgekriegt.

Eileen überlegte einen Moment, dann sagte sie mit übertrieben deutlichen Lippenbewegungen: »Psy – cho – the – ra – peut.«

Teddy nickte. Sie hatte verstanden.

»Eine Frau. Ich gehe zweimal die Woche hin.«

Teddy reagierte, indem sie die Brauen fragend hob, die Augen etwas weiter öffnete und so mimisch mehrere Fragen stellte, die Eileen verstand.

Und?

Wie läuft es?

Erzähl mir mehr.

»Ich denke, ich werde klarkommen mit ihr«, sagte Eileen. »Genau weiß ich's noch nicht. Es stört mich, daß sie jünger ist als ich . . .«

Teddy begann, in der Taubstummensprache Fingersignale zu geben, hielt inne, weil ihr bewußt wurde, daß es sinnlos war, und fuhr dann trotzdem fort: *Weiter! Erzähl mir mehr!*

»So sechsundzwanzig, siebenundzwanzig«, sagte Eileen.

Teddy zog ein schiefes Gesicht.

»Eben«, sagte Eileen. »Das ist es ja gerade. Sie kommt mir auch wie ein Kid vor.«

Das Restaurant war voll mit Samstagseinkäufern, die sich von den Hall-Avenue-Kaufhäusern erholen wollten. Eileen trug Jeans, einen weiten grünen Pullover und braune Stiefel. Ein dunkelblauer dreiviertellanger Mantel hing über der Lehne ihres Stuhls. Unter dem Tisch am Boden lag ihre Umhängetasche mit ihrem Dienstrevolver. Teddy war mit der U-Bahn von Riverhead gekommen. Auch sie war für einen einfachen Stadtbummel gekleidet: Jeans, gelber Rollkragenpulli mit einer hellbraunen Strickjacke; ein schwarzer Parka hing über ihrer Stuhllehne. Ihre kleine Handtasche lag auf dem Tisch. Zwei Frauen an einem benachbarten Tisch fiel auf, daß ihre Hände fortwährend in Bewegung waren und ihre Mimik übertrieben wirkte. Die eine flüsterte der anderen zu:

»Die ist taubstumm!«

Teddy hätte es als kränkend empfunden, wenn sie es mitgekriegt hätte, aber dafür war sie zu sehr auf ihr Gespräch konzentriert.

Eileen erzählte ihr, daß sie sich nicht mehr mit Kling traf. »Weil ich glaube, er versteht nicht, was ich da will.«

Teddy beobachtete sie scharf.

»Oder wieviel . . . Wie . . . Ich glaube nicht, daß er . . . Er ist doch ein Mann, Teddy, und ich glaube nicht, daß es Männer gibt, die verstehen können, was . . . Wie . . . Ach, du weißt schon . . . Die Auswirkungen von so etwas, was da passiert ist . . . Was für ein Trauma das in einer Frau auslösen kann.«

Teddy ließ sie nicht aus den Augen. Dunkelbraune Augen. Glänzend. Sie hörte zu. Sie wartete.

»Ich spreche von Vergewaltigung«, sagte Eileen.

Teddy nickte.

»Davon, daß ich vergewaltigt worden bin.« Sie hatte plötzlich Tränen in den Augen.

Teddy griff über den Tisch hinweg nach ihren Händen.

»Und da . . . Ich meine, wenn ich mich auch noch um *seine* verdammten Gefühle kümmern soll, während ich versuche, mit meinen eigenen klarzukommen . . . Es wird einfach alles zuviel, Teddy.«

Teddy nickte. Sie drückte Eileens Hände.

»Ich meine, ich kann mir einfach keine Gedanken machen wegen seiner . . . seiner Sensibilität. Ihn hat ja niemand vergewaltigt. Ach, Scheiße, ich weiß nicht, vielleicht mach ich ja alles falsch. Aber kommt's denn nicht auch auf *mich* an? Ist es denn nicht auch wichtig, daß ich . . . Ach, Scheiße«, sagte sie noch einmal und angelte unter dem Tisch ein Päckchen Kleenex aus ihrer Tasche, wo es neben ihrer Dienstwaffe steckte.

»Entschuldigen Sie«, sagte ein Mann, »ist Ihnen nicht gut?«

Er stand neben dem Tisch. Groß, braunäugig, dunkelhaarig, kräftiges, gut geschnittenes Gesicht; schätzungweise zweite Hälfte der Dreißig. Er hatte einen braunen Mantel und braune Handschuhe an und war offensichtlich im Begriff, das Lokal zu verlassen. Und ebenso offensichtlich beunruhigt wegen Eileens Tränen.

»Alles in Ordnung«, sagte sie. Sie drehte den Kopf weg und wischte sich die Tränen ab.

Er lehnte sich über den Tisch, die behandschuhten Hände auf die Platte gestützt.

»Sind Sie sicher?« sagte er. »Wenn ich irgendwas für Sie tun kann . . .«

»Nein, danke, das ist sehr freundlich«, sagte Eileen, »aber ich bin wirklich okay. Vielen Dank.«

»Also, wenn Sie meinen . . .« Er lächelte, wandte sich rasch ab und ging in Richtung –

»He!« rief Eileen und sprang so hastig auf, daß der Stuhl umfiel. »He, Sie da!«

Sie rannte los, schob eine Kellnerin zur Seite, die ein Tablett mit Sandwichs trug, stieß die Eingangstür auf und raste hinter dem Mann her, der mit einer scharfen Drehung nach rechts draußen auf dem Gehweg weiterlief. Teddy konnte Eileens Ruf »Halt – Polizei!« nicht hören, aber sie sah den Mann draußen am Fenster des Restaurants vorbeihasten, dicht gefolgt von Eileen. Beide rannten. Dann erwischte ihn Eileen mit einem Hechtsprung wie ein Footballspieler und brachte ihn zu Fall. Teddy sah, daß etwas aus seiner Hand flog und erkannte, daß es eine Damenhandtasche war – *ihre* Tasche.

Eileen und der Mann rollten über den Gehweg, sie jetzt obenauf; ihr rechter Arm kam hoch, keine Pistole in ihrer Hand, die war noch in der Umhängetasche unter dem Tisch, aber ihre Faust war geballt und landete hart seitlich am Hals des Mannes, der zusammenzuckte, als sei ein Nerv getroffen. Ein Cop in Uniform tauchte plötzlich auf und versuchte die beiden zu trennen. Eileen schrie, sie sei im Einsatz, was Teddy nicht hören konnte, aber erriet, denn der Cop hatte sofort die Pistole in der Hand und legte dem Mann Handschellen an. Dann hatte er offenbar ein nettes, freundliches Gespräch mit Eileen, die immer wieder ungeduldig nickte.

Sie hob Teddys Handtasche auf, die noch neben dem Gefesselten auf dem Pflaster lag. Der Cop wollte die Tasche haben. Eileen schüttelte den Kopf. Die Konversation wurde offenbar hitzig. Eileen verteidigte die Tasche mit Zähnen und Klauen. Schließlich ließ sie den Beamten einfach stehen, ging zum Restaurant zurück und scheuchte automatisch die Menge weg, die sich davor gesammelt hatte – eine unbewußte Reminiszenz an die Tage, als sie selber noch Straßendienst in Uniform gemacht hatte.

Dann kam sie zum Tisch zurück.

»Na, was sagst du zu so einem?« sagte sie und schüttelte verwundert den Kopf.

Teddy nickte.

Sie dachte daran, wie stark Eileen gewesen war, wie mutig und –

Aber Eileen, die merkte, daß alle sie anstarrten, lief vor Verlegenheit blutrot an und sagte: »Könnten wir bitte ganz schnell raus hier?«

Plötzlich kam sie Teddy vor wie ein kleines Mädchen, das in einem Kleid und den Schuhen ihrer Mutter vor dem Spiegel steht.

In Calm's Point gab es einen Distrikt, in dem Jamaikaner lebten, Camp Kingston. In Riverhead hieß der jamaikanische Bezirk Little Kingston. In anderen Stadtteilen lagen Kingston North und sogar eine Kingston-Schlucht – kein Mensch wußte, wie der Name entstanden war. Hier im Siebenundachtzigsten verlief das Jamaikanerviertel von der Culver Avenue durch mehrere Blocks zum River Harb, wo der amtliche Name Beaudoin Bluff vom familiäreren Kingston Heights verdrängt worden war. Wann und wo auch immer ein Cop bei einer Straßenschlägerei dazwischenging und die Beteiligten fragte, wo sie wohnten, antworteten die stolz: »In Kingston!« Kein einziger Jamaikaner in dieser Stadt lebte in Montego Bay, in Savannah-la-Mar oder Port Antonio. Jeder Jamaikaner war hier aus Kingston. Aus der *Hauptstadt*, Mann! Wie alle Franzosen auf der Welt Pariser sind. *Mais je suis Parisien, Monsieur!* Die gehobene Augenbraue. Der gekränkte Tonfall. Kingston, Mann – was denkste dir ei'ntlich?

Kling war zuletzt in diesem Teil des Reviers gewesen, als er noch puertoricanisch gewesen war. Vorher lebten Italiener da, noch früher Iren. Und wenn man weit genug zurückging, waren es Holländer und schließlich Indianer. Aber heute hatte niemand in diesen Straßen Sinn für Historisches. Man spürte nur den Wandel durch den Bevölkerungswechsel in einem verrottenden Slum. Die Gebäude waren eintönig grau von der uralten Ruß-schicht über dem roten Backstein. Der Schnee war nur stellen-weise geräumt in diesem Viertel; wie in den meisten Gettos der Stadt wurden auch hier städtische Dienstleistungen wie Schnee-räumen, Müllabfuhr und die Beseitigung von Schlaglöchern nur zögernd erbracht. Die Straßen sahen zu allen Jahreszeiten schmutzig aus, aber im Winter noch mehr als sonst. Vielleicht wegen dem dreckigen Schnee. Oder vielleicht wegen der gottver-dammten Kälte. Im Sommer wirkten die Slums in all ihrer Ärm-lichkeit lebendig, irgendwie geradezu extravagant. Im Winter verstärkten die leeren Straßen, die nutzlosen Aufwärmefeuer in den Baulücken und der Wind in den engen grauen Häuser-schluchten nur den Eindruck von Verkommenheit. Hier ist Ar-mut, sagten die Gettos. Hier gibt's Drogen. Und Kriminalität. Hier gibt's so gut wie keine Hoffnung mehr.

Der Bürgermeister wußte offenbar nicht, daß hier der Schnee nicht ordentlich geräumt wurde. Vielleicht, weil er sich, wenn er zum Essen ausging, zu selten ins 87. Revier verirrte.

337 South Eustis Street lag in einer Reihe von Wohnblocks an einer Straße, die steil zum Fluß abfiel. Die Straße war vereist. Über den Höhenzügen im Nachbarstaat hingen schwere Wolken, die weitere Schneefälle androhten. Kling marschierte mit einge-zogenem Kopf gegen den böigen Wind an, der auf dem grauen Wasser kurze, schaumgekrönte Wellen peitschte. Er mußte daran denken, daß er schon früher als einfacher Streifenpolizist nichts so sehr gehaßt hatte, wie bei einem Familienkrach einzuschreiten – und jetzt war er, Detective inzwischen, unterwegs, um in einen

Haushalt einzudringen und ein Eheproblem zu lösen. Damals kam über Funk, *Familienkrach, nicht kriminell,* und meistens kam dann hinterher noch die Aufforderung *Schau mal nach der Dame,* weil meistens eine Frau die 911 angerufen hatte, um zu berichten, daß ihr Ehemann sie quer durch die Wohnung prügle. Heute war es der Ehemann, Dudley Archibald, der seine Frau Imogene angezeigt hatte.

Er trat ins Haus.

Es stank nach Urin.

Er fragte sich, ob es im gesamten 87. Revier ein Gebäude gab, in dessen Eingangsbereich es nicht nach Pisse stank.

Offene Briefkästen. Aufgebrochen wegen der Schecks vom Wohlfahrtsamt, der Rentenversicherung, der Krankenkasse. An der Decke brannte eine nackte Birne, erstaunlicherweise weder geklaut noch zerschmissen – wer jemand überfallen will, wartet normalerweise lieber im Dunkeln.

Eine Innentür ohne Türknauf. Altmetall. Du schraubst genügend von den Messingdingern ab, verscheuerst sie beim Schrotthändler und hast die fünf Dollar, die du für dein Fläschchen Crack brauchst.

Kling stieß die Tür auf, stand im Vestibül des Erdgeschosses und begann die Treppe hinaufzusteigen.

Essensgerüche. Fremd, exotisch.

Gefliese Böden auf den Treppenabsätzen. Die Fliesen gesprungen, zerstoßen, abgetreten, ausgebleicht. Aber immerhin Fliesen. Sie stammten aus einer Zeit, als der Norden der Stadt eine gute Wohngegend war, mit entsprechenden Mietpreisen.

Hinter jeder Wohnungstür lief der Fernseher. Die nachmittäglichen Seifenopern. Eine Generation von Einwanderern lernte alles über Amerika aus den tagsüber laufenden Serien.

Apartment 44, hatte Archibald gesagt.

Er kletterte weiter.

Im vierten Stock waren die Fliesen herausgerissen und durch einen schäbigen Bodenbelag ersetzt worden. Kling fragte sich, warum. Die Treppe führte noch weiter hinauf und endete an einer rot gestrichenen Metalltür, dem Austritt zum Dach.

Vier Apartments gab es hier oben im vierten Stock. Auf dem

Treppenabsatz kein Licht. Er konnte kaum die Ziffern 44 auf der hintersten Tür erkennen. Hinter der Tür war es totenstill. Er stand in der fast totalen Finsternis und lauschte. Und weil er ein Cop war, legte er das Ohr an die Tür und lauschte noch angespannter . . .

Nichts.

Er klopfte.

Da fielen die Schüsse.

Instinktiv ließ er sich zu Boden fallen und hatte auch schon die Waffe in der Hand.

An zwei Stellen war die Tür durchschossen.

Er wartete. Er atmete schwer, und das Geräusch seines Atems war das einzige, was zu hören war. Keuchend. Rasselnd. Die beiden Löcher in der Tür saßen genau da, wo noch eben sein Kopf gewesen war. Sein Herz hämmerte. Er wartete. Alles mögliche schoß ihm durch den Kopf. Ein Hinterhalt. Sprechen Sie doch mal mit meiner Frau, sie hat sich eine Pistole gekauft, Kaliber .22, und sie hat gedroht, sie schießt mich übern Haufen damit. Helfen Sie mir doch. Eine gewisse Gloria hat mir von Ihnen erzählt. So 'ne Dicke. Sie ham da bei 'm Einbruch bei ihr mitgemacht . . . Mach den Cop fertig, weil der hat mit einem geredet, der weiß, daß in neun Tagen 'ne große Ladung Kokain in die Stadt kommt. Leg den Cop hier in Kingston Heights um, wo Menschenleben billig sind und die Löcher in der Tür nicht aussehen, als stammten sie von –

Peng, peng, peng . . . Noch drei Schüsse, kurz hintereinander. Holzsplitter rieselten von der Tür.

Archibalds Stimme: »Ja, bist du denn total übergeschnappt?«

Kling kam hoch und trat die Tür ein. Er schwenkte die Pistole waagrecht durch den Raum und folgte ihr mit den Augen bis zu der dürren hellhäutigen Frau neben dem Spülbecken. Sie trug nur einen rosa Unterrock. In der rechten Hand hatte sie ein ziemlich wuchtiges Schießeisen, Kaliber .38 mindestens und zu schwer für sie, denn es sackte weg. Links von ihr hüpfte Dudley Archibald von einem Fuß auf den anderen wie ein Boxer, der nicht weiß, ob er den nächsten Hieb rechts oder links abducken soll.

Fünf Schüsse bisher. Kling hätte gern gewußt, wie viele Patronen noch im Magazin waren. Es gab Achtundreißiger, die fünf-, und andere, die neunschüssig waren.

»He, Imogene«, sagte er leise.

Die Frau wandte sich nach ihm um. Grau-grüne Schlitzaugen. Die schwere Pistole zitterte in ihrer Hand. Aber sie zeigte auf seine Brust.

»Warum legst du das Ding nicht weg?« sagte er.

»Ich leg den Mistkerl um!« sagte sie.

»Nein, das wirst du nicht«, sagte Kling. »Komm, gib mir die Pistole, okay?« Lieber Himmel, dachte er, leg bloß *mich* nicht um!

»Ich hab's Ihnen ja gesagt«, sagte Archibald.

»Halten Sie sich da raus«, sagte Kling. Er wandte sich nicht nach ihm um. Sein Blick blieb auf Imogene gerichtet. Ihre Blicke trafen sich.

»Nimm die Kanone runter, okay?« sagte er.

»Nein.«

»Und warum nicht? Du willst dir doch keinen Ärger einhandeln, oder?«

»Ich hab schon Ärger genug«, sagte sie.

»Ooch – Ärger?« sagte Kling. »Der kleine Familienstreit? Mach's doch nicht schlimmer, als es ist. Gib mir bloß die Kanone, dann tut dir keiner was – okay?«

Er sagte die Wahrheit und log doch gleichzeitig. Er hatte nicht vor, ihr etwas anzutun. Nicht physisch. Nicht er selbst. Aber weder er noch das Police Department neigten dazu, eine Lady mit Pistole zu vergessen. Und das Strafjustizsystem würde ihr etwas antun – das war so sicher wie die Tatsache, daß er hier stand und ihr auszureden versuchte, weiterzuballern.

»Na, wie ist das nun, Imogene?«

»Woher weißte, wie ich heiß?«

»Er hat's mir gesagt . . . Na komm schon, leg das Ding da auf den Tisch, okay? Eh du dich selbst damit verletzt.«

»*Ihn* will ich verletzen«, sagte sie. Die Zielrichtung der Waffe wanderte von Kling zu ihrem Mann.

»Nein!« sagte Kling rasch.

Die Waffe schwang zurück, zielte wieder auf ihn.

Einen von uns erwischt's jetzt, dachte er. Er sagte: »Du machst mir ganz schön angst.«

Sie sah ihn an.

»Ganz im Ernst. Wirst du mich erschießen?«

»Den da werd ich erschießen«, sagte sie und richtete die Waffe wieder auf ihren Mann.

»Und was dann? Ich bin Polizist, Imogene. Wenn du diesen Mann erschießt, kann ich dich nicht einfach laufenlassen. Dann mußt du mich auch erschießen, stimmt's? Willst du das? Mich erschießen?«

»Nein, aber . . .«

»Na komm schon, Schluß damit, okay? Gib mir einfach die Pistole, und . . .«

»Nein!« schrie sie.

Es klang fast wie ein weiterer Schuß. Archibald zuckte zusammen. Kling auch. Die Pistole zielte wieder auf ihn. Jetzt bin ich dran, dachte er. Sein Hemd war durchgeschwitzt. Neunzehn Grad kalt draußen, und sein Hemd war durchgeschwitzt.

Er wollte nicht auf die Frau schießen. Aber wenn sie die Waffe wieder auf ihren Mann richtete, würde er es müssen.

Zwing mich nicht dazu, dachte er.

»Imogene«, sagte er leise, sehr sanft.

Die Pistole war auf seine Brust gerichtet. Die grau-grünen Augen. Wachsam.

»Zwing mich nicht, dir weh zu tun«, sagte er.

Hellwach.

»Bitte leg die Pistole auf den Tisch.«

Hellwach. Hellwach.

»Bitte, Imogene.«

Er wartete, wie es ihm vorkam, endlos lange.

Zuerst nickte sie.

Er wartete.

Sie nickte immer noch.

Dann ging sie zum Tisch, sah auf die Tischplatte, dann auf die Pistole in ihrer Hand, als ob sie sie eben erst entdeckt hätte, und dann nickte sie wieder, sah Kling an und legte die Waffe auf den Tisch. Er ging langsam zum Tisch, ergriff die Pistole, steckte sie in die Manteltasche und sagte: »Danke.«

Als er ihr die Handschellen anlegte, schrie Archibald, jetzt in Sicherheit: »Mistvieh!«

Kling telefonierte unten in der Hausmeisterwohnung.

Im Eingangsbereich standen Leute beisammen. Sie alle wußten, daß im vierten Stock Schüsse gefallen waren. Manche schienen enttäuscht, daß niemand umgebracht worden war. In einer
Gegend, in der Gewalt an der Tagesordnung war, da war eine
Schießerei ohne Leiche so etwas wie Rührei ohne Zwiebeln.
Manche wären auch mit dem Cop als Leiche zufrieden gewesen.
In dieser Gegend gab es nicht viele Leute, die Cops mochten. Und
von denen im Vestibül fingen ein paar an, Kling anzupöbeln, als
er Imogene abführte.

Kling fühlte sich im Augenblick selber nicht besonders wohl in
seiner Haut. Es war ihm klar, daß der Justizapparat Imogene
durch den Wolf drehen würde. Der Apparat würde sie kaputtma-
chen, das war zu neunzig Prozent so sicher wie das Amen in der
Kirche.

Es war noch keine zwanzig Minuten her, da hatte er an nichts
anderes als seine eigene Haut gedacht. Er hatte Schüsse gehört
und automatisch angenommen, daß sie ihm galten. Ein Hinterhalt für den großen Detective. Da war ganz einfach ein schlichter
Familienkrach im Gang gewesen, der zu einer Lady-mit-Pistole-
Szene ausartete, und er konnte währenddessen nur daran denken, daß ihn jemand reingelegt hatte. Vielleicht hatte er es ver-
dient, angepöbelt zu werden.

Sie verließen das Haus und traten in die bittere Kälte hinaus.

Imogene in Handschellen.

Auf der einen Seite flankiert von Archibald, der jetzt, wo alles
vorbei war, zerknirscht aussah, und auf der anderen von Kling,
der sie am Ellbogen zu dem am Bordstein parkenden Streifenwagen führte.

Den hochgewachsenen schlanken Schwarzen, der auf der anderen Straßenseite in einem Hauseingang stand, bemerkte er
nicht.

Der Mann beobachtete ihn.

Der Mann war Lewis Randoph Hamilton.

9

Es war Fat Ollie Weeks, der die Spur von Doctor Martin Proctor fand.

Fat Ollie war kein Informant, er war Detective im Dreiundachtzigsten. Fat Ollie war nicht so fett wie Fats Donner, deshalb war sein Spitzname nur Fat (Singular) und nicht Fats (Plural). Aber zwei Dinge hatten die beiden gemeinsam: Sie schnappten eine Menge auf, und keiner konnte sie leiden. Niemand mochte Fats Donner wegen seiner Vorliebe für kleine Mädchen, und niemand möge Fat Ollie, weil er eine sonderbare Sorte von bigottem Rassist war, der alles und jeden haßte.

Die Cops vom Siebenundachtzigsten erinnerten sich noch an Roger Havilland, der so eine Art Ollie Weeks gewesen war, ehe er durch eine Schaufensterscheibe flog und dabei endgültig sein Fett abkriegte. Niemand – also, kaum jemand – wünschte Ollie ein so schreckliches Schicksal, aber man wünschte sich allgemein, er möge ab und zu ein Bad nehmen. An einem schönen Tag mit frischem Wind konnte man Ollie quer über den Grover Park hinweg riechen.

Am Vormittag des 16. Januar marschierte Ollie in das Dienstzimmer des 87. Reviers, als gehöre der Schuppen ihm. Wie einer, der sich hier auskennt, schob er sich an den Latten des Raumteilers vorbei. Trotz der niedrigen Außentemperatur trug er nur ein Sportjackett über einem Hemd mit offenem Kragen. Seine Wangen waren rosig, und er schnaufte wie ein Mann kurz vor einer Herzattacke. Bierbauch voraus und die unvermeidliche Duftwolke hintendrein, ging er zu Carellas Schreibtisch, schlug ihm auf die Schulter und sagte: »He, Stevarino, wie geht's denn so?«

Carella zuckte zusammen.

»Hallo, Ollie«, sagte er kühl.

»Also du bist hinter dem Doctor her, hm?« sagte er und legte den Finger an die Nase. »Jetzt bist du an der richtigen Adresse.«

Carella hoffte, Ollie meinte es nicht wirklich so, wie Carella es aufgefaßt hatte.

»Martin Proctor«, sagte Ollie. »Klingt jüdisch, nicht? Martin, mein ich. Hast du je von einem Martin gehört, der kein Jude war?«

»Ja«, sagte Carella, »Martin Sheen.«

»Der ist noch schlimmer als ein Jud«, sagte Ollie. »Der is'n Scheißmexikaner. Sein Sohn heißt Emilio Estevez; wie kommt er also dazu, einen amerikanischen Namen wie Sheen zu benutzen? Da war doch dieser Bischof in New York, der hieß Sheen, oder? Und dieser Scheißmexikaner läuft mit 'm jüdischen Vornamen und 'm irischen Nachnamen rum.«

Carella bedauerte, daß er ihn darauf gebracht hatte. Aber Ollie kam jetzt erst richtig in Fahrt.

»Die Scheißeinwanderer, die ändern ihren Namen, so daß keiner merken soll, daß sie Ausländer sind. Aber da fällt doch keiner drauf rein! Da schreibt einer 'n Buch, so 'n Scheißitaker, und vorn drauf steht 'n amerikanischer Name. Aber alle Welt weiß, daß er in Wirklichkeit 'n Itaker is. Alle Welt sagt, weißte, wie er richtig heißt? Der heißt nich Lance Bigelow, der heißt Luigi Mangiaca-vallo. Alle wissen das. Hinter seinem Rücken lachen'sen aus. Sie sagen, guten Morgen, Lance, wie geht's denn? Guten Abend, Mr. Bigelow, Ihr Tisch ist reserviert. Aber wem macht er was vor? Alle wissen, daß er bloß 'n Itaker is.«

»Wie ich«, sagte Carella.

»Das is wahr«, sagte Ollie. »Aber sonst biste ja okay.«

Carella seufzte.

»Ach, du hast mich ganz aus dem Konzept gebracht mit deinem Scheiß Martin Sheen«, sagte Ollie. »Willste wissen, was ich über Proctor weiß, oder willste über Mexikaner reden, die sich Make-up ins Gesicht schmieren, um die Brötchen zu verdienen?«

Carella seufzte wieder.

Er zweifelte nicht daran, daß Ollie Weeks etwas über Martin Proctor wußte. Aber er wollte sich von Ollie keinen Gefallen erweisen lassen. Das verpflichtete zu Gegenleistungen. Und die konnten eine zweischneidige Angelegenheit sein, wenn man es mit einem bigotten Fanatiker zu tun hatte. Wie gut auch immer Ollie Weeks als Cop war – und die traurige Wahrheit war, daß er *sehr* gut war –, Carella wollte ihm nichts schuldig sein, wollte nicht, daß er eines Tages die Gegenrechnung präsentierte. Aber andererseits waren ein sechs Monate altes Baby und sein Babysitter ermordet worden.

»Was weißt du?« fragte er.

»Ah ja, der Mann ist interessiert, ah ja«, sagte Ollie, immer noch O-Ton Fields. »Also sagen wir mal, rein theoretisch, ja, da ist eine gewisse Dame, die frequentiert eine Bar, ah ja, im 83. Revier, die ein paar von uns schlichten Normalsterblichen ihr Heim nennen, ah ja. Unterstellen wir weiter, daß diese Dame in der Vergangenheit gewissen Detectives in dieser schönen Stadt ein gewisses Entgegenkommen gezeigt und Informationen zugänglich gemacht hat, die dafür nicht so genau hinschauten, wenn die Dame ihrem Gewerbe nachging . . . Mach ich mich verständlich, Sir?«

Carella nickte.

Weeks vögelte eine Nutte im Dreiundachtzigsten.

»Wie heißt sie?« fragte er.

»Ah ja, ihr Name. Der geht dich, mit Verlaub, einen feuchten Scheißdreck an, ah ja.«

»Könntest du bitte mit dieser Fields-Parodie aufhören?« sagte Carella.

»Du hast's erkannt«, sagte Ollie erfreut. »Ich hab auch Ronald Reagan drauf.«

»Erspar's mir«, sagte Carella.

»Ich kann Ronald Reagan, wenn er besoffen ist.«

»Was ist mit dieser Nutte?«

»Wer sagt, daß sie eine Nutte is?«

»Ach, das war nur so 'ne Idee.«

»Was immer sie sein mag, nehmen wir an, sie fing eines Abends an zu reden . . .«

»Wann?«

»Samstag abend.«

»Und?«

»Und weil ich Polizeibeamter bin und wir gerade ein intimes Stündchen miteinander verbrachten . . .«

»Komm zu Potte, Ollie.«

»Die Lady wollte wissen, ob ich weiß, warum die Polizei sich für Martin den Doctor interessiert. War 'ne komische Situation, Steve. Sonst will immer *ich* was aus ihr *raus*kriegen. Aber hier war'n wir gerade . . .«

Lieber Himmel, dachte Carella, jetzt kommt sein Geschlechtsleben!

». . . splitternackt wie die Nigger im Dschungel, und *sie* will was aus *mir* rauskriegen . . . Kapierst du, wie komisch das war?«

Carella wartete.

Aber Ollie hatte seine Frage nicht rhetorisch gemeint. »Ich mein, sie reitet auf mir rum wie ein Scheißindianer auf'm ungesattelten Pony, und dabei willse was aus *mir* rauskriegen . . . Warum die Cops hinter Proctor her sind. Den kenn ich doch gar nich.«

»Also?«

»Also ich aus dem Bett hinterher und wisch den Schwanz am Bettuch ab . . . Kennste den Witz?«

»Nein.«

»Das macht ein Jud, damit seine Frau erregt wird, nachdem's ihm gekommen is. Er wischt seinen Schwanz am Bettuch ab, verstehst du? Damit seine Frau erregt wird. Weil Jüdinnen . . .«

»Kapiert«, sagte Carella.

»Ich mein, ich hab den Schwanz nicht wirklich am Bettuch abgewischt«, sagte Ollie. »Ich mein, ich weiß ja, daß ich ein mieser Typ bin, aber ganz so mies bin ich nu auch wieder nich.«

»Was hast du denn benutzt?« fragte Carella. »Deinen Schlips?«

»Sehr komisch«, sagte Ollie, aber er lachte nicht. »Jedenfalls, während sie auf dem Bidet hockt und sich wäscht, da erzähltse mir, sie hat'n Freund, der issen Freund von Proctor, und der möcht gern wissen, warum die Cops bei seiner alten Adresse rumhängen und nach ihm suchen. Und wenn ich da was wüßte, wär's doch nett, wenn ich's ihr sagen würde, weil wir doch alte Freunde sind und so. Damit sie's ihrem Freund sagen kann. Und der – also, das hatse nich gesagt, aber der gibt's an Proctor weiter, damit der den Arsch einziehen kann, was immer die Bullen vorhaben . . . Ich hab ihr gesagt, ich hör mich mal um.«

»Und wo steckt er?«

»Proctor? Eins nach dem andern. Willst du nich hören, was für ein brillanter Detective ich bin?«

»Nein.«

»Okay, dann erzähl ich dir nicht, wie ich zu diesem Spic-Spitzel Francisco Palacios gegangen bin. Der Gaucho nennen sie ihn auch. Oder der Cowboy. Er hat'n kleinen Laden und verkauft vorn Heilkräuter, Traumbücher, Devotionalien, Glücksspielsysteme, Tarot-Karten und so 'n Kram. Aber hinten gibt's französische Spezialkondome, im Schritt offene Höschen, Vibratoren, Dildos und so weiter – alles nich ungesetzlich. Ich will dir auch nich erzählen, wie der Cowboy erwähnte, daß ein anderer Informant, ein gewisser Donner, sich nach eben diesem Doctor Proctor erkundigt hatte, an dem offenbar die Jungs vom Siebenundachtzigsten interessiert sind. Ich erzähl dir auch nicht, wie ich drauf kam, daß es vielleicht jemand von euch war, der da bei 1146 Park Street herumgeschnüffelt hat, Proctors letzter bekannter Adresse. Er soll übrigens, sagt der Cowboy, seinem Bewährungshelfer abhanden gekommen und jetzt sehr vorsichtig sein . . . All das erzähl ich dir nich, Stevarino.« Ollie grinste.

»Und was erzählst du mir?«

»Nicht, wo Proctor is. Das weiß ich selber nich.«

»Na wunderbar. Und was willst du dann hier?«

»Meine Freundin . . . Die, von der ich dir erzählt hab . . .«

»Ja?«

»Ich weiß den Namen von *ihrem* Freund.«

In den letzten zwanzig Minuten hatte Eileen kein Wort gesagt. Sie hatte nur dagesessen und Karin angestarrt.

Karin hatte auch nichts gesagt.

Es war ein Wettstreit im Anstarren.

Eileen schaute auf die Uhr.

»Ja?« sagte Karin.

»Ach, nichts.«

»Du kannst gehen, wann du willst«, sagte Karin. »Das hier ist keine Violinstunde.«

»Dafür hab ich's auch nicht gehalten.«

»Was ich sagen will, ist . . .«

»Ja, ich . . .«

»Niemand zwingt dich, hierherzukommen.«

»Ich bin aus freien Stücken hier, ich weiß.«

»Eben.«

»Aber das bedeutet nicht, daß . . .« Eileen brach ab und schüttelte den Kopf.

»Daß was?«

»Daß ich nicht weiß, du sitzt nur da und wartest drauf, über alles *herzufallen*, was ich vielleicht sagen könnte.«

»Also das denkst du?«

Eileen schwieg.

»Daß ich drauf warte, über dich herzufallen?«

»Das ist doch dein Job, oder? Alles zu registrieren, was ich sage, und es in einer Haupt- und Staatsaktion auseinanderzunehmen?«

»Ich hab meinen Job nie aufgefaßt als . . .«

»Lassen wir *deinen* Job mal beiseite, okay? Ich bin hier, weil ich *meinen* Job aufgeben will. Und was das angeht, hab ich bisher noch keinerlei Hilfe bekommen.«

»Na ja, wie oft haben wir uns getroffen? Doch nur . . .«

»Wie lange braucht man schon, um ein Abschiedsgesuch zu schreiben?«

»Ach, dabei willst du von mir geholfen haben? Bei einem Abschiedsgesuch?«

»Du weißt doch, was ich . . .«

»Aber nein, ich weiß das nicht.«

»Ich will raus, verdammt noch mal! Und ich bring's offenbar nicht über mich.«

»Vielleicht willst du's gar nicht wirklich.«

»Doch, ich will.«

»Okay.«

»Du weißt, daß ich's will.«

»Das hast du mir gesagt, ja.«

»Ja. Und es stimmt.«

»Du möchtest raus, weil du einen Mann getötet hast.«

»Ja.«

»Und du Angst hast, wenn du weitermachst . . .«

»Daß ich wieder in eine Situation reingerate, ja, in der ich schießen muß.«

»In der du wieder . . .«

»Ja.«

»Wieder töten mußt.«

»Ja.«

»Und davor hast du Angst.«

»Ja.«

»Wovor hast du noch Angst?«

»Was soll ich da sagen? Was möchtest du hören?«

»Alles, was dir dazu einfällt. Was du empfindest.«

»Ich weiß, was du gern hören willst.«

»Nämlich?«

»Ich weiß es *genau*.«

»Dann sag's.«

»Du möchtest, daß ich sage, Vergewaltigung.«

»Hm, hm.«

»Daß ich sage, ich habe Angst davor, wieder vergewaltigt zu werden – das willst du.«

»Und? Hast du?«

». . . und daß ich raus will, bevor so ein Hurensohn mich wieder vergewaltigt.«

»Und *ist* es so? Empfindest du es so?«

Eileen gab keine Antwort.

Sie saß die restlichen fünf Minuten der Stunde da und starrte Karin an.

Schließlich lächelte Karin und sagte: »Tut mir leid, unsere Zeit ist um. Ich seh dich dann wieder am Dienstag, okay?«

Eileen nickte, hängte ihre Tasche um und ging zur Tür. Dort blieb sie zögernd stehen, die Hand auf der Türklinke. Dann drehte sie sich um. »Ja. Ich habe Angst«, sagte sie. »Auch davor.«

Sie wandte sich wieder zur Tür und ging hinaus.

Sammy Pedicini hatte Erfahrung in Gesprächen mit Cops. Wann immer und wo immer in der Stadt eingebrochen wurde, machten die Cops einen Besuch bei ihm und stellten ihm alle möglichen Fragen. Und Sammy gab immer die gleichen Antworten. Was immer sie aufklären wollten, er war's nicht gewesen.

Sammy war vor zehn Jahren mal auf die Schnauze gefallen, und jetzt war er wieder draußen, und er hatte seine Lektion gelernt.

»Worum es auch geht«, erklärte Sammy jetzt Carella, »ich war's nicht.«

Carella nickte.

»Ich hab meine Lektion oben in Castleview gelernt. Und seitdem bin ich sauber.«

Auch Meyer nickte.

»Ich spiele Saxophon in einer Band«, sagte Sammy. »Sie heißt Larry Foster's Rhythm Kings. Wir spielen für Leute um die Sechzig, die in den vierziger Jahren noch Kids waren. Tanzen verdammt gut, die Alten. All das alte Zeug, Glenn Miller, Harry James, Charlie Spivak, Claude Thornhill und so. Wir haben alle Arrangements. Und wir kriegen viele Jobs. Ihr würdet staunen. Spielen gelernt habe ich im Knast.«

»Du mußt verdammt gut sein«, sagte Meyer, »wenn du davon leben kannst.«

»Ihren Sarkasmus könnse sich an Hut stecken. Es is nämlich wahr. Ich *lebe* vom Saxophonspielen.«

»Hab ich ja gesagt«, sagte Meyer.

»Aber *gemeint* haben Sie, nebenher brech ich noch ein. Tu ich aber nich.«

»Hab ich das gesagt?« fragte Meyer. Er wandte sich an Carella: »Steve, hab ich das gesagt?«

»Ich hab nichts gehört«, sagte Carella. »Wir suchen Martin Proctor. Weißt du, wo er steckt?«

»Is er 'n Musiker?« fragte Sammy. »Was spielt er denn?«

»E-Moll-Stemmeisen«, sagte Meyer.

»Er ist ein Einbrecher«, sagte Carella. »Wie du.«

»Also, ich bin Saxophonist. Was dieser Proctor ist, weiß ich nicht. Weil, den kenn ich gar nicht.«

»Aber deine Freundin kennt ihn, nicht wahr?«

»Was für 'ne Freundin?«

»Deine Freundin, die 'ne Nutte ist und die einen Detective, den wir kennen, gefragt hat, warum die Polizei bei Proctors alter Adresse rumstochert.«

»Also, das ist mir neu. Offen gesagt, Ich wünschte, meine

Freundin *wär* 'ne Nutte. Da könnt ich doch vielleicht noch was lernen, was?« Er lachte. Es klang nervös.

»Proctor hat am Silvesterabend einen Bruch gemacht«, sagte Carella. »In einem Haus in der Grover. Im selben Haus sind in der gleichen Nacht zwei Morde geschehen.«

Sammy stieß einen langen, leisen Pfiff aus.

»Eben«, sagte Carella.

»Also, wo steckt er?« fragte Meyer.

»Woher soll ich das wissen? Ich kenn ihn doch nich.«

»Dann buchten wir deine Freundin ein«, sagte Carella.

»Und weshalb?«

»Prostitution. Wir kriegen ihren Namen von dem Detective. Wir hieven ihren Arsch von der Straße und fragen *sie* nach Martin Proctor. Und wir setzen sie unter Druck, bis sie . . .«

»Ach, Sie meinen *Martin* Proctor? Ich hab *Marvin* verstanden.«

»Also, wo?« fragte Meyer.

Hamilton folgte Kling vom Revier in der Grover Avenue zu der drei Blocks entfernten U-Bahn-Station und stieg in den gleichen Zug – Richtung Innenstadt – wie er. Er stand unmittelbar neben ihm. Bertram A. Kling. Detective/Third Grade. Isaac hatte es anhand der Gerichtsunterlagen herausgekriegt. Solche Dinge waren Isaacs Stärke. Aber wenn es darum ging, die komplexen Zusammenhänge wichtiger Geschäftsvereinbarungen zu begreifen – also, da kam er nicht so ganz mit. Deshalb hatte ihm Hamilton auch nichts von dem Anruf von Carlos Ortega in Miami erzählt. Das war im vergangenen Monat gewesen. Oder warum es notwendig gewesen war, einen Narren wie José Herrera zu beschäftigen, der sich nun auch noch als Scheißganove entpuppt hatte. Isaac würde all das nicht verstanden haben. Aber alles, was recht ist, das mit dem Cop hatte er prima hingekriegt. Bertram A. Kling. Der nicht ahnte, daß sein Nebenmann Lewis Randolph Hamilton war, der ihn im nächsten günstigen Augenblick töten und sich dann in Luft auflösen würde.

Im Waggon waren etwa vierzig Schwarze. Gut für Hamilton.

Selbst wenn es neuere Fotos von ihm bei den Akten der Polizei gegeben hätte – was, wie er wußte, nicht der Fall war –, hätte ihn ein weißer Cop wie Kling nicht erkannt. Kling sah mit seinem blonden Haar und seiner hellen Pfirsichhaut aus wie die Sorte weißer Cops, für die alle schwarzen Kriminellen gleich aussehen. Für die der einzige Unterschied zwischen den Fahndungsbildern in den Nummern auf den Fotos bestand. Davon abgesehen, sahen sie alle gleich aus – wie Gorillas. Das hatte er schon zu viele weiße Cops sagen hören. Diesen Kling umzulegen, das würde ihm schon viel Spaß machen.

Es machte ihm überhaupt Spaß, Leute umzulegen. Sie mit seiner gottverdammten Magnum auszupusten.

Es machte ihm besonderen Spaß, Cops umzulegen.

In L. A. hatte er zwei umgelegt. Da fahndeten sie immer noch nach ihm. Ein Schwarzer mit einem Bart. Ein Gorilla mit einem Bart. Er trug keinen Bart mehr; er hatte ihn in Houston abrasiert, ehe die Posse die große Lieferung übernahm, die über Mexiko kam. In Houston trug er eine Frisur im Afro-Look.

Hamilton haßte Cops.

Er kannte Kling überhaupt nicht, aber er haßte auch ihn. Und es hätte ihm auch dann Spaß gemacht, ihn umzulegen, wenn ihm Herrera kein Wort verraten haben sollte. Das war schließlich möglich, denn wie sollte Herrera von der Tsu-Lieferung erfahren haben, die am nächsten Montag fällig war? Wo doch nicht einmal Isaac etwas davon wußte.

Hamilton stand in der U-Bahn neben Kling, ein Schwarzer unsichtbar unter den anderen Schwarzen, und lächelte, wenn er sich überlegte, wie viele Leute im Zug auch nur auf die Idee kamen, daß er und der große Blonde bewaffnet waren.

Am Brogan Square stieg Kling aus und trat aus dem Tunnel in einen trüben kalten Tag hinaus, der sich aber aufzuhellen begann. Er hatte Karin Lefkowitz vorher angerufen, um eine Verabredung zu treffen, und jetzt eilte er die High Street entlang zu ihrem Büro im ehemaligen Präsidium. Das Gebäude war im vierten Stock durch einen brückenähnlichen Gang mit dem benachbarten Gerichtsgebäude verbunden, durch den Gefangene zur Verhandlung geführt wurden. Der Gesamtkomplex erinnerte an siamesische Zwillinge. Er stieg die flachen Stufen der Außentreppe hinauf, trat durch die wuchtige Bronzetür ein, zeigte dem uniformierten Cop am Desk in dem Marmorkorridor seinen Ausweis und nahm den Fahrstuhl zum fünften Stock. Auf einem Schild las er PSAS; ein Pfeil wies die Richtung. Drei weitere Schilder führten ihn zu einer Glastür, auf der *Psychological Services and Aid Section* stand.

Er sah auf die Uhr.

Fünf vor zwei.

Er machte die Tür auf und ging hinein.

Ein kleines Wartezimmer. Dem Eingang gegenüber eine geschlossene Tür. Zwei Sessel, eine Stehlampe, ein Kleiderständer, an dem zwei Mäntel hingen. Mehrere alte Nummern des Magazins *People*. Kling hängte seinen Mantel auf und nahm eines der Hefte. Michael Jackson auf der Titelseite. Kurz darauf kam ein beleibter Mann mit der verräterisch stark geäderten Knollennase eines Alkoholikers aus der inneren Tür, nahm seinen Mantel und ging wortlos hinaus. Er sah aus wie Tausende von Sergeants, denen Kling begegnet war. Dann kam eine Frau aus derselben Tür.

»Detective Kling?«

»Ja.« Er stand auf.

»Ich bin Karin Lefkowitz. Kommen Sie doch rein.«

Kurzes braunes Haar, blaue Augen. Graues Kleid, Perlen, flache Schuhe. Sechs-, siebenundzwanzig Jahre, schätzte er. Nettes Lächeln.

Er folgte ihr in das Büro. Gleiche Größe wie das Wartezimmer. Ein Schreibtisch. Ein Sessel davor, einer dahinter. Mehrere gerahmte Diplome an der Wand. Außerdem zwei Bilder: der Police Commissioner und der Bürgermeister.

»Bitte«, sagte sie und wies auf den Sessel vor dem Schreibtisch.

Kling setzte sich.

Karin ging zu ihrem Sessel hinter dem Schreibtisch.

»Ihr Anruf hat mich überrascht«, sagte sie. »Haben Sie gewußt, daß Eileen heute morgen hier war?«

»Nein.«

»Ich dachte, sie hätte vielleicht . . .«

»Nein, sie weiß nicht, daß ich Sie angerufen habe. Auf die Idee bin ich allein gekommen.«

»Ich verstehe.«

Sie musterte ihn. Sie schien ihm zu dem Typ jener Frauen zu gehören, die eigentlich eine Brille tragen sollten. Er fragte sich, ob sie Kontaktlinsen hatte. Ihre Augen waren so auffallend blau. Das kam manchmal von Kontaktlinsen.

»Was wollten Sie besprechen?« fragte sie.

»Hat Ihnen Eileen gesagt, daß wir uns nicht mehr treffen?«

»Ja.«

»Und?«

»Und was?«

»Was halten Sie davon?«

»Mr. Kling, bevor wir weiterreden . . .«

»Ja, ich weiß. Schweigepflicht. Aber es geht um was anderes.«

»Nämlich?«

»Ich will nichts von Ihnen erfahren, was Ihnen Eileen im Vertrauen erzählt haben mag. Ich fragte nach Ihrer Meinung über . . .«

»Ah, ich verstehe. *Meine* Meinung. Das Argument ist ein bißchen dünn, finden Sie nicht?«

»Nein. Ich möchte lediglich wissen, ob diese . . . Ich weiß nicht, wie ich es anders nennen soll . . . diese Trennung nach Ihrer Ansicht eine gute Idee ist.«

»Und wenn ich Ihnen nun sage, das alles, was gut für Eileen ist, auch eine gute Idee ist?«

»Glauben Sie, daß diese Trennung gut ist für Eileen?«

Karin lächelte.

»Bitte!« sagte sie.

»Ich verlange ja nicht, daß Sie irgendwas hinter Eileens Rücken . . .«

»Ach nein? Wirklich nicht?«

»Miss Lefkowitz, ich . . . brauche Ihre Hilfe.«

»So?«

»Ich . . . Ich möchte mit Eileen zusammen sein. Während sie

das alles durchsteht. Ich meine, ihr Wunsch nach . . . nach Trennung ist unnatürlich. Ich möchte . . .«

»Nein.«

Kling sah sie an.

»Nein, ich werde ihr nicht empfehlen, den Kontakt mit Ihnen
wiederaufzunehmen, solange sie das nicht selber will.«

»Miss Lefkowitz . . .«

»Punkt, Gedankenstrich, Absatz«, sagte Karin.

Hamilton sah ihn die Stufen vor dem alten Präsidium herun-
terlaufen, rasch, mit kurzen Schritten, wie jemand, der verärgert
ist. Das blonde Haar flog im scharfen Wind. Hamilton haßte
diese Stadt. Hier schlug das Wetter von einer Minute zur nächsten um. Es war jetzt heller Sonnenschein, aber der Wind war zu
scharf.

Zeitungsblätter knatterten in den Rinnsteinen, die Menschen
zogen die Köpfe ein, die Mäntel flatterten. Er folgte Kling. Keine
Chance, ihn hier in der belebten Innenstadt zu erledigen. Überall
Justizgebäude; Cops liefen ein und aus wie Kakerlaken . . .
Mann, geht der schnell!

Hamilton hetzte hinterdrein.

Wo wollte der überhaupt hin?

An der U-Bahn-Station war er vorbeigelaufen.

Wo wollte er hin?

Der Park war eine Oase der Einsamkeit und Stille in der Stadt,
die für derlei kulturelle Werte sonst nur ein Lippenbekenntnis
übrig hatte. Kling kannte ihn, weil er sich an Tagen, an denen er
vor Gericht aussagen mußte, in dem Delikatessenladen in der
Jackson Street ein Sandwich zu holen und die Mittagspause im
Park zu verbringen pflegte. Dann saß er auf einer Bank in der
Sonne, aß sein Sandwich und dachte an alles mögliche, nur nicht
an Strafverteidiger, die mit den Fingern drohten und wissen
wollten, ob er bei der Festnahme den Wortlaut des Gesetzes be-
folgt hatte.

Heute war der Park praktisch leer.

Zu windig für Müßiggänger, vermutete er.

Der kleine Park lag zwischen zwei Bürogebäuden in der Jackson Street und hatte die Form eines langen, schmalen Rechtecks, dessen hinteres Ende von einer Ziegelmauer begrenzt wurde. Ein dünner Wasserfall rieselte von der Mauerkrone über die Steine, sogar jetzt, mitten im Winter. Kling vermutete, daß das Wasser heiß war. Sonst war da nur noch ein Dutzend Bäume mit Bänken darunter.

Als Kling von der Straße hereinkam, war nur eine Bank besetzt. Eine lesende Frau saß darauf.

Die Verkehrsgeräusche setzten plötzlich für Sekunden aus, und das sanfte Plätschern des Wassers, das die Ziegelmauer hinabrann, wurde hörbar.

Kling setzte sich auf eine Bank gegenüber der Mauer, den Rücken dem Parkeingang zugekehrt.

Die Frau sah nach einer Weile auf die Uhr, stand auf und ging weg.

Hamilton traute seinen Augen nicht.

Da saß er, in voller Lebensgröße, muttergottseelenallein im Park, den Rücken zum Eingang gewandt. Sonst kein Mensch. Nur Bertram A. Kling.

Ein Kinderspiel. Er bedauerte fast, daß es so einfach sein würde.

Von hinten kommen, eine Kugel in den Hinterkopf, im schönsten Gangster-Stil – vielleicht würden sie sogar die Mafia verdächtigen. Köstlich. Er konnte es kaum abwarten, Isaac den Hergang zu erzählen.

Er sah die Straße hinauf und hinunter und bog schnell in den Park ein.

Die Magnum steckte in der rechten Manteltasche.

Stellenweise Schnee auf der Erde.

Hinten rieselte Wasser an einer Mauer herab.

Sonst kein Geräusch im Park.

Noch zehn Fuß Abstand.

Vorsicht, Vorsicht.
Die Pistole kam aus der Tasche.

Kling bemerkte den Schatten zuerst.

Er erschien plötzlich auf dem Boden vor ihm, neben seinem eigenen.

Er fuhr herum.

Und sah die Pistole.

Und hechtete von der Bank auf den Boden und rollte seitlich weg, als der erste Schuß krachte. Er angelte unter dem Mantel nach seiner Dienstwaffe, ein zweiter Schuß, und dann saß er aufrecht, die Pistole in beiden Händen, und jagte dem hochgewachsenen Schwarzen im grauen Mantel, der zum Parkausgang rannte, drei Schüsse nach.

Kling rannte hinter ihm her.

Draußen auf der Straße liefen nur dreihundertvierundsechzig Schwarze herum, und keiner sah dem Mann ähnlich, der gerade versucht hatte, ihn umzulegen.

Martin Proctor war gerade aus der Dusche gekommen und trocknete sich ab, als es an seiner Tür klopfte.

Er wickelte sich das Handtuch um die Hüften und rief:

»Wer ist da?«

»Polizei«, sagte Meyer. »Machen Sie bitte auf.«

Proctor hatte keine Lust.

»Augenblick«, sagte er.

»Ich komm grad aus der Dusche. Ich zieh mir nur schnell was an.«

Er lief ins Schlafzimmer, holte eine kurze Unterhose aus der obersten Schublade, zog sie an, dann hastig eine blaue Cordhose, einen blauen Rollkragenpullover, blaue Wollsocken und ein Paar schwarze Schuhe, French & Shriner für fünfundsiebzig Dollar mit griffigen Kunststoffsohlen.

Draußen vor der Wohnungstür rief derselbe Cop wie vorhin:

»Mr. Proctor? Wollen Sie nicht endlich aufmachen?«

»Noch eine Minute«, rief er und nahm im Schrank den Ralph-Lauren-Kamelhaarmantel zu 1100 Dollar vom Bügel, den er am Silvesterabend gestohlen hatte. Dann nahm er aus der gleichen Schublade, in der die Unterhose gewesen war, einen High Standard Sentinel Snub-Revolver Kaliber .22, den er im vergangenen Jahr einem Mann gestohlen hatte, der auch eine Briefmarkensammlung besaß, und rief zur Tür: »Ich zieh mir eben die Schuhe an – Sekunde noch!« und war auch schon zum Fenster hinaus.

Gewandt rannte er die Feuerleiter hinunter; er war nicht umsonst ein geschickter Einbrecher mit dem Mut eines Raubtierdompteurs und der Körperbeherrschung eines Seiltänzers. Er war nicht scharf auf eine Diskussion mit einem Vertreter welcher Sorte Gesetzeshüter auch immer, nicht mit der Aussicht, wegen Verstoßes gegen die Bewährungsauflagen wieder im Knast zu landen. Deshalb lief er die Feuerleiter so schnell hinunter, wie er konnte, und das war *verdammt* schnell. Er wußte, daß der Mann vor seiner Wohnung inzwischen vermutlich im Begriff war, die Tür einzutreten, wenn er es nicht schon getan hatte. Dann waren der Cop und sein Partner – sie arbeiteten immer zu zweit – jetzt in der Wohnung, und sobald sie ins Schlafzimmer kamen –

»Hallo, Proctor«, sagte der Mann.

Er stand unterhalb des untersten, noch hochgeklappten Teils der Leiter und hatte in der einen Hand eine Polizeimarke und eine Waffe in der anderen.

»Detective Carella«, sagte er.

Proctor hätte fast nach dem Revolver in seiner Manteltasche gegriffen.

»Senk die Leiter ab und komm runter«, sagte Carella.

»Ich hab nichts ausgefressen«, sagte Proctor. Er schwankte noch, ob er die Waffe ziehen sollte oder nicht.

»Das hat auch niemand behauptet. Komm schon runter.«

Proctor blieb unentschlossen stehen.

»Mein Partner ist über dir auf der Leiter«, sagte Carella. »Wir haben dich zwischen uns.«

Proctors Hand näherte sich langsam der Manteltasche.

»Wenn du da 'ne Kanone drin hast«, sagte Carella, »bist du ein toter Mann.«

Auf einmal war Proctor der gleichen Ansicht. Er kam runter.

10

Das Verhör begann in Lieutenant Byrnes' Büro am Montag abend um zehn nach sechs. Anwesend waren der Lieutenant, die Detectives Carella und Meyer, Martin Proctor, ein Anwalt namens Ralph Angelini, den Proctor angefordert hatte, und ein Stenograph vom Schreibbüro zur Kontrolle der Tonbandaufzeichnung. Die Detectives wußten nicht, ob Proctor den Anwalt wegen der in Zusammenhang mit der übertretenen Bewährungsauflage bevorstehenden Rückfahrkarte nach Castleview bestellt, oder ob er gewußt hatte, daß Mord der Gegenstand des bevorstehenden Gesprächs war. Doppelmord.

Der Anwalt war kein Offizialverteidiger. Proctor hatte ihn beauftragt. Ein netter junger Mann von Ende Zwanzig.

Carella wußte natürlich, daß auch Diebe und Mörder das Recht auf einen Verteidiger haben. Was er nicht verstehen konnte, das war, warum ehrliche junge Männer wie Angelini Diebe und Mörder *freiwillig* verteidigten.

Wegen der Tonbandaufnahme nannte der Lieutenant die Namen sämtlicher Anwesender. Dann belehrte er Proctor über seine Rechte, ließ sich Name und Adresse nennen und übertrug die eigentliche Befragung seinen Detectives.

Carella stellte alle Fragen.

Proctor und sein Anwalt antworteten abwechselnd.

Hier der Verlauf.


```
F: Mr. Proctor, wir haben hier einen Be-
   richt von...
A: Augenblick, bitte. Darf ich erst mal
   fragen, worum es hier gehen soll?
F: Gewiß, Mr. Angelini. Es geht um einen
   Einbruchdiebstahl, der am Silvester-
   abend in der Wohnung von Mr. und Mrs.
   Charles Unger in der Grover Avenue
```

Nummer 967, hier in Isola, begangen
wurde.
A: Bitte fahren Sie fort.
F: Danke. Mr. Proctor, wir haben hier
einen Bericht von der Fingerabdruck-
abteilung...
A: Von *Ihrer* Fingerabdruckabteilung?
F: Ja, Mr. Angelini.
A: Fahren Sie fort.
F: Ein Bericht über Abdrücke an einem
Fenster und dem Fenstersims der Unger-
schen Wohnung...
A: Wer hat die Abdrücke genommen?
F: Die Leute von der Spurensicherung. Und
die Abdrücke von Fenster und Fenstersims des Unger-Apartments sind identisch mit den Abdrücken, die bei Ihren
Akten sind. Können Sie erklären...
A: Haben Sie eine Kopie von diesem Bericht?
F: Ja, Mr. Angelini. Ich habe sie bei
mir.
A: Darf ich sie bitte mal sehen?
F: Ja, Sir. Und darf ich bemerken, Sir,
daß Ihr Klient im bisherigen Verlauf
dieses Verhörs noch keine Gelegenheit
erhalten hat, eine einzige meiner Fragen zu beantworten... Pete, ich meine,
wir sollten bei der Staatsanwaltschaft
anrufen, damit die jemand rüberschik-
ken, der mit Mr. Angelini fertig wird
- zum Henker, ich schaff's nicht...
Und ich möchte, daß das im Protokoll
bleibt.
A: Ich habe jedes Recht zu verlangen, daß
ich einen Bericht zu sehen bekomme,
der mit der Sache...
F: Sie wissen verdammt gut, daß ich nicht
behaupten würde, wir *hätten* einen Be-

richt, wenn das *nicht* der Fall wäre!
A: Na schön, machen wir weiter.
F: Meinen Sie, daß Ihr Klient jetzt die eine oder andere Frage beantworten kann?
A: Ich habe gesagt, machen wir weiter.
F: Danke schön. Mr. Proctor, wie sind Ihre Fingerabdrücke auf das Fenster und den Sims gekommen?
A: (Mr. Proctor) Soll ich...?
A: (Mr. Angelini) Ja, von mir aus. Antworten Sie.
A: (Mr. Proctor) Ich hab keine Ahnung, wie die da hingekommen sind.
F: Keine Ahnung, ja?
A: Is mir 'n Rätsel.
F: Keine Ahnung, wie sie auf das Fenster und den Sims des Fremdenzimmers gleich neben der Feuerleiter gekommen sind.
A: Nee. Nich die leiseste.
F: Wäre es nicht denkbar, daß Sie sie dort hinterlassen haben?
A: Verzeihen Sie, Mr. Carella, aber...
F: *Mein* Gott!
A: Entschuldigung, aber...
F: Mr. Angelini, Sie haben das Recht, jederzeit zu verlangen, daß wir dieses Verhör abbrechen. Ohne daß daraus für Ihren Klienten negative Schlüsse gezogen werden dürfen. Sagen Sie einfach: "Jetzt reicht's, Schluß." Sie brauchen noch nicht einmal zu erklären, warum. Das ist Gesetz, Mr. Angelini; so schützen wir in unserem Staat die Rechte der Bürger. Also, wenn Sie davon Gebrauch machen wollen, bitte sehr. Aber es ist Ihnen natürlich klar, daß der Ankläger anhand dieses Fingerabdruck-Berichts auf Einbruch-

diebstahl plädieren und damit auch
durchkommen wird. Aber ich sollte Ihnen wohl sagen, daß es da noch ein
viel schwerwiegenderes Delikt gibt,
mit dem wir uns hier beschäftigen.
Und...

A: Sprechen Sie von dem Verstoß gegen die
Bewährungsauflagen?

F: Nein, Sir. Davon nicht.

A: Von welchem Delikt denn?

F: Mord, Sir. Doppelmord.

A: (Mr. Proctor) *Was?*

A: (Mr. Angelini) Halt den Mund, Martin.

A: (Mr. Proctor) Nein, Augenblick mal.
Was meint der mit Mord? Is wer ermordet worden?

A: (Mr. Angelini) Martin, ich meine...

A: (Mr. Proctor) Isses das, was Sie mir
hier anhängen wollen? Mord?

F: Mr. Angelini, wenn wir vielleicht ord-
nungsgemäß...

A: Es war mir nicht bekannt, daß es bei
diesem Verhör um Mord gehen würde.

F: Jetzt ist es Ihnen bekannt, Sir.

A: Ich bin nicht sicher, ob mein Klient
weitere Fragen beantworten sollte. Ich
möchte mich mit ihm beraten.

F: Bitte sehr.
(Verhör wird am gleichen Tag 18.22
fortgesetzt)

F: Mr. Proctor, ich möchte noch einmal
auf die Fingerabdrücke im Unger-Apartment zurückkommen.

A: Ich beantworte jede Frage über den mir
unterstellten Einbruch, aber alles,
was mit Mord zusammenhängt - ohne
mich.

F: Das hat Ihnen Mr. Angelini geraten?

A: Das hat er mir geraten, jawohl.

F: Na schön. Haben Sie diese Fingerabdrücke auf dem Fenster und dem Sims
hinterlassen?
A: Nein, hab ich nicht.
F: Wurden Sie von Mr. und Mrs. Unger in
deren Wohnung am Neujahrstag etwa um
ein Uhr dreißig überrascht?
A: Um die Zeit hab ich zu Hause im Bett
gelegen.
F: Ich möchte feststellen, nur für das
Protokoll, daß wir eine eidesstattli-
che Erklärung von Mr. und Mrs. Unger
haben, aus der hervorgeht, daß...
A: Darf ich die bitte mal sehen?
F: Natürlich, Mr. Angelini. Ich hatte
nicht vor, sie für das Protokoll vor-
zulesen; ich wollte nur...
A: Ich würde sie gern sehen.
F: Ich wollte gerade den Inhalt zusammen-
fassen, damit Ihr Klient...
A: Ach, zeigen Sie mir die Erklärung doch
einfach, okay, Mr. Carella?
F: Okay, bitte sehr, Mr. Angelini.
A: Danke.
   (Verhör wird am gleichen Tag 18.27
   fortgesetzt)
F: Habe ich jetzt Ihre Genehmigung, den
Inhalt der Erklärung für Ihren Klien-
ten und für das Tonband zusammenzufas-
sen?
A: (Unverständlich)
F: Sir?
A: Fangen Sie an, fangen Sie schon an.
F: Danke sehr. Mr. Proctor, die Ungers
haben erklärt, daß sie am ersten Ja-
nuar um halb zwei Uhr früh in ihrem
Fremdenzimmer - sie benutzen es als
Fernsehraum - einen jungen Mann über-
raschten, der im Begriff war, durch

das Fenster auf die Feuerleiter zu
steigen. Sie beschrieben ihn als
blond... Verzeihen Sie, was ist Ihre
Haarfarbe?

A: Blond.

F: Und sie sagten, er war dünn. Würden
Sie sich als dünn bezeichnen?

A: Drahtig.

F: Heißt das dünn?

A: Das heißt schlank und muskulös.

F: Also nicht dünn.

A: Er hat die Frage beantwortet, Mr. Carella.

F: Sie sagen auch, er hatte einen
Schnurrbart, der noch im Entstehen
war. Könnte man sagen, daß Sie sich
Ihren Bart erst seit kurzem wachsen
lassen?

A: Er ist ziemlich neu, ja.

F: Und sie sagten, der junge Mann habe
sie mit einer Waffe bedroht und gesagt, er werde wiederkommen, wenn sie
die Polizei riefen. Jetzt zeige ich
Ihnen diesen High Standard Sentinal
Snub .22-Kaliber-Revolver, Long Rifle,
und frage Sie, war der in Ihrer
Manteltasche, als Sie heute nachmittag
verhaftet wurden?

A: Ja.

F: Gehört er Ihnen?

A: Nein. Keine Ahnung, wie er in meine
Tasche geraten ist.

F: Mr. Proctor, bei Ihrer Verhaftung hatten Sie einen Kamelhaarmantel an, Fa-
brikat Ralph Lauren.

A: Ja, stimmt.

F: Ist dies der Mantel?

A: Das ist er, ja.

F: Woher haben Sie ihn?

A: Ich hab ihn gekauft.

F: Wo?

A: Bei Ralph Lauren.

F: Mr. Angelini, wir haben eine Liste der Gegenstände, die am ersten Januar in der Frühe aus dem Unger-Apartment gestohlen worden sind - hier ist sie, ich zeige sie Ihnen, bevor Sie danach fragen. Darauf steht auch ein Ralph-Lauren-Kamelhaarmantel, Preis elfhundert Dollar. Ich möchte Ihren Klienten davon in Kenntnis setzen, daß der Mann, als er aus dem Fenster stieg, den Kamelhaarmantel anhatte, der in der Liste der gestohlenen Gegenstände beschrieben ist. - Mr. Proctor, behaupten Sie immer noch, daß Sie in jener Nacht nicht in der Ungerschen Wohnung waren?

A: Ich war daheim im Bett.

F: Mr. Proctor, die Ungers sagen, der Mann, der aus dem Fenster stieg, trug außerdem eine schwarze Lederjacke, schwarze Sporthose und weiße Turnschuhe. Ich zeige Ihnen diese schwarze Lederjacke, diese schwarze Sporthose und diese weißen Turnschuhe und frage Sie, ob diese Kleidungsstücke während Ihrer Festnahme am heutigen Nachmittag in Ihrem Kleiderschrank gefunden wurden.

A: Stimmt.

F: Ich zeige Ihnen auch diesen Smaragdring, der bei Ihrer Festnahme in Ihrem Apartment gefunden wurde. Auf der Liste der gestohlenen Gegenstände ist dieser Ring aufgeführt, ebenso ein Kenwood-Videorecorder. Mr. Proctor, wollen Sie immer noch behaupten, daß

Sie in der fraglichen Nacht zur ange-
gebenen Zeit nicht im Unger-Apartment
waren und daß Sie nicht...

A: Ich möchte mit meinem Anwalt sprechen.

F: Bitte sehr, Mr. Proctor.
(Verhör wird am gleichen Tag 18.45
fortgesetzt)

A: Ich beantworte Ihre Frage: Ja, ich war
in dieser Nacht in der Wohnung der Ungers.

F: Danke. Sind Sie in der fraglichen
Nacht dort eingebrochen?

A: Ich war da drin. Ob das ein Einbruch
war oder was sonst, das kann ich nicht
entscheiden.

F: Wie sind Sie reingekommen?

A: Ich kam vom Dach runter.

F: Wie?

A: Die Feuerleiter runter.

F: Und wie kamen Sie in die Wohnung?

A: Von der Feuerleiter aus.

F: Durch das Fenster des Fremdenzimmers?

A: Ja.

F: Haben Sie das Fenster aufgestemmt?

A: Ja.

F: Wie haben Sie das Apartment verlassen?

A: So, wie ich reingekommen bin.

F: Das Unger-Apartment liegt im sechsten
Stock, ja?

A: Weiß ich nicht. Ich kam vom Dach runter, und als ich zu einem Apartment
kam, das leer aussah, bin ich rein.

F: Und zufällig war's das von den Ungers.

A: Wem's gehört, das wußte ich nicht.

F: Also, das Apartment, aus dem Sie den
Mantel und den Videorecorder und den
Ring...

A: Ja, also...

F: Dieses Apartment.

A: Ich glaub schon.
F: Also das Unger-Apartment.
A: Wenn Sie's sagen...
F: Als Sie im sechsten Stock aus dem Fenster auf die Feuerleiter gestiegen sind, sind Sie dann weiter auf das Dach hinauf oder runter zur Straße?
A: Zur Straße.
F: Immer die Leiter runter, ein Stockwerk nach dem andern...
A: Ja.
F: Bis zur Straße.
A: Ja.
F: Haben Sie unterwegs noch eine andere Wohnung aufgesucht?
A: Nein.
F: Sind Sie sicher?
A: Ganz sicher... Ach, darauf wollen Sie hinaus.
F: Worauf, Mr. Proctor?
A: Da ist doch wer umgebracht worden in dem Haus, oder? Und jetzt denken Sie, nach dem Einbruch im sechsten Stock hab ich noch 'nen Mord draufgesetzt, ja?
F: Haben Sie?
A: Das ist ja lächerlich. Im ganzen Leben hab ich noch keinen umgebracht.
F: Sagen Sie mir, was Sie unternommen haben, nachdem Sie das Unger-Apartment um ein Uhr dreißig verließen. Minute für Minute.
A: Also wirklich, Mr. Carella. Sie können nicht erwarten, daß er sich Minute für *Minute* erinnern kann, was er...
F: Ich denke, er weiß, wie das gemeint ist, Mr. Angelini.
A: Solange Sie das nicht *wörtlich* meinen...

F: So genau er sich erinnern kann.

A: Darf ich im Interesse meines Klienten fragen: Geht er recht in der Annahme, daß in diesem Haus in der Nacht des Einbruchs ein Mord begangen worden ist?

F: *Zwei* Morde, Mr. Angelini.

A: Worauf soll das Ganze hier hinaus, Mr. Carella?

F: Ich will die Karten auf den Tisch legen. Ihr Klient...

A: (Mr. Proctor) Achtung, Ralph, er hat was vor. Schließ das Silber weg!

F: Schön, wenn Sie's so leicht nehmen können.

A: (Mr. Proctor) Spaß muß sein bei der Beerdigung. Ist es nicht so?

F: Ich freue mich, daß Sie Sinn für Humor haben.

A: Den kriegt man im Knast sehr schnell.

F: Wie schön für Sie. Aber ich meine, ein totes sechs Monate altes Baby ist nicht besonders komisch.

A: (Mr. Angelini) Also *darum* geht es.

F: Ja, darum geht es.

A: Ich glaube, wir sollten zusammenpacken und heimgehen, Martin.

F: Na, Mr. Proctor wird nirgendwo hingehen, das wissen Sie. Wenn Sie damit sagen wollen, daß er meine Fragen nicht mehr beantworten soll, okay. Aber, wie ich gerade sagen wollte...

A: Nennen Sie mir einen vernünftigen Grund, warum ich ihn weitermachen lassen sollte.

F: Weil er, wenn er das Baby und das Mädchen nicht umgebracht hat...

A: Er hat nicht. Klipp und klar.

F: Das sagen Sie, ohne ihn auch nur erst zu fragen?

175

A: Mein Klient ist kein Mörder. Punkt, Gedankenstrich, Absatz.

F: Na, ich bin froh, daß Sie dessen so sicher sind, Mr. Angelini. Was ich gerade sagen wollte: Es wäre gut, wenn Sie Ihrem Klienten erlauben würden, *uns* davon zu überzeugen, daß er sauber ist. Zwei Menschen sind tot, und Ihr Klient ist im Haus und begeht ein Verbrechen. Jetzt sollten Sie es zulassen, daß er uns davon überzeugt, daß er nicht auch noch zwei Morde auf dem Gewissen hat. Ist das kein vernünftiger Vorschlag? Dann haben wir nur noch den Einbruch und die Bewährungssache, und das ist dann alles.

A: Es wäre mir lieber, wenn es bei der Bewährungssache bliebe.

F: Also, den Einbruch können wir unmöglich unter den Tisch fallenlassen. Das können Sie vergessen.

A: Ich hab nur laut gedacht. Aber Sie verstehen, was ich meine, ja?

F: Sie wollen wissen, was da für Sie drin ist. Vielleicht ist der Ankläger bereit, in Sachen Einbruch was auszuhandeln; das ist sein Bier. Aber einfach unter den Tisch fallenlassen wird er ihn nicht, das können Sie mir glauben. Hier geht's um *schweren* Einbruch. Zwei Leute in der Wohnung, während er...

A: Nicht während er drin war. Als die kamen, war er schon aus dem Fenster.

F: Er hat mit ihnen gesprochen. Sie bedroht. Eine Waffe auf sie gerichtet und.

A: Das mit der Waffe behaupten Sie.

F: Mr. Angelini, wir haben da ein bewohntes Gebäude, es ist Nacht, und dann noch die Drohung mit der Waffe - was

verlangen Sie noch für schweren Einbruch? Aber...

A: Okay, sagen wir, Sie haben einen einfachen Bruch. Wie kann der Staatsan-
walt uns da weiterhelfen?

F: Das müssen Sie mit ihm besprechen.

A: Ich hätte am liebsten einfachen Diebstahl.

F: Sie gehen da sehr weit runter.

A: Würde er bei einfachem Einbruch mit-
spielen?

F: Ich kann keine Vereinbarungen für die
Staatsanwaltschaft treffen. Ich kann
höchstens berichten, daß Mr. Proctor
bei der Beantwortung aller Fragen, die
wir ihm hinsichtlich des Doppelmordes
gestellt haben, außerordentlich kooperativ war. Was für eine Menge Leute in
dieser Stadt Priorität hat, wie Sie
sich sicher vorstellen können. Andererseits...

A: Sag ihm, was er wissen will, Martin.

A: (Mr. Proctor) Ich hab die Frage vergessen.

F: Minute für Minute. Fangen Sie um halb
zwei an, als Sie auf die Feuerleiter
stiegen.

Minute für Minute war er die Feuerleiter heruntergekommen,
bis er den ersten Stock erreicht hatte. Dort hatte er den letzten
Leiterabschnitt auf den zementierten Hinterhof heruntergelassen
und war die letzten ein, anderthalb Meter heruntergesprungen
und mit dem Videorecorder unter dem Arm um die Hausecke auf
die Straße gegangen. Er hatte den Kamelhaarmantel an, und in
der einen Tasche steckte der Smaragdring. Er war bis zur Culver
Street gegangen und hatte den Recorder in einer Bar, *The Bald Eagle* hieß sie, verscheuert. Die Bar hatte noch auf. Das mußte so
kurz vor zwei gewesen sein.

»Geht's nicht genauer?« fragte Carella.

»Okay. Auf dem Fernseher in der Bar lief gerade ein Film an. Mit Joan Crawford, schwarz-weiß. Den Titel weiß ich nich, den Kanal auch nich. Aber genau wie der Film angelaufen is, bin ich in die Bar gekommen.«

»Um den Recorder zu verscherbeln.«

»An einen Hehler, der mir zweiundvierzig Dollar dafür gegeben hat. Außerdem hab ich . . .«

»Wie heißt er?« fragte Carella.

»Warum?«

»Er ist Ihr Alibi.«

»Jerry Macklin«, sagte Proctor prompt.

Er hatte Macklin auch den Smaragdring gezeigt, und Macklin hatte ihm dreihundert dafür geboten, und Proctor hatte ihm gesagt, die könne er sich in den Arsch schieben, weil er wußte, daß der Ring mindestens zweitausend wert war. Macklin bot ihm fünfzig für den Mantel, aber den wollte Proctor selber behalten. Also verließ er die Bar mit dem Mantel und dem Ring in der Tasche und sah sich nach jemandem um, bei dem er Stoff tanken konnte.

»Um wieviel Uhr haben Sie den *Bald Eagle* verlassen?« fragte Meyer.

»Ganz genau?«

»So genau wie möglich.«

»Ich kann Ihnen die Szene aus dem Film beschreiben, die gerade lief«, sagte Proctor. »Auf die Uhr geschaut hab ich nicht.«

»Also? Welche Szene?«

»Sie ist aus irgend so 'nem Luxusschuppen rausgekommen.«

»Wer?«

»Joan Crawford . . . Mit 'ner Markise davor.«

»Okay. Wie geht's weiter?«

Proctor war von der Bar aus im ›Glitter Park‹ umhergelaufen, wie alle Welt den Center-Island-Park nannte, wo er schließlich einen Dealer . . .

»Halt mal«, unterbrach er sich. »Ich weiß doch, wie spät es war. Der, der mir das Zeug verkauft hat, der hat gesagt, er muß um Viertel vor drei in einem Vorort sein, und dann hat er auf die Uhr geguckt und gesagt, es is schon zwanzig nach zwei. Jetzt könn'se nachrechnen: Fünf Minuten vom *Eagle* bis Glitter – also war ich um Viertel nach zwei aus der Bar raus.«

»Wie heißt er?« fragte Carella.

»Also, Moment mal – soll ich hier meine gesamte Bekanntschaft verpfeifen?«

»Wie Sie meinen«, sagte Meyer.

»Okay, er heißt Fletcher Gaines. Aber das mit dem Crack, das brauchen Sie doch nicht zu erwähnen, ja? Sie brauchen ihn doch nur zu fragen, ob er um zwanzig nach zwei mit mir zusammen war.«

»Sagen Sie«, sagte Meyer, »Sie . . .«

»Können Sie das nicht für mich tun, bitte? Weil ich hier kooperativ bin?«

»Beliefert der Bursche den ganzen Staat?« fragte Meyer.

»Wie meinen Sie das?«

»Sie haben gegen die Bewährungsauflagen verstoßen, Proctor. Sie gehen zurück nach Castleview, zu ihren alten Kumpels. Darüber, wo Sie nächstens Ihren Stoff herkriegen, brauchen Sie sich keine Gedanken mehr machen.«

»Yeah«, sagte Proctor. »Hab ich gar nich dran gedacht.«

»Aber lassen Sie uns das noch mal festhalten, okay?« sagte Meyer. »Sie waren im Unger-Apartment um ein Uhr dreißig . . .«

»Um eins-dreißig bin ich gerade wieder *raus* . . .«

»Und sind die Feuerleiter runtergestiegen . . .«

»Stimmt.«

»Ohne beim Abstieg irgendwo haltzumachen . . .«

»Stimmt.«

»Ohne irgendwelche Abstecher . . .«

»Stimmt.«

»Und Sie sind weitergangen zu der Bar *The Bald Eagle* auf der Culver und . . . *Wo*, sagten Sie noch mal, liegt die?«

»Ganz am oberen Ende, in der Nähe von Saint Paul's.«

»Warum sind Sie den ganzen Weg bis da rauf gegangen?«

»Weil, also, ich wußte, daß Jerry dort is.«

»Jerry Macklin.«

»Yeah.«

»Ihr Hehler.«

»Yeah. Und der, das hab ich gewußt, der nimmt mir wenigstens sofort den Videorecorder ab. So daß ich mit 'n paar Fläschchen Crack über die Runden kommen kann, verstehen Sie?«

»Sie haben den ganzen Weg dorthin zu Fuß gemacht, ja?«

»Ja, zu Fuß.«

»Ist aber ein langer Weg, noch dazu in so einer kalten Nacht.«

»Ich mag's kalt.«

»Und Sie sind in dem Moment dort angekommen, als der Joan-Crawford-Film angelaufen ist.«

»Zwei, drei Minuten vorher. Wir waren grad zum Preis gekommen, als er anfing. Er muß um zwei angefangen haben, ja? Weil sie doch immer zur vollen Stunde anfangen, oder?«

»Meistens, ja. Und Sie sind um Viertel nach wieder dort weg.«

»Ja.«

»Und haben noch mal einen kleinen Spaziergang gemacht. Diesmal zum Glitter.«

»Na ja, so weit is das ja nich. Fünf Minuten, mehr nich.«

»Sie laufen gern, hm?«

»Ja. Tu ich wirklich.«

»Also, wenn das alles stimmt . . .«

»Oh, das stimmt.«

»Dann haben Sie die Zeit zwischen ein Uhr dreißig und Viertel nach zwei ja ganz schön abgedeckt. Vorausgesetzt, Macklin und Gaines bestätigen das alles.«

»Also, wenn Sie denen nich die Hölle heiß machen von wegen Hehlerei und Crack und so, dann müßten sie's bestätigen, ja. Ich wander ja eh wieder in Knast. Ich hab doch keinen Grund, Sie anzulügen.«

Außer, wenn's möglicherweise um zwei Leichen geht, dachte Carella.

Sie trieben Macklin am gleichen Abend kurz nach neun auf.

Er bestätigte alles, was Proctor gesagt hatte.

Er erinnerte sich sogar an den Titel des Joan-Crawford-Films, der um zwei Uhr früh angefangen hatte.

Und er erinnerte sich daran, auf die Uhr geschaut zu haben, als Proctor den *Eagle* verlassen hatte; er war zu einer Silvesterparty eingeladen gewesen und fragte sich, ob die um diese Zeit überhaupt noch im Gang sein würde. Und das war um Viertel nach zwei gewesen.

Sie brauchten etwas länger, bis sie Fletcher Gaines gefunden hatten.

Gaines war ein Schwarzer, der weit draußen in Diamondback wohnte.

Als sie ihn fünf vor zehn an diesem Montagabend endlich auftrieben, sagte er ihnen, er sei sauber, und fragte sie, ob sie nicht 'n bißchen arg weit weg von der eigenen Weide grasten. Sie sagten ihm, sie wollten keine Drogen-Razzia veranstalten, worauf Gaines mit einer skeptisch in die Höhe gezogenen Augenbraue reagierte. Sie wollten nur etwas über den Silvesterabend von ihm wissen, das war alles. War ihm an Silvester irgendwann ein Mann namens Martin Proctor über den Weg gelaufen?

Sie sagten das ohne Zeitangaben. Und ohne Ortsangabe.

Gaines sagte, er und Proctor seien sich in der fraglichen Nacht irgendwann im Glitter Park über den Weg gelaufen, aber er könne sich nicht erinnern, um wieviel Uhr.

Sie fragten ihn, ob's nicht ein bißchen genauer ginge.

Gaines vermutete, daß der gute Proctor ein Netz unter irgendeinem Hochseilakt brauchte. Aber er konnte denen nicht die Hucke voll lügen, weil er nicht wußte, für welche Zeitspanne Proctor ein Alibi brauchte.

Er sagte daher, es gehe leider nicht genauer.

Sie sagten, das sei sehr bedauerlich, und wollten gerade wieder gehen.

»He, Sekunde noch«, sagte er. »Da fällt's mir eben wieder ein. Ich hab mal auf die Uhr geschaut, und da war's genau zwanzig nach zwei. Hilft Ihnen das weiter?«

Sie bedankten sich und machten sich auf den Rückweg in die Innenstadt – auf ihre eigene Weide.

Im Krankenhaus war von acht bis zehn Uhr abends Besuchszeit.

Der alte Mann lag seit dem dritten Juli auf der Krebsstation. Da hatten sie bei ihm einen bösartigen Lebertumor entdeckt. Vor über sechs Monaten. Niemand hatte ihm noch so lange gegeben. Leberkrebs? Unheilbar. Früher Exitus, normalerweise.

Sie besuchten ihn jeden Abend.

Zwei pflichtbewußte Töchter.

Sie kamen kurz vor acht in der Klinik an und verließen sie kurz nach zehn. Auf dem Parkplatz verabschiedeten sie sich, und jede ging zu ihrem Wagen. Joyce fuhr jetzt den Wagen des Alten, einen großen braunen Mercedes. Sie lebte ganz allein in dem großen Haus. Sie war im August nach Seattle zurückgekommen, gleich nachdem sie erfahren hatte, daß der alte Mann sterben würde. Jeden Abend besuchte sie ihn in der Klinik. Sie kam und ging immer pünktlich, man konnte die Uhr danach stellen. Melissa fuhr den alten blauen Caravan. Sie watschelte jetzt wie eine Ente.

Es war neblig heute nacht.

Nicht gerade überraschend, Nebel in Seattle. Wie London in all diesen Jack-the-Ripper-Filmen. Oder den unheimlichen Werwolf-Filmen. Nur daß dies eben Seattle war. Wenn du hier im Januar keinen Nebel hast, dann hast du Regen – such's dir aus, sonst gibt's nichts. Der Regen ist in dieser Stadt bloß eine dickere Form von Nebel. Wenn du hier reich werden willst, brauchst du nur eine Regenschirmfabrik aufzumachen. Aber für das, was er heute nacht tun mußte, kam der Nebel gerade recht.

Die Waffe war eine Smith & Wesson, Modell 59. Eine automatische Neun-Millimeter-Pistole, identisch mit der Neununddreißiger, bis auf die Tatsache, daß das Magazin vierzehn Schuß faßte statt acht. Darüber hinaus unterschieden sich die beiden Modelle in nichts: reichlich sieben Zoll über alles lang, davon der Lauf vier Zoll, bläulich-metallische Oberfläche, das Griffstück aus geriffeltem Nußbaumholz. Die Waffe sah ungefähr so aus wie ein Armee-Colt, Kaliber 45. Er hatte sie für zweihundert Dollar auf der Straße gekauft. Heutzutage konnte man alles auf der Straße kriegen. Er hatte vor, die Kanone in den Sund zu werfen, nachdem er sie heute nacht benützt hatte – *good bye, Darling*. Selbst wenn sie sie finden würden – kein Mensch kann den Weg einer Pistole verfolgen, die auf der Straße gekauft worden ist. Niemand konnte ihn damit in Verbindung bringen.

Er hatte die Pistole nach Seattle geschickt, mit UPS. Hatte sie fertig verpackt und versiegelt in einer dieser Postamt-Alternativen aufgegeben, die über Federal Express oder UPS alles mögliche verschicken und sogar für dich einpacken, wenn du's verlangst, aber er verlangte natürlich nicht, daß sie eine *Pistole* verpackten. Er hatte dem Mädchen, das das Gewicht feststellte, gesagt, da sei ein Spielzeug-Lkw drin. Das Gewicht – brutto, inklusive Verpackung – war fünfundzwanzig Pfund gewesen. Sie hatte auf dem Begleitschein SPIELZEUG-LKW eingetragen und gefragt, ob er über die ohnehin versicherten hundert Dollar hinaus Versicherungsschutz wolle. Das hatte er abgelehnt – das Ding habe nur fünfundzwanzig Dollar gekostet . . . So einfach ist es, eine Kanone zu verschicken. So was ist Demokratie. Ihm schauderte bei dem Gedanken, womit *richtige* Verbrecher heil durchkommen mochten.

Da kam sie die Außentreppe der Klinik herunter.

Mit der gelben Ölhaut und den schwarzen Stiefeln sah sie wie ein Fischer aus. Melissa hatte einen schwarzen Stoffmantel an und ein Kopftuch auf. Sie war fünfzehn Jahre älter als Joyce und normalerweise hübscher als ihre Schwester. Im Augenblick war sie hochschwanger.

Er duckte sich hinter das Lenkrad.

Der Nebel wirbelte um den Wagen und hüllte ihn ein.

Er beobachtete den gelben Regenmantel. Wie ein Leuchtturm. Joyce in der Ölhaut, hellgelb im grauen Nebel. Melissas schwarzer Mantel wurde vom grauen Nebel verschluckt. Eine Autotür knallte zu. Noch eine. Scheinwerfer leuchteten auf. Der alte blaue Caravan röhrte auf . . . Melissa fuhr rückwärts an, fuhr sozusagen in den Lichtfächer ihrer Scheinwerfer hinein, schlug nach rechts ein und dann Richtung Ausfahrt.

Er wartete.

Joyce startete den Mercedes.

Ein neuer Wagen. Der alte Mann hatte ihn einen Monat, ehe er von seinem Krebs erfuhr, gekauft. Man hörte den Motor kaum. Die Scheinwerfer gingen an.

Er ließ seinen Wagen an. Der Mercedes rollte.

Er gab ihm einen ordentlichen Vorsprung. Dann folgte er ihm.

Das Haus lag in einem vier Acres großen Ufergrundstück; ein großes victorianisches Landhaus, das in all den Jahren immer in tadellos gepflegtem Zustand gehalten worden war. Es gibt heutzutage nicht mehr viele solcher Häuser, weder im Staat Washington noch anderswo. Das Haus allein würde zwanzig, dreißig Millionen Dollar bringen. Nicht mitgerechnet das Inventar. Gott allein wußte, was die antiken Möbel wert waren. Alles Zeug, was die alte Dame von Europa rübergeschleppt hatte, als sie noch lebte. Und ihre Juwelen? Die mußten ein Vermögen wert sein. Na, und die Gemälde. Der Alte war ein großer Sammler gewesen, ehe er krank wurde, und was da an den Wänden hing, das war Millionen wert. Der alte Rolls-Royce, der neue Mercedes, die Neun-Meter-Motorjacht unten am Bootssteg – das war nur der Zuckerguß auf dem Kuchen.

Er stellte den Wagen in einem Kieferngehölz nördlich des Lieferanteneingangs ab, ging zwischen den Bäumen hindurch und weiter im Abstand am Haus vorbei und näherte sich vom Ufer her. Riesige Rasenflächen fielen zum Wasser hin ab. Nebelschwaden trieben herein; man konnte nicht einmal das Boot am Steg erkennen, geschweige denn das jenseitige Ufer. Licht in einem Schlafzimmer des Obergeschosses. Die Jalousie war hochgezogen; er sah sie hin und her gehen. Sie hatte nur ein ganz kurzes Nachthemd an. Das Haus lag so versteckt zwischen Wald und Wasser, und es gab kein anderes Gebäude in Sicht- oder Hörweite; sie glaubte offenbar, daß sie nackt herumlaufen konnte, wenn es ihr Spaß machte.

Er spürte das Gewicht der Pistole in seiner Manteltasche.

Er war Linkshänder.

Die Pistole steckte in der linken Tasche.

Er konnte sich an Filme erinnern, in denen sie den Killer deswegen erwischten, weil er Linkshänder war. Linkshänder machen manches anders. Sie reißen an einem Streichholzbriefchen die Streichhölzer von der falschen Seite her ab – na ja, falsch eben für einen *Rechts*händer. Das Streichholzbriefchen, das war Schnee von gestern. Die meisten Linkshänder-Killer wurden erwischt, weil sie sich nicht all die Filme mit den fehlenden Streichhölzern auf der linken Seite des Briefchens anschauten. Und dann die Tintenflecken an der Handaußenkante, in der Nähe des kleinen Fingers. In diesem Land schreiben wir normalerweise von links nach rechts; die Feder *folgt* der schreibenden Hand des Rechtshänders. Umgekehrt für den Linkshänder: Die Hand folgt der *Feder* über den bereits geschriebenen Text. Du lernst nie aus. Wenn du als Linkshänder gerade mit roter Tinte einen Erpresserbrief geschrieben hast, ist es empfehlenswert, die Polizei nicht deine Handkante in der Nähe des kleinen Fingers sehen zu lassen, denn die ist wahrscheinlich rot.

Er lächelte in der Dunkelheit.

Er fragte sich, ob er warten sollte, bis sie schlief. Reingehen. Kopfschuß. Die anderen dreizehn Schuß hinterher, damit's so aussieht, als hätte ein Irrer . . . Vielleicht noch ein paar kostbare Vasen zerschmeißen. Vielleicht denken die Çops, da hat ein Irrer durchgedreht.

Bald darauf ging das Licht im Obergeschoß aus.

Er wartete im nebligen Dunkel.

In ihrem Traum rasselten die Palmwedel auf einer Karibik-Insel im Wind, und die Brandung schlug krachend auf den Ufer-streifen. Sie war eine berühmte Schriftstellerin und saß in einer kleinen strohgedeckten Hütte, eine alte schwarze Smith-Corona-Schreibmaschine vor sich auf dem Tisch. Vor dem offenen Fenster schwang sich der Strand im Bogen ins Meer hinaus, und dichte Reihen von Palmen säumten die endlos erscheinende Küstenlinie. Der Himmel über den Palmen war von einem unglaublichen Blau. In der Ferne lagen niedrige grüne Berge. Sie starrte in den Himmel und auf die Berge und wartete auf eine Inspiration.

In ihrem Traum griff sie nach einer reifen gelben Banane in einer hellblauen, wundervoll geformten Schale auf einem Bord neben dem offenen Fenster. Sie schälte die Banane und führte sie zum Mund. Und als sie zubiß, biß sie auf etwas Kaltes, Hartes.

Sie riß die Augen weit auf.

Der Lauf einer Pistole steckte in ihrem Mund.

Neben ihrem Bett stand ein Mann. Schwarzer Hut, tief in die Stirn gezogen. Ein schwarzes Tuch bedeckte Mund und Nase. Nur die Augen waren sichtbar. Lichtpunkte glühten in ihnen, Spiegelung der Nachtbeleuchtung an der gegenüberliegenden Wand.

Er machte »Pssst!«

Die Pistole in seiner linken Hand.

»Pssst!«

Die Pistole in ihrem Mund.

»Pssst, Joyce.«

Er wußte ihren Namen.

Woher weiß er meinen Namen, dachte sie.

»Dein Baby ist tot, Joyce«, sagte er. Flüsterte er. »Susan ist tot. Am Silvesterabend gestorben.«

Alle Flüsterstimmen klingen gleich, aber da war etwas im Rhythmus der Sprechweise, im kurzen Innehalten zwischen den Wörtern, das ihr auffiel. Kannte sie den Mann?

»Tut es dir leid, daß du das Baby weggegeben hast?« fragte er.

Sie fragte sich, ob sie ja sagen, ob sie nicken sollte. Ob sie zu erkennen geben sollte, ja, es tut mir leid. Ob das die Antwort war, die er erwartete. Die Pistole im Mund. Sie war bereit, alles zu sagen, wenn es nur das Richtige war. Es tat ihr keineswegs leid, das Kind weggegeben zu haben; sie hatte den Entschluß noch nie bereut. Aber wenn er hören wollte –

»Ich habe es umgebracht«, sagte er.

Mein Gott, dachte sie.

»Und jetzt werde ich dich umbringen«, sagte er.

Sie schüttelte den Kopf.

Er hielt die Pistole locker, so daß sie der Kopfbewegung folgte. Der Lauf war naß von ihrem Speichel. Ein metallischer Geschmack war in ihrem Mund.

»O doch«, sagte er.

Er drehte ihren Kopf, so daß sie ihn ansehen mußte. Er zwang sie mit dem Pistolenlauf. Der gleichbleibende Druck in ihrem Mund wandte ihren Kopf nach links auf das Kissen. Sein Arm war gestreckt, Hand und Pistole im rechten Winkel zum Bett.

Sie fing an zu wimmern.

Sie versuchte, mit dem Lauf im Mund »Bitte!« zu sagen. Ihre Zunge fand die Mündung und schob sie unmerklich zurück. Der Lauf klapperte an ihren Zähnen. Sie dachte zuerst, er hätte die Waffe bewegt, weil er gemerkt hatte, daß sie versuchte, sie aus dem Mund zu schieben. Aber dann wurde ihr klar, daß das Gegenteil richtig war. Ihr Unterkiefer zitterte, und ihre Zähne klapperten gegen den Lauf.

»Ja, also . . .«, sagte er und hielt inne.

Es klang fast traurig. So, als wolle er noch etwas sagen, bevor er abdrückte.

In diesem Sekundenbruchteil war ihr klar, daß nur, wenn sie jetzt selber ein überzeugendes Argument vorbringen würde, den Lauf ausspucken und mit großer Beredsamkeit –

Der erste Schuß riß den Hinterkopf weg.

11

Der Mann, mit dem Carella bei den Hafenbehörden sprach, hieß Phillip Forbes. Ein Lieutenant. Carella erklärte ihm, er versuche, ein Schiff ausfindig zu machen.

»Yes, Sir – um welches Schiff handelt es sich?« fragte Forbes.

»Das weiß ich nicht so genau«, sagte Carella. »Aber wenn ich Ihnen sage, *was* ich weiß, können Sie mir vielleicht weiterhelfen.«

»Wer, sagten Sie, ist am Apparat?«

»Detective Carella, 87. Revier.«

»Yes, Sir. Und worum geht es?«

»Um ein Schiff. Genauer, um eine Person auf diesem Schiff. Wenn wir das Schiff finden können.«

»Yes, Sir. Und Sie meinen, dieses Schiff könnte hier im Hafen liegen, ja?«

»Ich weiß nicht, wo es ist. Das, unter anderem, möchte ich rauskriegen.«

»Yes, Sir. Würden Sie mir den Namen des Schiffes sagen?«

»Die General Soundso . . . Es gibt doch Schiffe, die nach Generälen benannt sind?«

»Da kann ich Ihnen aus dem Kopf mindestens fünfzig nennen.«

»Kriegsschiffe?«

»Nein, Sir. Das können Tanker sein, Frachter, Passagierschiffe – alles mögliche. Es schwimmen viele Generäle auf den sieben Meeren.«

»Wissen Sie etwas über eine General Soundso, die vor fünfzehn Monaten hier gelegen hat?«

»Sir?«

»Reichen Ihre Unterlagen so weit zurück?«

»Yes, Sir.«

»Es handelt sich um Oktober vor einem Jahr.«

»Meinen Sie den letzten Oktober?«

»Nein, ein Jahr früher. Könnten Sie mal nachsehen?«

»Was genau wollen Sie wissen?«

»Wir haben Grund zu der Annahme, daß ein Schiff, die General

Soundso, vor fünfzehn Monaten hier im Hafen gelegen hat. Haben Sie darüber irgendwelche . . .«

»Yes, Sir. Jedes Schiff, das den Hafen anlaufen will, muß uns spätestens zwölf Stunden vor dem Eintreffen verständigen.«

»*Jedes* Schiff?«

»Yes, Sir, Ausländer wie Amerikaner. Meistens wird das von dem zuständigen Schiffsmakler arrangiert; der sorgt für einen Liegeplatz. Oder die Reederei kümmert sich darum. Oder auch die Gesellschaft, die das Schiff gechartert hat. Es kommt aber auch vor, daß sich Kapitäne direkt mit uns in Verbindung setzen. Über Funk.«

»Welche Informationen verlangen Sie von ihnen?«

»Sir?«

»Wenn sie sich anmelden. Was teilen sie Ihnen mit?«

»Ach so. Na, den Namen des Schiffs, Nationalität, Tonnage. Angaben über die Ladung. Letzter Hafen, nächster Hafen. Voraussichtliche Liegezeit . . .«

»Machen sie normalerweise im Innenstadtbezirk fest?«

»Manche ja. Die Passagierschiffe. Die anderen kaum; heutzutage nicht mehr. Es gibt viele Liegeplätze, wissen Sie. Das Hafengebiet ist riesengroß. Es reicht vom Hangman's Rock bis John's River.«

»Wenn ein Schiff im Innenstadtbezirk festmacht – wo würde das sein?«

»In der Canal-Zone wahrscheinlich. Nicht mehr auf der Nordseite. Es würde in der Canal-Zone liegen, drüben in Calm's Point. Eigentlich heißt das Calm's Point Canal. Sonst fällt mir nichts ein, wo einer festmachen könnte. Aber sehr wahrscheinlich . . . Es handelt sich wohl nicht um ein Passagierschiff?«

»Nein.«

»Dann eher Port Euphemia, drüben im Nachbarstaat.«

»Aber Sie sagten doch, es *gibt* Unterlagen . . .«

»Yes, Sir, in den Amber Files.«

»Amber?«

»Amber, yes, Sir. So heißt das Suchsystem. Amber. Sobald sich ein Schiff ansagt, gehen all die Informationen, die ich Ihnen genannt habe, direkt in den Computer.«

»Haben Sie Zugang zu diesem Computer, Lieutenant? Zu den Amber Files?«

»O ja.«

»Könnten Sie mal auf die Knöpfchen drücken und nachsehen, wer am 18. Oktober ausgelaufen . . .«

»Es handelt sich nicht um den *letzten* Oktober, hab ich das richtig?«

»Ein Jahr früher. Schauen Sie mal nach, was da über einen Tanker namens General Soundso vorliegt. Möglicherweise General Putnam. Oder Putney. Nächster Bestimmungshafen irgendwo im Persischen Golf.«

»Wird einen Moment dauern, Sir. Möchten Sie warten?«

»Ich möchte«, sagte Carella.

Dann war Forbes wieder am Apparat. »Ich habe zwei Generals, die im vorletzten Jahr am achtzehnten Oktober ausgelaufen sind. Beide keine Tanker. Und keiner heißt Putnam oder Putney.«

»Was waren es dann?«

»Beides Frachter.«

»Und wie heißen sie?«

»Der eine *General Ray Edwin Dean* und der andere *General Edward Lazarus Kalin.*«

»Welcher mit dem Reiseziel Persischer Golf?«

»Keiner, Sir. Die *Dean* ging nach Australien und die *Kalin* nach England.«

»Na wunderbar!« Carella seufzte. Entweder ihr Seemann hatte Joyce die Hucke voll gelogen, oder sie war zu blau gewesen, um sich *irgendwas* merken zu können. »Pech«, sagte er. »Also, Lieutenant, haben Sie besten . . .«

»Aber vielleicht wollen Sie selber mal rüberschauen«, sagte Forbes.

Carella nahm an, er meinte Australien.

»Nach der Canal-Zone«, sagte Forbes. »Da liegt die *Dean*. Ich weiß, daß Sie nach Putnam oder Putney suchen, aber vielleicht ist ja Ihre Information . . .«

»Haben Sie die Nummer vom Liegeplatz?« fragte Carella.

Calm's Point Canal.

Bei der Polizei hieß das schon seit langem nur die Canal-Zone, und so war es in den allgemeinen Sprachgebrauch der Stadt übernommen worden. Bei dem, der nie dort gewesen war, beschwor der Name die Vorstellung einer ausgedörrten tropischen Landschaft hier oben im kalten Norden herauf, einen exotischen Hauch von Panama, wo er noch nie gewesen war. Das einzig Spanische in der Zone war die Nationalität vieler der Nutten, die den Matrosen von den Schiffen und den Männern, die von der Arbeit nach Hause fuhren, ihr Warenangebot vorführten. Ein erheblicher Teil des Geschäfts wurde hier in der Tat mobil abgewickelt. Ein Wagen hielt an einer Straßenecke beim Kanal, der Fahrer kurbelte das Fenster herunter, und eines der dürftig bekleideten Mädchen schlenderte heran. Dann wurde der Preis ausgehandelt, das Mädchen stieg ein und zeigte ihm, während er zweimal um den Block fuhr, was eine Expertin in knapp fünf Minuten fertigbringt.

Es gab über dreißig Liegeplätze auf beiden Seiten des Kanals, die das ganze Jahr über besetzt waren, weil die Hafenkapazität in der Stadt knapp war. Die *General Roy Edwin Dean* lag in Nr. 27 am Ostufer des Kanals, ein robustes, vertrauenswürdig wirkendes Schiff, dem man ansah, daß es schon manchen Sturm abgeritten hatte und immer heil in den sicheren Hafen gekommen war. Jetzt lag sie breit und wuchtig auf dem Wasser und dümpelte schwach in den kleinen Wellen, die vom River Dix und dem offenen Wasser jenseits hereintrieben.

Meyer und Carella hatten sich nicht telefonisch angemeldet; sie wußten überhaupt nicht, wie man auf einem Schiff anruft. Lieutenant Forbes hatte Carella die Nummer des Liegeplatzes gegeben, und Meyer und er waren einfach an diesem Mittwoch nachmittags um fünf nach eins dort aufgekreuzt. Ein scharfer Wind kam vom Wasser herüber. Weiße Schaumkämme, soweit das Auge reichte. Carella fragte sich, warum es manche Leute zwanghaft immer wieder auf See trieb. Meyer fragte sich, warum er bei diesem Wetter vergessen hatte, einen Hut aufzusetzen. Da war eine Gangway. Carella sah Meyer an. Meyer zuckte die Achseln. Sie kletterten an Bord.

Kein Mensch in Sicht.

»Hallo?« rief Carella.

Kein Mensch. Kein Laut.

Außer dem Geräusch von Metall, das vom Wind gegen anderes Metall geschoben wurde.

Eine offene Tür schwang hin und her. Dahinter war es dunkel. Carella schaute hinein.

»Hallo?« rief er noch einmal.

Eine Treppe führte nach oben. Eine bessere Leiter.

Sie stiegen hinauf, immer weiter, und erreichten schließlich ein kleines Haus auf dem Oberdeck. Eine Kabine vermutlich. Ein Mann saß darin auf einer Art Barhocker vor einer Art Bartresen und schaute auf eine Seekarte.

»Ja?« sagte der Mann.

»Detective Carella, mein Partner Detective Meyer«, stellte Carella vor und zeigte seine Marke.

Der Mann nickte.

»Wir bearbeiten einen Doppelmord . . .«

Der Mann stieß einen leisen Pfiff aus.

Carella schätzte ihn auf Ende Fünfzig. Er trug eine dicke schwarze Jacke und eine Schiffermütze. Die Koteletten waren braun, aber am Kinn war sein Bart weiß geworden. Er saß da wie ein Marineweihnachtsmann und hatte die dunklen Brauen hochgezogen.

»Darf ich fragen, wer Sie sind, Sir?« fragte Carella.

»Stewart Webster«, antwortete er. »Kapitän der *Dean*.«

Die Männer gaben sich die Hand. Webster hatte einen kräftigen Händedruck. Seine braunen Augen waren von einer wachen Intelligenz. »Was kann ich für Sie tun?« fragte er.

»Tja, wir wissen nicht, ob Sie überhaupt was tun können«, sagte Carella: »Aber wir dachten, es kommt auf einen Versuch an. Wir suchen nach einem Schiff *General Putnam* oder *General Putney* oder so ähnlich . . .«

»Ziemlich weit weg von Dean«, sagte Webster.

»Allerdings«, sagte Carella und nickte. »Soll vor einem Jahr und drei Monaten, am achtzehnten Oktober, mit Ziel Persischer Golf ausgelaufen sein.«

»Ich bin ziemlich sicher, daß wir um die Drehe hier in der Gegend waren . . .«

»Aber Sie sind nicht ausgelaufen an dem Tag?«

»Ich müßte im Logbuch nachsehen. Vielleicht an dem Tag, ja, oder kurz davor oder danach. Aber, meine Herren . . .«

»Wir wissen Bescheid«, sagte Meyer. »Ihr Bestimmungshafen war in Australien.«

»Wir sind noch nicht mal in die *Nähe* des Vorderen Orients gekommen, seit Reagans Marines in Beirut draufgegangen sind. Wir waren nämlich dort, als es passierte. Der Reeder hat uns telegrafiert, wir sollen die Ladung schleunigst übernehmen und unseren Arsch in Sicherheit bringen. Er hatte Angst um sein Schiff.«

»Wir haben dann noch einen Tip . . . Betrifft einen Seemann namens Mike«, sagte Carella.

Webster sah ihn an.

»Wenn das sein richtiger Name ist«, sagte Meyer.

Webster sah *ihn* an.

»Das ist ziemlich dürftig, ich weiß«, sagte Carella.

»Aber es ist alles, was wir haben«, sagte Meyer.

»Mike . . .«, sagte Webster.

»Nachname unbekannt«, sagte Carella.

»Möglicherweise auf der *Dean*«, sagte Webster.

»Oder einem anderen Schiff mit einem General im Namen.«

»Na, dann lassen Sie uns mal in der Heuerliste nachsehen, ob wir hier irgendwelche Mikes an Bord haben«, sagte Webster.

»Er wird wohl als Michael eingetragen sein«, sagte Meyer.

Es gab keinen Michael bei der Besatzung.

Aber immerhin einen Michel. Michel Fournier.

»Ist er Franzose?« fragte Carella.

»Keine Ahnung«, sagte Webster. »Möchten Sie, daß ich seine Personalakte raushole?«

»Wenn's Ihnen nichts ausmacht.«

»Dazu müssen wir runter ins Zahlmeisterbüro«, sagte Webster.

Sie folgten ihm über eine andere Leiter als die, auf der sie hochgestiegen waren, nach unten, gingen durch mehrere düstere Korridore und kamen zu einer Tür, die Webster aufschloß. Der Raum erinnerte an Alf Miscolos Registratur im Siebenundachtzigsten. Es hing sogar Kaffeegeruch in der Luft. Webster ging zu einer Reihe von Aktenschränken – grau, nicht grün wie bei Miscolo –, fand den, den er suchte, zog eine Schublade heraus, wühlte in den Hängemappen und fischte eine heraus.

»Da ist sie«, sagte er und reichte Carella den Ordner.

Michel Fournier. Geboren in Kanada, in der Provinz Quebec.

Als er vor drei Jahren angeheuert hatte, hatte er Portland, Maine, als Adresse angegeben.

Keine Adresse hier in der Stadt.

»Hat er im fraglichen Zeitraum mit zur Besatzung gehört?« fragte Carella.

»Wenn er vor drei Jahren angeheuert hat und seine Akte hier immer noch in der Kartei ist, dann gehörte er vor fünfzehn Monaten zur Besatzung und gehört jetzt noch dazu.«

»Wollen Sie sagen, daß er jetzt an Bord ist?«

»Nein, nein. Die Besatzung ist gleich an Land gegangen, nachdem wir festgemacht hatten.«

»Und wann war das?«

»Vor zwei Tagen.«

»Wann müssen die Leute zurück sein?«

»Wir werden erst Anfang nächsten Monat auslaufen.«

»Haben Sie eine Ahnung, wo sich Fournier aufhalten könnte?«

»Tut mir leid. Ich kenne den Mann gar nicht.«

»Wo schläft er denn an Bord?«

»Moment . . . Es müßte hier irgendwo eine Quartierzuweisungsliste geben . . .« Webster zog Schubladen im Schreibtisch des Zahlmeisters auf.

Fournier war im vorderen Teil des B-Decks untergebracht. Er schlief in einer von drei übereinanderliegenden Kojen, die jetzt gegen die Außenwand des Schiffes zurückgeklappt waren. Drei Seekisten darunter, alle mit Vorhängeschlössern verschlossen.

»Die da gehört Fournier«, sagte Webster.

»Was machen wir jetzt?« fragte Meyer. »Noch so 'ne verdammte gerichtliche Verfügung?«

»Wenn wir nachsehen wollen, was drin ist . . .« Carella zuckte die Achseln.

»Meinst du, wir kriegen sie?«

Webster stand daneben. Die Männer dachten laut.

»Sie müßte die Genehmigung einschließen, das Schloß aufzu-
brechen.«

»Mann, ich weiß nicht recht. Hätte sie nicht was von einem
französischen Akzent gesagt... Wenn der Bursche Franzose...«

»Kanadier«, sagte Carella.

»Ja, aber Quebec.«

»Wir sind doch schon so gut wie in der Innenstadt... Grade
eben über die Brücke.«

»Macht uns aber den ganzen verdammten Nachmittag kaputt«,
sagte Meyer.

»Außerdem kann er ablehnen.«

»Yeah.«

»Also, was meinst du?«

»Ich weiß nicht, was meinst *du*?«

»Ich meine, der Richter gibt uns einen Tritt in den Hintern.«

»Ich auch.«

»Andererseits könnte er den Durchsuchungsbefehl ausstel-
len.«

»Was ich bezweifle...«

»Ich auch. Aber *wenn* er's tut, könnten wir vielleicht was in der
Kiste finden.«

»Dreckige Socken und Unterwäsche vielleicht.«

»Also, was meinst du?«

»Brauchen wir einen vom Einbruchsdezernat?«

»Wieso?«

»Na, wenn wir den Durchsuchungsbefehl bekommen, wie
willst du das Ding aufkriegen. Die Jungs haben Werkzeug, da
kommen sie überall damit rein. Die sind die besten Einbrecher
der Stadt.«

»Mr. Webster«, fragte Carella, »hat Ihr Schiff am Silvesterabend hier im Hafen gelegen?«

»Ja.«

»Hatte die Mannschaft Landgang?«

»Na sicher. Am Silvesterabend? Natürlich.«

»Komm«, sagte Carella, »probieren wir's mit dem Durchsuchungsbefehl.«

Wäre es nicht um den Mord an einem sechs Monate alten Baby gegangen, hätte der zuständige Richter wahrscheinlich abgelehnt. Aber er las die Zeitung und sah Fernsehnachrichten. Dies war der Baby-Susan-Fall. Es war auch der Annie-Flynn-Fall, aber der Mord an dem Babysitter war irgendwie nicht ganz so schockierend. In dieser Stadt wurden tagein, tagaus sechzehnjährige Mädchen erstochen oder vergewaltigt oder beides. Aber wenn ein Kleinkind erstickt wurde . . .

Sie gingen mit ihrem Durchsuchungsbefehl zum Schiff zurück. Und mit einem Bolzenschneider.

Sie waren auch keine schlechten Einbrecher.

Nach drei Minuten war die Kiste offen.

Sie enthielt in der Tat viele dreckige Socken. Aber sie fanden auch einen Brief, den ein Mädchen aus der Stadt erst im vergangenen Monat an Michel Fournier geschrieben hatte.

Mit Absender.

Herrera versuchte seiner Freundin klarzumachen, warum ein uniformierter Cop unten auf dem ersten Treppenabsatz stand. Consuelo verstand kein Wort davon. Es hatte etwas damit zu tun, daß das Police Department ihm Personenschutz schuldete, weil ihm ein Detective das Leben gerettet hatte, was doch offensichtlich blanker Unsinn war. Sie hatte manchmal das Gefühl, Herrera könne ein bißchen meschugge sein, was sie auch wieder sehr aufregend fand. Und verwirrend. Alles, was sie rauskriegte, war, daß ein Polizist Herrera folgte, wo immer er hinging, um dafür zu sorgen, daß niemand noch einmal versuchte, ihn umzulegen. Es war ihr bisher nicht klar gewesen, daß er so wichtig war.

Aber jetzt sagte er ihr, daß er ein anderes Apartment gemietet hatte und daß sie umziehen würden. Nur vorübergehend. Er wollte den Cop loswerden, und sie würden nur für kurze Zeit in das neue Apartment ziehen. Bis er verschiedene geschäftliche Dinge zum Abschluß gebracht hatte. Dann würden sie nach Spanien gehen und an der Costa Brava leben. Consuelo war nie an der Costa Brava gewesen, aber es klang hübsch.

»Wann reisen wir nach Spanien?« fragte sie. Ein Test. Lenny, der George bittet, ihm wieder von den Kaninchen zu erzählen. Zuerst hatte sie Herreras Geschichte nicht geglaubt, aber jedesmal, wenn er sie erzählte, klang sie besser. Er erzählte ihr, er habe den Flug schon gebucht und werde die Tickets bald abholen. Erster Klasse für sie beide. Sobald er erst mal raus war aus dieser Stadt, würde ihn keiner mehr finden – nicht die Chinks, nicht die Jakies und die Cops schon gar nicht.

»Die Jakies?« sagte sie.

»So nennen sie sich«, sagte er.

Consuelo nahm an, daß er da wohl Bescheid wisse.

Es war ihr noch nie klar geworden, daß er so smart war.

Er war tatsächlich smarter, als ihm selbst klar war.

Street smart. Auf der Straße aufgewachsen und mit allen Wassern gewaschen.

Das war mehr, als nur zu wissen, wie man einem erfolgreich in die Weichteile tritt. Man mußte auch gelernt haben, schon vorher zu riechen, was im nächsten Moment passieren wird, und dann das Richtige zu tun. Das, was für dich richtig ist. Jeder ist sich selbst der Nächste. Du mußt schneller aus den Startlöchern kommen als der andere ... Wer in den Straßen dieser Stadt aufgewachsen war, der hatte das alles mit der Muttermilch eingesogen. Die Jakies hatten das nicht, und die Chinks auch nicht. Na ja, vielleicht ging es in den Straßen von Hongkong oder Kingston genauso gemeingefährlich und gemein zu wie in den Straßen dieser Stadt, aber Herrera bezweifelte es. Schön und gut – diese Kleinstadtganoven konnten sich hier reindrücken mit ihrem Geld und ihren Gorillas; aber diese Stadt hatte etwas, das sie nie kapieren würden. Sie waren nicht hier geboren, sie hatten's nicht im Blut wie Herrera.

Es war *nicht* ihre Stadt.

Scheißausländer.

Es war *seine* Stadt.

Und er wußte, wie ein fauler Fisch stinkt.

Der Gestank war ihm sofort aufgefallen, als Hamilton den Deal vorgeschlagen hatte. Warum kommt er ausgerechnet zu mir? hatte er gedacht. Er war natürlich nicht zu ihm gekommen; er hatte jemanden geschickt, der ihn holte. Das war drei Tage vor Weihnachten gewesen. Der Deal sollte am Siebenundzwanzigsten über die Bühne gehen. Ein einfacher Drogenkauf, hatte Hamilton erklärt. Fuffzigtausend für fünf Kilo Kokain. Zehntausend das Kilo. Hamilton brauchte jemand, der das Geld überbrachte und den Stoff entgegennahm.

Und warum ich? fragte sich Herrera.

Die ganze Zeit, während Hamilton redete, dachte Herrera, das ist doch ein fauler Trick hoch zwei; der Mann *will* was von mir. Aber was?

Warum will er, daß *ich* das Kokain abhole?

Warum schickt er nicht einen von seinen Leuten?

»Du wirst das Geld in einer Aktentasche transportieren«, sagte Hamilton.

Fuffzigtausend! dachte Herrera.

»Hier ist die Adresse.«

Den Haufen Knete will er mir anvertrauen.

Er hat mich noch nie im Leben gesehen, und soviel Geld . . . Und wenn ich damit abhaue? Ab durch die Mitte, ein Flug nach Kalkutta? Oder das Koks. Ich geb ihnen das Geld, ich pack die drei Kilo ein und verschwinde –

»Brems deine Phantasie«, sagte Hamilton.

Das ist nur Show, dachte Herrera. Der Fischgestank war jetzt sehr stark.

»Meine Leute werden unten auf dich warten«, sagte Hamilton.

Warum schickst du dann nicht gleich deine Leute *rauf*, dachte Herrera. Warum schickst du mich, einen Wildfremden?

»Du wunderst dich wahrscheinlich, warum ich zu dir komme«, sagte Hamilton.

Na, warum sollte ich mich über so was wundern, dachte Herrera.

»Vor 'n paar Jahren hast du für Arthur Chang gearbeitet, stimmt's?« sagte Hamilton.

Herrera schwieg. Er gab nie zu, irgendwann für irgend jemanden gearbeitet zu haben. Niemand gegenüber.

»Wir brauchen einen, der die chinesische Mentalität versteht«, sagte Hamilton.

»Warum?« fragte er.

»Die Männer, die liefern, sind Chinesen«, sagte Hamilton.

Das war die Lüge. Er wußte es, aber er wußte noch nicht, was sie bezweckte. Er wußte nur, daß er die Lüge aus Hamiltons ausdruckslosem Gesicht ablesen konnte und daß sie etwas mit den chinesischen Lieferanten zu tun hatte.

»Was für Chinesen?« fragte er.

»Das ist meine Sache, Mann.« Hamilton lächelte.

»Klar«, sagte Herrera.

»Na, wie isses? Biste interessiert?«

»Du hast noch nicht gesagt, wieviel drin is.«

»Ich dachte, zehntausend«, sagte Hamilton.

Irrsinnig viel.

Ungefähr achttausend zuviel.

Besonders in Anbetracht der Tatsache, daß er genausogut einen schicken konnte, den er ohnehin bezahlte.

Warum also ein so fetter Köder?

Plötzlich kam Herrera auf die Idee: Der Scheißjakie wollte sich einen Sündenbock kaufen.

»Zehntausend klingt gut«, sagte er.

Der Absender auf der Rückseite des Umschlags lautete 336 North Eames.

Die Absenderin hatte den Brief mit *Julie* unterschrieben.

Bei den Briefkästen unten tauchte der Name J. Endicott auf; er gehörte zu Apartment 21. Sie stiegen die Treppe bis zum zweiten Stock hoch, blieben einen Augenblick vor der Wohnungstür stehen und lauschten. Dann klopften sie an. Es war jetzt Viertel vor sieben abends. Selbst wenn Julie einen Job hatte, dann müßte sie –

»Wer ist da?«

Die Stimme einer Frau.

»Polizei«, sagte Carella.

»Polizei?«

Es klang über die Maßen erstaunt.

»Miss Endicott?« sagte Carella.

»Ja?«

Die Stimme war jetzt näher an der Tür. Argwohn anstelle des Erstaunens. In dieser Stadt klopften alle möglichen Irren an die Tür und behaupteten, jemand ganz anderes zu sein.

»Ich bin Detective Carella vom 87. Revier. Würden Sie mich bitte reinlassen?«

»Warum? Was ist denn los?«

»Ach, wir haben nur ein paar Fragen, Miss. Reine Routine. Könnten Sie bitte aufmachen?«

Die Tür ging nur eben einen Spaltbreit auf, gebremst durch eine Sicherheitskette.

In dem Spalt wurde ein Auge sichtbar. Ein Stück Gesicht.

»Kann ich bitte Ihre Dienstmarke sehen?«

Er hielt ihr seine Marke und seinen Ausweis hin.

»Worum geht es denn?« fragte sie.

»Ist das Ihre Handschrift?« fragte er und streckte ihr die Rückseite des Briefumschlags entgegen.

»Wo haben Sie das her?« fragte sie.

»Haben Sie das geschrieben?«

»Ja, aber . . .«

»Können wir reinkommen, bitte?«

»Augenblick noch«, sagte sie.

Die Tür wurde geschlossen. Dann ein Rasseln; die Kette wurde ausgehängt. Die Tür ging wieder auf.

Carella schätzte sie auf Mitte Zwanzig. Sie war mittelgroß, hatte langes blondes Haar und braune Augen. So, wie sie angezogen war, war sie gerade von der Arbeit nach Hause gekommen: Sie trug noch Rock und Bluse, hatte aber das Haar gelöst, die Schleife an der Bluse gelockert und war barfuß.

»Julie Endicott?« fragte Carella.

»Ja?«

Sie machte die Tür hinter ihnen zu.

Sie standen in einer kleinen Diele. Rechts eine winzige Küche. Geradeaus das Wohnzimmer. Dort saß ein junger Mann auf einem mit blauem Noppenstoff bezogenen Sofa. Vor dem Sofa ein Couchtisch, und auf der Tischplatte zwei hohe Gläser mit Drinks. Auf dem Boden unter dem Tisch ein paar Damenschuhe mit halbhohen Absätzen. Auch seine Schuhe lagen unter dem Tisch. Carella vermutete, daß sie die beiden beim Vorspiel unterbrochen hatten. Die Lady kommt von der Arbeit heim, der Ehemann oder Boyfriend wartet schon darauf, die Drinks zu mixen. Sie löst ihr Haar, beide kicken die Schuhe von den Füßen, er macht an ihrer Bluse rum, und dann – klopf, klopf, die Polizei.

Der junge Mann sah auf, als sie ins Zimmer kamen.

Er war ein Weißer.

Er war groß.

Hatte dunkles Haar und blaue Augen.

So, wie in Joyce Chapmans verschwommener Beschreibung von . . .

»Michel Fournier?« fragte Carella.

Er riß die Augen auf. Er sah Julie an. Julie zuckte die Achseln, schüttelte den Kopf.

»Sind Sie Michel Fournier?« sagte Carella.

»Ja?«

»Wir hätten Ihnen da 'n paar Fragen zu stellen.«

»Fragen?« Er schaute Julie wieder an. Julie zuckte wieder die Achseln.

»Vertraulich«, sagte Carella. Er dachte an den weiteren Verlauf, an das Alibi. Wenn sich herausstellen sollte, daß Julie Endicott Fourniers Alibi war, dann wollte Carella sie später lieber getrennt befragen.

»Haben Sie vielleicht noch irgendwas zu tun?« fragte er sie.

»Was meinen Sie?«

»Na, vielleicht duschen gehen, Nachrichten hören . . .«

»Ach so«, sagte sie. »Na klar.«

Sie ging durchs Wohnzimmer und öffnete die Tür gegenüber der Couch. Ganz kurz wurde ein Bett sichtbar, dann ging die Tür hinter ihr zu.

»Wir wissen, daß die *Dean* an Silvester hier im Hafen war«, sagte Carella. Direkt an die Kehle. »Wir wissen, daß die Besatzung an Land ging. Wohin sind *Sie* gegangen, Mike?«

Gleich per Vornamen. Ein alter Polizeitrick. Meistens klappt's: Mach ihn klein, du bist der Boss. Außer bei einem Rückfalldieb, der denkt, du nennst ihn Frankie, weil du ihn magst.

»Silvesterabend«, sagte Meyer.

»Wo, Mike?«

»Warum woll'n Sie das wissen?«

»Kennen Sie ein Mädchen namens Joyce Chapman?«

»Nee. Joyce Chapman? Nein. Wer ist Joyce Chapman?«

»Denken Sie mal zurück. Oktober.«

»Im Oktober war ich weit weg von hier.«

»Ich spreche vom Oktober im vorletzten Jahr.«

»Was? Wie soll ich mich erinnern, was ich damals . . .«

»Eine Disco. Lang's heißt sie. Unten im Quarter.«

»Na und?«

»Erinnern Sie sich daran?«

»Ich glaub schon. Was . . .«

»Ein Mädchen namens Joyce Chapman. Ihr wart alle beide ein bißchen high . . .«

»Nein, nein. Bestimmt nicht.«

»Doch, doch. Aber hier geht's nicht um Drogen, Mike.«

»Also, ich kann mich an keine Joyce Chapman erinnern.«

»Blond«, sagte Meyer.

»Wie Ihre Freundin Julie«, sagte Carella.

Fournier zuckte die Achseln. »Ich mag Bondinen.«

»Grüne Augen«, sagte Meyer.

»Hübsche Augen.«

»Das Hübscheste an ihr.«

»Sie sind dann mit ihr in ihre Wohnung in der North Orange Street . . .«

»Nein, ich kann mich nicht erinn . . .«

»Sie wohnte da mit einem anderen Mäd . . .«

»Die schlief, als Ihr reinkamt.«

»Schlief auch, als Sie am nächsten Morgen abgehauen sind.«

»Angela Quist.«

»Die kenn ich auch nicht.«

»Okay, sprechen wir vom Silvesterabend.«

»Vor einem Jahr? Ja, erwarten Sie, daß ich . . .«

»Nein, Mike. Vom letzten.«

»Wo waren Sie? Was haben Sie gemacht?«

»Ich war bei Julie. Wie immer, wenn die *Dean* hier liegt.«

»Seit wann kennen Sie sie?«

»Keine Ahnung. Sechs, sieben Monate.«

»Die Nachfolgerin von Joyce, was?«

»Ich sag Ihnen doch, ich kenn keine . . .«

»Sie will Schriftstellerin werden.«

»Sie war hier an der Uni eingeschrieben.«

»Ihr Vater hat eine Holzhandelsfirma an der Westküste.«

»Oh . . .«, sagte Fournier.

Vage Erinnerung.

»Haben wir's jetzt?«

»Ja, ich glaub schon. Hat sie 'ne kleine Tätowierung auf dem Hintern?«

Davon hatte ihnen noch niemand etwas gesagt.

»So ein kleiner Vogel? Auf der rechten Backe?«

»Picasso-Drucke auf der Wand über der Couch«, sagte Mayer. »In dem Apartment in der Orange Street.«

»So was ganz Modernes?« fragte Fournier.

»Ja, so was Modernes«, sagte Meyer.

»Ich glaub, ich kann mich an die erinnern. Mensch, war das 'ne Nacht!«

»Offensichtlich«, sagte Carella. »Haben Sie noch mal versucht, Kontakt aufzunehmen?«

»Nein. Offen gesagt, ich wußte nicht mehr, wie sie heißt.«

»Nie mehr gesehen seit dieser Nacht, ja?«

»Nee. Nie mehr.«

»Erzählen Sie uns vom Silvesterabend, Mike.«

»Hab ich doch schon. Ich war bei Julie . . . Ist was passiert mit diesem Mädchen? Fragen Sie mir deshalb 'n Loch in den Bauch?«

»Sie waren also am Silvesterabend hier?«

»Hier? Nein. Das hab ich nicht gesagt.«

»Und wo waren Sie?«

»Wir sind ausgegangen.«

»Wo waren Sie?«

»Auf einer Party. Bei einer Freundin von Julie. Sarah heißt sie.«

»Und wie noch?«

»Weiß ich nicht mehr. Fragen Sie Julie.«

»Namen sind nicht Ihre Stärke, was?«

»All right, ich will jetzt wissen, was mit diesem Mädchen passiert ist.«

»Wer sagt denn, daß was mit ihr passiert ist?«

»Sie kommen hierher, schlagen fast die Tür ein . . .«

»Niemand hat fast die Tür eingeschlagen, Mike.«

»Was zum Henker ist eigentlich los?«

Das war jetzt der empörte Bürger. Schuldig oder unschuldig, irgendwann im Verlauf einer Vernehmung kam immer die Empörung, echt oder gespielt. Leute italienischer Abstammung, schuldig oder unschuldig, zogen unweigerlich höchst indigniert die *Ma sa chi sono?*-Schau ab: »Wissen Sie eigentlich, wen Sie vor sich haben?« Straßenkehrer trumpften auf, als ob sie der Gouverneur des Staates wären. »Wissen Sie eigentlich, wen Sie vor sich haben?« Und jetzt saß Michel Fournier auf dem hohen Roß. »Was zum Henker ist hier eigentlich los?« Helle Empörung in den blauen Augen. Der Unschuldige, der zufällig daneben gestanden hatte, ganz harmlos, und sich jetzt fälschlich verdächtigt sah. Aber sie wußten immer noch nicht, wo er am Silvesterabend gewesen war, als Susan und Annie Flynn umgebracht wurden.

»Wann sind Sie hier weggegangen?«

»Ungefähr um zehn. Fragen Sie Julie.«

»Und heimgekommen?«

»So um vier.«

»Wo waren Sie zwischen halb eins und halb drei?«

»Auf der Party.«

»Wann sie Sie dort aufgebrochen?«

»Halb drei, drei.«

»Genauer bitte.«

»Dazwischen drin. Eher drei, glaub ich.«

»Und wo sind Sie dann hingegangen?«

»Direkt hierher.«

»Wie?«

»Mit der U-Bahn.«

»Von wo?«

»Riverhead. Die Party war oben in Riverhead . . . Dem Mädchen ist was passiert, ja?«

»Nein.«

»Was ist dann passiert?«

»Ihre Tochter ist ermordet worden.« Carella ließ ihn nicht aus den Augen.

»Ich hab nicht gewußt, daß sie ein Kind hat«, sagte Fournier.

»Sie hatte auch keins.« Noch immer der scharfe Blick.

»Aber sie sagen doch . . .«

»Sie hatte keines, als Sie sie kannten. Das Kind war sechs Monate alt.«

Beide Detectives beobachteten ihn jetzt.

»Es war Ihr Kind.«

Er sah erst Carella an, dann Meyer. Meyer nickte. In der Küche tropfte ein Wasserhahn. Fournier schwieg lange. Als er weitersprach, machte er lange Pausen zwischen den Sätzen.

»Das hab ich nicht gewußt«, sagte er.

»Das tut mir leid«, sagte er.

»Ich wollte, ich hätte es gewußt«, sagte er.

»Würden Sie ihr ausrichten, wie leid es mir tut?« sagte er.

»Wissen Sie, wo ich sie erreichen kann?«

Die Detectives sagten nichts.

»Oder Sie können ihr vielleicht die Nummer von der Wohnung hier geben«, sagte er. »Wenn Sie mit ihr sprechen. Wenn sie mich anrufen will oder sonst was.«

Von der Küche kam unentwegt das Tropfen des Wasserhahns.

»Sie können sich nicht vorstellen, wie leid mir das tut«, sagte er.

Und dann:

»Wie hat das Baby geheißen?«

»Susan«, sagte Meyer.

»Der Name meiner Mutter«, sagte er. »Na ja, sie heißt Suzanne.«

Dann trat wieder ein längeres Schweigen ein.

»Ich wollte, ich hätt es gewußt«, sagte er wieder.

»Mr. Fournier«, sagte Carella, »wir würden jetzt gern mit Miss Endicott sprechen.«

»Klar«, sagte Fournier. »Ich wollte wirklich, ich könnte . . .« Er ließ den Satz in der Luft hängen.

Julie Endicott bestätigte, daß sie am Silvesterabend das Apartment kurz nach 10 Uhr verlassen hatten. Sie waren zu einer Party bei einer Freundin namens Sarah Epstein gegangen, die in Riverhead lebte, 7133 Washington Boulevard, Apartment 36. Um zehn vor drei waren sie aufgebrochen, zwei Blocks zu der U-Bahn-Station Ecke Washington und Knowles gegangen und ein paar Minuten nach vier zu Hause gewesen. Sie hatten sich gleich hingelegt. Mike Fournier war die ganze Nacht mit ihr zusammengewesen.

»Möchten Sie vielleicht Sarahs Telefonnummer?« fragte sie. »Für den Fall, daß Sie mal anrufen wollen?«

»Ach ja, bitte«, sagte Carella.

Sarah Epstein bestätigte alle Angaben.

Sie waren wieder auf ihrer Ausgangsposition.

12

Carella legte den Anruf nach Seattle auf Donnerstag morgen, kurz nach 9 Uhr Pazifik-Zeit. Er versuchte *The Pines* zu erreichen, aber niemand hob ab. Er rief daraufhin die Chapman Lumber Company an und hatte die gleiche Frau am Apparat, mit der er vor neun Tagen gesprochen hatte. Pearl Ogilvy, wie aus seinen Notizen hervorging. *Miss* Ogilvy. Er erklärte ihr, daß er eine Nachricht für Joyce Chapman habe, sie aber nicht zu Hause erreichen könne. Ob Miss Ogilvy ihr vielleicht etwas ausrichten würde?

»Sagen Sie ihr nur, Mike Fournier möchte gern mit ihr sprechen. Er ist hier erreichbar unter der Nummer . . .«

»Mr. Carella? Entschuldigen Sie, aber . . .«

Die Stimme am anderen Ende war plötzlich verstummt.

»Miss Ogilvy?« sagte Carella verwundert.

»Sir . . . Ich bedaure, aber . . . Joyce ist tot.«

»Was?«

»Yes, Sir.«

»Was?«

»Sie ist ermordet worden, Sir.«

»Wann?«

»Montag nacht.«

Carella merkte, daß er die Stirn runzelte. Er merkte auch, daß er geschockt war. Es war lange, sehr lange her, daß er das letzte Mal geschockt gewesen war. Wie kam es, daß der Mord an Joyce Chapman ihn nun so beeindruckte, daß . . .

»Sagen Sie mir, was passiert ist«, sagte er.

»Also, vielleicht sollten Sie mit ihrer Schwester sprechen, Sir. Sie war hier, als es passierte.«

»Könnte ich ihre Nummer haben, bitte?«

»Ihre Nummer drüben im Osten habe ich hier nicht, aber sie steht bestimmt im Telefonbuch.«

»Und wo, Miss Ogilvy? Wo im Osten?«

»Na da, woher Sie anrufen.«

»Hier? Sie wohnt hier in dieser Stadt?«

»Yes, Sir. Sie kam rüber, weil Mr. Chapman so krank war und man allgemein glaubte, er würde sterben. Statt dessen ist die arme Joyce . . .« Ihre Stimme versagte.

»Und jetzt ist sie wieder hier?« fragte Carella.

»Yes, Sir. Gestern sind sie zurückgeflogen, sie und ihr Gatte. Gleich nach der Beisetzung.«

»Haben Sie eine Ahnung, in welchem Stadtteil sie hier leben?«

»Gibt's bei Ihnen ein Calm's Point oder so ähnlich?«

»Ja, das gibt's. Können Sie mir sagen, wie sie jetzt heißt?«

»Hammond. Melissa Hammond. Im Telefonbuch wahrscheinlich unter Richard Hammond.«

»Danke vielmals« sagte Carella.

»Bitte, bitte«, sagte sie und legte auf.

Carella rief sofort das Police Department in Seattle an. Dort war es jetzt 9 Uhr 15. Wenn die Organisation so lief wie hier, war die Tagschicht schon seit eineinhalb Stunden im Dienst. Das Gespräch kam. Er meldete sich und verlangte jemand vom Morddezernat. Ein Sergeant antwortete ihm, er sei gerade mit ein paar Unterlagen vorbeigekommen, habe das Telefon läuten hören und abgenommen. Hier sei im Moment offenbar niemand da – ob man Carella zurückrufen könne? Carella sagte ihm, er brauche jemand, der den Chapman-Fall bearbeite. Joyce Chapman. Der Mord vom Montagabend. Es sei dringend, sagte er; der Sergeant versprach die Sache weiterzugeben.

Der Rückruf kam um eins nach Carellas Zeit, und der Anrufer stellte sich als Jamie Bonnem vor. Er sagte, daß er mit einem Kollegen zusammen den Chapman-Fall bearbeite. Und er wollte wissen, inwiefern die Sache für Carella von Interesse war.

»Ihre Tochter ist in der Silvesternacht hier ermordet worden«, sagte Carella.

»Wußte gar nicht, daß sie verheiratet war«, sagte Bonnem.

Eine Art Western-Akzent. Carella hatte nicht gewußt, daß man in Seattle so redete. Vielleicht war er nicht aus der Gegend.

»Sie war nicht verheiratet, aber das tut jetzt nichts zur Sache«, sagte er. »Können Sie mir sagen, wie das gelaufen ist? Was ihr da drüben zugestoßen ist?«

Bonnem sagte ihm, was ihr zugestoßen war.

Im eigenen Bett umgebracht.

Pistole im Mund.

Zwei Schüsse.

Die Pistole war eine Smith & Wesson 59.

»Das ist 'ne Neun-Millimeter-Automatik«, sagte Bonnem. »Wir haben beide Geschosse und eine Patronenhülse sichergestellt. Die zweite hat der Killer aufgehoben, nehmen wir an; die erste konnte er wahrscheinlich nicht finden. An die Kugeln ist er auch nicht rangekommen, weil die in der Wand hinterm Bett steckten.«

»Sonst noch was passiert?« fragte Carella.

»Was meinen Sie damit?«

»Ist sie vergewaltigt worden?«

»Nein.«

»Was haben Sie bis jetzt rausgekriegt?«

»Nichts. Wir haben nur den Ballistik-Bericht. Und Sie, was haben Sie?«

Carella sagte es ihm.

»Na, da haben wir ja beide nichts, was?« sagte Bonnem.

»Erst verlangt er Personenschutz, und dann ist er einfach weg«, berichtete Kling.

Alle hörten zu.

Die Detectives waren in Lieutenant Byrnes' Büro zum Donnerstagnachmittag-Meeting zusammengekommen. Diese Treffen waren eine Idee des Lieutenants. Sie fanden an jedem Donnerstag um halb vier statt und erfaßten so die gerade dienstfrei gewordene Tagschicht und die ablösende Nachtschicht. Auf diese Art erhoffte er einen Informationsaustausch zwischen acht Detectives, die über ihre jeweiligen Fälle berichteten. In Anbetracht der Krankmeldungen und der Urlaubsausfälle hatte er Glück, wenn sechs Mann anwesend waren. Der Lieutenant nannte diese Meetings den Donnerstag-Denk-Treff. Detective Andy Parker sprach vom Donnerstag-Stink-Treff.

An diesem Donnerstag waren sie außer Byrnes nur zu fünft. O'Brien und Fujiwara waren zu einer Vierundzwanzigstunden-

Personenüberwachung eingeteilt und hatten gerade abgelöst. Hawes vernahm gerade jemanden, bei dem eingebrochen worden war. Parker wünschte, ihm wäre rechtzeitig eine gute Ausrede eingefallen, um wegbleiben zu können. Er haßte diese Scheißbesprechungen. Er hatte keine Lust, länger herumzuhängen, wenn er abgelöst war, und auch keine Lust, früher zu kommen, wenn er ablösen mußte. Er hatte genug Probleme mit seinen eigenen Fällen, und wenn die Kollegen welche mit ihren hatten, na und? Wen interessierte das, was Kling mit diesem Herrera anstellte? Also, ihn nicht.

Er saß da und schaute aus dem Fenster. Gleich würde es wieder anfangen zu schneien. Ob der blaue Parka noch unten in seinem Spind hing? Er war froh, daß er sich heute früh nicht rasiert hatte. Ein Zweitagebart wärmt, wenn es schneit. Er hatte eine zerknitterte graue Flanellhose an, ungeputzte schwarze Schuhe, ein Harris-Tweed-Jackett mit einem Fleck auf dem rechten Ärmel und ein weißes Hemd mit offenem Kragen ohne Schlips. Er sah aus wie einer der Obdachlosen der Stadt, der für den Nachmittag einen warmen Platz gefunden hat.

»Vielleicht brauchte er bloß so lange Schutz, bis die anderen wieder friedlich waren«, schlug Brown vor.

Er hatte das Jackett über die Stuhllehne gehängt und saß im weißen Hemd mit Schlips und Weste da. Er war den ganzen Tag als Zeuge im Gericht gewesen. Er war ein großer, schwerer Mann, und seine Hautfarbe paßte zu seinem Namen. Er runzelte die Stirn, während er sich bemühte, Klings Problem zu durchdenken, und das ließ ihn finster und böse aussehen.

»Okay, Artie«, sagte Kling, »aber warum sollte die Posse plötzlich friedlich werden? Vor zwei, drei Wochen, wann immer das war, da wollten sie ihn umlegen. Und jetzt auf einmal Friede, Freundschaft, Eierkuchen?«

»Vielleicht haben sie was gegen die Farbe Blau«, sagte Carella.

»Wie wird er denn überwacht?« fragte Willis. »Rund um die Uhr?«

»Nee. Sonnenaufgang bis Untergang«, sagte Kling.

»Mehr konnten wir uns nicht leisten«, sagte Byrnes. »So wichtig ist er nun auch wieder nicht.«

Er saß in Hemdsärmeln hinter seinem Schreibtisch, ein mittelgroßer Mann mit einem runden Kopf und harten blauen Augen. Es war blödsinnig heiß im Zimmer. Da stimmte was nicht mit dem Thermostat. Er mußte den Hausmeister anrufen.

»Da ist auch noch der, der hinter mir her war«, sagte Kling.

»Siehst du da einen Zusammenhang?« fragte Brown.

»Da muß einer sein«, sagte Carella.

»Hast du irgendeine Spur, einen Hinweis?«

»Nichts.«

»Was du hast« – Parker wandte sich vom Fenster ab –, »ist ein kleinkarierter Botenjunge, der dir einen Bären aufgebunden hat, damit du ihm ein paar Uniformierte vor die Tür stellst, und du bist ihm mit Pauken und Trompeten auf den Leim gegangen. Dann hat er die Fliege gemacht, und jetzt guckst du dumm.«

»Er hat gesagt, es kommt eine große Lieferung, Andy.«

»Aha. Und wann?«

»Nächsten Montag abend.«

»Wo?«

»Hat er noch nicht gewußt.«

»Klar. Weißt du, wann er's wissen wird? *Nie* wird er's wissen. Weil's keine Lieferung geben wird. Er hat dir die Hucke voll gelogen, damit du ihm blaue Schutzengel vor die Tür stellst, bis die Luft raus ist. Artie hat recht. Jetzt braucht er dich nicht mehr. Ende der Fahnenstange.«

»Vielleicht, ja«, sagte Kling.

»Und warum hat er gelogen?« fragte Byrnes.

»Um Muskelmänner in Uniform zu kriegen«, sagte Parker.

»Warum hat er dann nicht dicker aufgetragen?« sagte Carella.

»Was meinst du damit?«

»Warum hat er Bert nicht die Zeit, den Ort, die Einzelheiten gesagt? Warum das Drumherumgerede?«

Darauf trat Schweigen ein.

»Eben deswegen denk ich mir, er versucht's wirklich rauszukriegen«, sagte Kling.

»Warum?« fragte Parker.

»Damit wir die auffliegen lassen können.«

»Warum?« sagte Parker.

»Weil wir dann die Leute aus dem Verkehr ziehen, die ihn umlegen wollten.«

Parker zuckte die Achseln.

»Das wäre ein Grund«, sagte Byrnes.

»Die Posse hochgehen lassen, ja«, sagte Brown.

»Und Herrera kommt mit heiler Haut davon«, sagte Meyer.

»Aber da ist noch was unklar«, sagte Carella. »Warum wollten sie ihn überhaupt umlegen?«

»Gute Frage«, sagte Parker.

Sie sahen sich gegenseitig an. Keiner schien eine Antwort zu haben.

»Also, was habt Ihr noch?« fragte Parker. »Ich möcht nach Haus.«

Brown warf ihm einen finsteren Blick zu.

»Schau mich nicht so an, Artie, sonst fürcht ich mich«, sagte Parker. »Können wir dann weitermachen, Lieutenant?«

Byrnes warf ihm ebenfalls einen finsteren Blick zu.

Parker seufzte wie ein Märtyrer, dem die Pfeilspitzen im Fleisch stecken.

»Also, dieser Doppelmord in der Silvesternacht«, sagte Carella. »Die Kindsmutter ist am Montag nacht in Seattle umgebracht worden. Vielleicht besteht da ein Zusammenhang; wir wissen es nicht. Ich treffe mich nachher mit der Schwester der Toten.«

»Die Schwester lebt hier?« fragte Byrnes.

»Ja. In Calm's Point.«

»Die Familie stammt aus Seattle«, erklärte Meyer.

»Also, habt Ihr überhaupt was Handfestes?« fragte Parker ungeduldig.

»Noch nicht. Laut Zeitplan . . .«

»Ach, scheiß doch auf Zeitpläne!« knurrte Parker.

»Laß ihn reden«, sagte Willis.

»Von sechs verschiedenen Personen kriegst du sechs verschiedene Zeitpläne«, sagte Parker. »Hinterher könnte man meinen, das Opfer ist zu sechs verschiedenen Tageszeiten umgebracht worden.«

»So laß den Mann doch *reden*«, sagte Willis.

»Es ist schon zehn nach vier«, sagte Parker.

»Nach dem, was wir wissen«, sagte Carella, »war der Babysitter um halb eins noch am Leben. Die Eltern sind um halb drei nach Haus gekommen und haben das Mädchen und das Baby tot aufgefunden. Der Vater hatte zwar getrunken, war aber stocknüchtern, als wir dort ankamen.«

»Das Mädchen ist vergewaltigt und erstochen worden«, sagte Meyer.

»Das Baby ist mit einem Kissen erstickt worden«, sagte Carella.

»Und in Seattle?« fragte Brown.

»Pistole.«

»Hm.«

»Woher wißt Ihr, daß das Mädchen um halb eins noch am Leben war?« fragte Kling.

»Lies mal.« Carella reichte ihm den Zeitplan, den Meyer und er ausgearbeitet hatten.

»0 Uhr 20«, las Kling laut vor, »Anruf von Harry Flynn, der Annie ein gutes neues Jahr wünscht.«

»Ihr Vater?« fragte Willis.

»Ja«, sagte Meyer.

»0 Uhr 30«, las Kling weiter. »Anruf von Peter Hodding, um zu hören, ob das Baby . . .«

»Peter *wer*?« fragte Parker.

»Der Vater des Babys. Er sagt dem Babysitter, daß sie bald heimgehen wollen und erkundigt sich, ob alles okay ist.«

»Und *war* alles okay?«

»Laut Hodding hat sie normal geklungen.«

»Nicht nervös, nicht zittrig? War sie allein?«

»Er hat gesagt, sie hat normal geklungen.«

»Und das war um halb eins, ja?« fragte Willis.

»Ja. Sagt Hodding.«

»Der 'n bißchen was geschluckt hatte, hm?« sagte Brown.

»Na ja, ziemlich *viel* geschluckt hatte«, sagte Meyer.

»Tja, da liegt für euch der Hund begraben«, sagte Parker. »Euer Zeitplan basiert auf den Angaben eines Scheißbesoffenen.«

Carella sah ihn an.

»Hab ich recht?« fragte er.

»Vielleicht«, sagte Carella.

»Also – können wir jetzt heimgehen?«

Manchmal brach sie ihr das Herz, diese Stadt.

An einem Tag wie heute, wenn sich die Sturmwolken über dem Fluß zusammenballten, grau über dem grauen Wasser hereinrollten und die Luft nach Schnee roch . . .

An einem solchen Tag mußte sie an die Zeit denken, als sie hier ein kleines Mädchen gewesen war.

Die Stadt war ihr Spielplatz gewesen, Winter, Sommer, Frühjahr, Herbst. Die Straßenspiele, die mit den Jahreszeiten wechselten. Im Winter, an einem solchen Tag wie heute, tanzten alle Kinder den Zaubertanz, um den Schnee zu beschwören, damit morgen die Schule ausfiel und statt dessen Schneeburgen gebaut und Schneeballschlachten ausgetragen werden konnten, bei denen die Mädchen kreischend vor den Jungen durch die engen, plötzlich weißen Straßenschluchten flohen. Eileen, kichernd, mit roten Wangen und leuchtenden Augen; sie trug einen dicken Parka und eine wollene Zipfelmütze, die sie bis in Augenhöhe heruntergezogen hatte, damit sie ihr rotes Haar verbarg. Damals schämte sie sich ihrer Haare, weil sie damit so irisch aussah, was immer das bedeutete. Wir sind Amerikaner, sagte ihre Mutter immer, wir sind nicht gerade erst vom Schiff gestiegen.

Sie liebte diese Stadt. Sie liebte sie wegen des Einflusses, den die Stadt auf ihre Persönlichkeitsentwicklung genommen hatte.

Da war die Notwendigkeit, sich gegen andere durchzusetzen, besser zu sein als sie, um zu überleben. Eine Stadt voller Ratten aus der Gosse, hatte sie ihr Vater genannt. Mit Stolz in der Stimme. Michael Burke. Sie nannten ihn Pops, wenn er mit seinen weißen Haaren Streife ging; schon mit sechsundzwanzig hatte er wie sein eigener Großvater ausgesehen. Pops Burke. Sie war noch ein kleines Mädchen gewesen, als er erschossen wurde. Überfall auf einen Spirituosenladen. Der Commissioner war zur Beerdigung gekommen. Er hatte Eileen gesagt, ihr Vater sei ein sehr tapferer Mann gewesen. Sie gaben ihrer Mutter eine zusammengefaltete amerikanische Fahne.

Auch ihr Onkel Matt war ein Cop gewesen. Sie hatte ihn heiß geliebt, hatte die Geschichten von Kobolden und Feen geliebt, die er ihr erzählte; Geschichten, die ihm seine Mutter erzählt hatte, die sie von ihrer Mutter hatte und die so durch Generationen überliefert worden waren seit den Zeiten, als Irland noch überall grün war und von sanftem Nebel bedeckt und noch nicht von Blut. Der Lieblingstoast ihres Onkels war »Auf goldene Tage und Purpurnächte!«; er hatte ihn in einer Hörspielserie aufgeschnappt, in der er immer wieder vorkam. Vor kurzem hatte ihn Eileen von Hal Willis' neuer Freundin gehört. Vielleicht hatte deren Onkel dieselbe Serie gemocht.

Allerdings war Marilyns Onkel wahrscheinlich nicht in einer Bar über den Haufen geschossen worden, als er nach Dienstschluß seinen Lieblingsdrink trank und seinen Lieblingstoast ausbrachte – goldene Tage und Purpurnächte, von wegen. Das gilt nicht, wenn der Tag rot ist, rot nach dem Schuß aus einer abgesägten Schrotflinte. Onkel Matt hatte seinen Dienstrevolver gezogen, als der Räuber mit dem rotkarierten Schal über dem Gesicht hereinkam, ihn von dem Barhocker pustete und dann 52,36 Dollar aus der Kasse nahm. Noch eine zusammengefaltete amerikanische Fahne für die Familie. Die Schießerei ging im alten 110. Revier in Riverhead über die Bühne. Sie nannten es The Valley of Death, das Tal des Todes, nach dem Gedicht von Tennyson über die tapferen Sechshundert, die im Valley of Death starben. Der kausale Zusammenhang mit dem Hundertzehnten ist nie geklärt worden.

Sie überlegte, ob sie Karin Lefkowitz den Hauptgrund erzählen sollte, weshalb sie zur Polizei gegangen war: Sie hoffte, eines Tages dem Hurensohn mit dem rotkarierten Schal gegenüberzustehen, ihm den Fetzen herunterzureißen, ihm starr in die Augen zu sehen und ihn dann wegzublasen. Ihr Onkel Matt war der Grund. Nicht ihr Vater; da war sie noch zu klein gewesen, den hatte sie noch nicht richtig gekannt. Nein, Onkel Matt.

Wenn sie an ihn dachte und an seine Kobolde und Feen, dann kamen ihr noch heute die Tränen.

Diese Stadt . . .

Sie . . .

Sie brachte dir bei, in allem besser zu sein als die anderen. Du mußt die Beste sein. Und das war sie gewesen. Der beste Lockvogel der Stadt. Keine falsche Bescheidenheit; sie war am besten gewesen, jawohl. Sie hatte ihren Job gemacht, stolz darauf, ihn zu machen, wie sie es von ihrem Vater übernommen hatte, und mit dem Sinn für Humor, den ihr Onkel ermutigt hatte. Sie hatte sich nie emotional einwickeln lassen, hatte Risiken und Erfolgsaussichten gegeneinander abgewogen. Sie war voller Eifer an jeden neuen Auftrag herangegangen wie an ein Abenteuer und in der Überzeugung, ein Profi unter Profis zu sein.

Natürlich nur bis zu dem Tag, an dem die Stadt ihr entglitten war.

Entweder gehörte diese Stadt dir, oder sie gehörte dir nicht.

Früher mal, damals, als sie gut gewesen war, da hatte sie ihr gehört.

Und jetzt gehörte ihr nichts mehr.

Noch nicht einmal sie selbst.

Sie atmete tief durch, stieg die flachen breiten Stufen zu dem alten Präsidium hoch, ging durch eine der großen bronzenen Eingangstüren und überlegte, was sie Karin Lefkowitz heute sagen sollte.

Es war schon fast 10 Uhr abends, als Carella in der Wohnung der Hammonds in Calm's Point ankam. Er hatte im Lauf des Tages angerufen und von Melissa Hammond erfahren, daß ihr Mann gewöhnlich um sieben, halb acht vom Büro heimkäme; da er jetzt aber fast eine volle Woche lang nicht dort gewesen war und eine Menge aufzuarbeiten hatte, könnte er viel später dran sein, meinte sie. Carella fragte, ob es ihr recht wäre, wenn er gegen acht vorbeikäme. Sie hatte gesagt, sie würden zu Abend essen, sobald ihr Mann zurück sei. Ob Carella vielleicht ein wenig später . . .

Es war fünf vor zehn, als er an die Tür klopfte.

Er war jetzt seit Viertel vor acht heute morgen im Dienst.

Bevor er aufgebrochen war, hatte er vom Büro aus noch eine Frau namens Chastity Kerr angerufen; die hatte nämlich an Silvester die Party gegeben, auf der die Hoddings gewesen waren. Er hatte sich für morgen vormittag um zehn mit ihr verabredet. Wenn er also gegen elf hier weg kam, dann würde er etwa um Mitternacht zu Hause sein. Er konnte mit Teddy einen Happen essen, bevor sie zu Bett gingen, würde dann ziemlich früh aufstehen, um rechtzeitig mit den Zwillingen zusammen zu frühstükken, ehe sie um halb acht zum Schulbus mußten, und sich um acht auf den Weg ins Büro machen, wo er die Berichte vom Vortag beziehungsweise dem heutigen Tag durchgehen und dann zu Mrs. Kerr aufbrechen würde. Wenn er nur daran dachte, fühlte er sich noch müder, als er wirklich war.

Die Hammonds saßen noch am Eßtisch und waren beim Kaffee, als er eintraf. Melissa Hammond, eine sehr attraktive Blondine mit den gleichen grünen Augen, wie sie im Fall ihrer Schwester auf der Cooper-Anderson-Liste als »Besondere Merkmale« eingetragen waren, war schwanger. Sie fragte ihn, ob sie ihm eine Tasse einschenken könne. »Ich röste die Bohnen selbst«, sagte sie. Carella nahm dankend an und setzte sich auf den Stuhl, den ihr Mann ihm anbot. Richard Hammond – seine Frau nannte ihn »Dick« – war ein großer, gutaussehender Mann mit dunklem Haar und dunklen Augen. Carella schätzte ihn auf Ende Dreißig; seine Frau war wohl ein paar Jahre jünger. Er hatte sich offensichtlich umgezogen. Wenn es in seiner Kanzlei nicht sehr viel weniger förmlich zuging als in den Kanzleien, die Carella bekannt waren, mußte er im Büro ganz anders angezogen gewesen sein. Hammond war in der Firma Lasser, Bending, Merola und Ross angestellt. Er trug jetzt Jeans, ein Sweatshirt mit dem Wappen der Washington State University auf der Brust und Slipper ohne Socken. Er bot Carella eine Zigarre an, die dieser aber ablehnte.

Melissa schenkte ihm Kaffee ein.

»Ich danke Ihnen, daß ich noch kommen durfte«, sagte Carella.

»Wir helfen gern, wenn wir können«, sagte Melissa.

»Wir haben gerade noch über die Sache gesprochen«, sagte Hammond.

»Über dieses Zusammentreffen, ja«, sagte Melissa.

»Dieses Baby, das da umgebracht wurde.«

»Das Baby von Joyce, ja«, sagte Carella und nickte.

»Also, das ist ja wohl nicht so sicher«, sagte Hammond.

»Doch, das ist sicher«, sagte Carella überrascht.

»Nun ja . . .« Hammond warf seiner Frau einen Blick zu.

»Ich glaube, ich komme nicht ganz mit«, sagte Carella.

»Na ja, darum geht es ja, um dieses *Baby* . . .« Melissa sah ihren Mann an.

»Das ist das erste«, sagte der, »was wir von der Sache hören. Als Sie heute nachmittag Melissa angerufen und ihr gesagt haben, der Mord an Joyce könnte mit dem Tod ihres *Babys* in Verbindung stehen . . .«

»Ich will sagen, soweit mir bekannt ist, *hatte* Joyce nie ein Baby.«

»Aber ja!« sagte Carella.

»Also, das behaupten *Sie*«, sagte Hammond.

Carella schaute von einem zum anderen. »Hm . . . also sehen Sie mal«, sagte er. »Es würde die Sache für uns alle einfacher machen, wenn Sie es einfach als Tatsache akzeptierten . . .«

»Ich nehme an, Sie haben beweiskräftige . . .«

»Ja, Mr. Hammond, die habe ich.«

»Daß meine Schwägerin entbunden hat . . .«

»Von einem Mädchen, ja, Sir. Im vergangenen Juli. Hier in der Stadt, im St. Agnes Hospital. Und daß sie das Kind zur Adoption freigegeben und der Cooper-Anderson-Agentur, ebenfalls hier in dieser Stadt, überstellt hat.«

»Sie haben Dokumente, aus denen das hervorgeht?«

»Kopien der Dokumente, ja.«

»Und es ist erwiesen, daß dieses Baby, das damals ermordet wurde . . .«

»Daß es das Baby Ihrer Schwägerin war, ja. Von Mr. und Mrs. Hodding adoptiert.«

Hammond nickte.

»Na dann«, sagte er und seufzte.

»Für uns ist das völlig neu«, sagte Melissa.

»Sie wußten wirklich nicht, daß Ihre Schwester ein Baby hatte?«

»Nein.«

»Wußten Sie, daß sie schwanger war?«

»Nein.«

»Und hatten nie den Verdacht . . .«

»Nein, nie.«

»Wie oft haben Sie sie gesehen?«

»Na ja, ab und zu eben«, sagte Melissa.

»So alle paar Monate«, sagte Hammond.

»Obwohl Sie beide hier in der gleichen Stadt lebten?«

»Na ja, wir sind erst im letzten Januar hierher gezogen«, sagte Hammond.

»Und wir standen uns ohnehin nicht besonders nahe«, sagte Melissa.

»Wann haben Sie sie zuletzt gesehen?«

»Na, in Seattle. In der ganzen Zeit, die wir in Seattle waren. Sogar am gleichen Abend, als sie umgebracht wurde. Wir waren gemeinsam im Krankenhaus.«

»Ich meinte, vorher, vor Seattle.«

»Tja, also wir sind zusammen rübergeflogen. Als es so aussah, als ob mein Vater . . .«

»Was ich rauskriegen möchte . . . Ihre Schwester hat im Juli entbunden. Wann haben Sie sie *vor* diesem Zeitpunkt gesehen?«

»Ach so . . .«

»Moment mal – wann war das noch?« sagte Hammond.

»Wir sind im Januar hergezogen . . .«

»Das müßte also gewesen sein . . .«

»An meinem Geburtstag. Ja!« sagte Melissa.

»Glaub ich auch, ja. Auf der Party hier.«

»Ja.«

»Und wann war das?« fragte Carella.

»Am zwölften Februar.«

»März, April, Mai, Juni, Juli«, zählte Carella an den Fingern ab. »Demnach wäre sie im vierten Monat schwanger gewesen.«

»Kein Mensch wäre auf die Idee gekommen, das kann ich Ihnen sagen«, sagte Hammond.

»Nun ja, es gibt viele Frauen, denen man es nicht ansieht«, sagte Melissa.

»Und sie war groß, kräftig . . .«

»Hat auch immer diese weite Mode getragen . . .«

»Immer mehrere Sachen übereinander«, sagte Melissa. »Es ist also ohne weiteres möglich, daß uns das entgangen ist.«

»Ihr Zustand«, sagte Hammond, »ihre Schwangerschaft.«

»Und sie hat Ihnen das nie mal im Vertrauen erzählt, nein?« fragte Carella.

»Nein.«

»Sie ist nicht zu Ihnen gekommen, als sie gemerkt hatte . . .«

»Nein. Ich wollte, sie hätt's getan.«

»Melissa hat sich *immer* einen engeren Kontakt gewünscht.«

»Na ja, da ist halt auch der Altersunterschied, verstehen Sie«, sagte Melissa. »Ich bin vierunddreißig, meine Schwester war erst neunzehn. Das macht fünfzehn Jahre Altersunterschied. Ich war schon ein Teenager, als sie auf die Welt kam.«

»Es ist ein Jammer, weil . . . also . . . Jetzt ist nichts mehr dran zu ändern. Joyce ist tot.«

»Ja.« Carella nickte. »Sagen Sie, hat sie jemals einen Michel Fournier erwähnt? Oder Mike Fournier?«

»Nein«, sagte Melissa. »Wenigstens mir gegenüber nicht . . . Dick? Hat sie jemals . . .«

»Mir gegenüber auch nicht«, sagte Hammond. »Ist er der Vater?«

»Ja«, sagte Carella.

»Dachte ich mir.«

»Aber sie hat ihn nie erwähnt?«

»Nein. Na ja, da wir gar nicht wußten, daß sie schwanger war . . .«

»Nur so nebenbei, meine ich. Ohne etwas von der Schwangerschaft zu erwähnen. Nur als jemand, den sie mal getroffen hat, den sie kennt, oder . . .«

»Nein«, sagte er. »Tut mir leid.«

»Hat sie damals in Seattle einen Freund gehabt?«

»Na ja, das ist 'ne Weile her. Sie ist direkt nach der High-School hierher gezogen, müssen Sie wissen . . .«

»Sie hat sehr früh ihren Abschluß gemacht . . .«

»Da war sie erst siebzehn . . .«

»Wollte Schriftstellerin werden . . .«

»Sie sollten mal 'n paar Gedichte von ihr lesen.«

»Sie war hier bei einem prominenten Professor eingeschrieben.«

»Als sie hierher in den Osten kam, wann war das?« fragte Carella. »Juni? Oder Juli?«

»Im nächsten Juli vor zwei Jahren.«

»Und wir sind im Januar hergekommen«, sagte Melissa. »Dick hatte ein gutes Angebot . . .«

»Ich hatte da drüben meine eigene Kanzlei, aber so ein gutes Angebot konnte man einfach nicht ausschlagen«, sagte Hammond.

»Als Sie dann im Januar herkamen . . .«

»Gegen Monatsende, ja . . .«

». . . da war Ihre Schwester bereits schwanger«, sagte Carella.

»Ach so, ja«, sagte Melissa.

»Ja, im dritten Monat«, sagte Carella. »Haben Sie sie besucht, als Sie hierher gezogen waren?«

»Ja, natürlich.«

»Aber Sie haben nicht bemerkt, daß sie schwanger war.«

»Nein. Das heißt, darauf hab ich gar nicht geachtet. Und außerdem . . . Was sagten Sie, im vierten Monat?«

»Ja.«

»Zu dem Zeitpunkt«, sagte Melissa, »wäre das ohnehin nicht aufgefallen, ja? Wenigstens nicht so, daß *ich* was davon merken konnte.«

»Allen Frauen aus der Chapman-Familie sieht man's nicht an«, sagte Hammond. »Melissa ist jetzt im achten Monat, aber das würden Sie nie für möglich halten.«

Carella war so taktvoll, ihr nicht auf den Bauch zu schauen.

»Mit wem ist Joyce zuletzt gegangen?« fragte er. »Drüben in Seattle?«

»Eddie, nehme ich an«, sagte Melissa.

»Auf der High-School haben sie viel zusammengesteckt.«

»Eddie Gillette.«

»Ernsthafte Sache?« fragte Carella.

»Na ja, so 'ne High-School-Affäre eben«, sagte Hammond. »Das kennt man ja.«

»Hat die Polizei in Seattle mit ihm gesprochen?«

»Kann ich wirklich nicht sagen . . .«

»Der Name wurde nicht erwähnt, als potentieller Verdächtiger oder in anderem Zusammenhang?«

»Sie haben überhaupt keine Namen erwähnt.«

»Sie zerbrechen sich ganz schön den Kopf da drüben«, sagte Melissa.

»Ein Fall wie der . . . So was kommt bei denen nicht so oft vor«, sagte Hammond.

»Obwohl . . . Es werden schließlich immer Leute *umgebracht*«, sagte Melissa.

»Ja, aber nicht so wie hier«, sagte Hammond. »Das hab ich gemeint.«

»Große böse Stadt hier, hm?« sagte Carella und lächelte.

»Tja, das ist sie, weiß Gott«, sagte Hammond und lächelte zurück.

»Worauf haben Sie sich beruflich spezialisiert?« fragte Carella.

»*Nicht* auf Strafrecht«, sagte Hammond. »Die Kanzlei, für die ich arbeite, ist auf Körperschaftsrecht spezialisiert.«

»Und drüben in Seattle?«

»Zivilrecht . . . Da hatte ich meine eigene Kanzlei.«

»Da drüben war er sein eigener Herr . . .« Melissa lächelte leicht wehmütig.

»Ja, aber die Aufstiegsmöglichkeiten waren beschränkt«, sagte Hammond. »Man macht eben bestimmte Kompromisse im Leben. Vielleicht gehen wir eines Tages wieder zurück, Lissie, wer weiß . . .«

»Bis das soweit ist, ist keiner mehr übrig von der Familie«, sagte sie.

»Ihr Vater ist schwer krank, müssen Sie wissen«, sagte Hammond.

»Ja«, sagte Carella.

»Ein Unglück kommt selten allein.« Melissa seufzte tief.

Carella sah auf seine Armbanduhr. »Ich möchte Sie nicht länger aufhalten«, sagte er. »Nochmals vielen Dank, daß Sie sich Zeit für mich genommen haben.«

»Keine Ursache«, sagte Hammond.

Er begleitete den Gast in den Vorsaal hinaus, nahm Carellas Mantel vom Haken und half ihm hinein. Carella dankte ihm nochmals für die Zeit, die er ihm geopfert hatte, rief Melissa, die gerade den Eßtisch abräumte, gute Nacht zu, trat ins Treppenhaus hinaus und ließ sich vom Lift zur Straße hinunterbringen.

Es fing gerade an zu schneien.

13

Chastity Kerr war der Typ Frau, als den Melissa ihre Schwester Joyce beschrieben hatte. Groß, kräftig, aber nicht dick; eine Person, die allem Anschein nach mit körperlicher Arbeit ebenso fertig wurde wie ein Mann, nur besser. Blond und braungebrannt – sie war, wie sie sagte, gerade mit ihrem Mann von einem Zweiwochenurlaub in Curtain Bluff auf Antigua zurückgekommen –, bot sie Carella eine Tasse Kaffee an und setzte sich mit ihm an einen kleinen Tisch im Küchenerker, von wo man den Grover Park überblickte. Draußen schneite es noch.

»Vor zwei Tagen hab ich noch unter einer Palme gelegen und einen eisgekühlten Daiquiri getrunken«, sagte sie. »Und jetzt schau'n Sie sich das an.«

Carella schaute es sich an.

Der Anblick machte ihn nicht fröhlicher.

Die Schneepflüge würden erst losfahren, wenn es zu schneien aufgehört hatte, und danach sah es nicht aus.

»Mrs. Kerr«, sagte er, »weshalb ich hier bin . . .«

»Nennen Sie mich Chastity, bitte«, sagte sie. »Wenn Sie so einen Namen haben, gebrauchen Sie ihn entweder immer, oder Sie nennen sich anders. Meine Schwestern und ich, wir *gebrauchen* unsere Namen – schon um unseren Vater zu ärgern, der sie ausgesucht hat. Dazu muß ich Ihnen erklären, daß wir vier Schwestern sind, und wir heißen, nach Lebensalter geordnet, Verity, Piety, Chastity – das bin ich – und jetzt raten Sie mal, wie er die vierte genannt hat?«

»Hatschi«, sagte Carella.

»Nein. Generosity . . . Ist das nicht eine Blasphemie?«

Carella lächelte. »Also dann, Mrs. Kerr«, sagte er, »weshalb ich . . .«

»Chastity, bitte.«

»Also, ich versuche den genauen Zeitpunkt rauszukriegen, zu dem Peter Hodding in der Silvesternacht zu Hause angerufen hat, um mit dem später ermordeten Mädchen zu sprechen.«

»Mein Gott – Silvester!« sagte Chastity und verdrehte die Augen.

»Ja, ich kann's mir denken.«

»Das ist eine Nacht, in der man normalerweise das Kommen und Gehen der Leute nicht mitkriegt, ja?«

»Normalerweise nicht, stimmt.«

»Welche Zeit hat er Ihnen denn genannt?«

»Ich würd's lieber von Ihnen hören.«

»Großer Massenandrang am Telefon«, sagte Chastity. »Ich weiß noch, daß ich kurz nach Mitternacht meine Schwester in Chicago anrufen wollte, aber alle Leitungen waren besetzt. Ich glaube, kein Mensch ist irgendwohin durchgekommen. Nach meiner Erinnerung jedenfalls.«

»Wann hat Mr. Hodding anzurufen versucht?«

»Ich versuche eben, mich zu erinnern.«

Carella wartete.

Chastity kramte in ihrem Gedächtnis.

»Er war im Gästezimmer.« Sie nickte. »Das weiß ich noch.«

»Wer? Mr. Hodding?«

»Ja. Er benutzte den Nebenanschluß.«

»Und wann war das?«

»Ich versuche ja, die genaue Zeit . . . Ich weiß, daß er ihr sagte, er habe versucht, sie zu erreichen, aber der Anschluß sei besetzt gewesen.«

»Zu wem sagte?«

»Zu dem Babysitter. Als er schließlich durchkam.«

»Der *Anschluß* war besetzt? Oder kam er überhaupt nicht durch?«

»Ich bin sicher, er hat ›der Anschluß‹ gesagt.«

»Das muß ihr Vater gewesen sein, der sie anrief.«

»Dazu kann ich nichts sagen. Ich weiß nicht, wovon Sie reden.«

»Ich denke nur laut«, sagte Carella. »Wie kam's, daß Sie das Gespräch mitgehört haben?«

»Ich war im Nebenzimmer. Ich hab nach meiner Tochter gesehen. Ich habe eine achtjährige Tochter. Die Verbindungstür war offen, und . . . Halt! Ich hab's.«

»Was haben Sie?« Carella lächelte.

»Ich war gerade zu meiner Schwester durchgekommen, und sie hat mit mir geschimpft, weil ich nicht früher angerufen hatte. Man ruft um Mitternacht an, hat sie gesagt, und das war vor einer halben Stunde. Und gleich danach hab ich nach Jennifer geschaut. Also muß es kurz nach halb eins gewesen sein.«

»Als Sie Peter Hoddings Gespräch mitgehört haben.«

»Ja.«

»Wieviel von dem Gespräch haben Sie mitgekriegt?«

»Ich glaube, alles. Von Anfang an. Er hat sich mit ›Annie, ich bin's‹ gemeldet.«

»Dann war's mit Sicherheit der Anruf bei dem Babysitter.«

»O ja, zweifellos.«

»Annie, ich bin's . . .«

»Ja.«

»Nicht, ›Annie, hier spricht Hodding‹?«

»Nein, ›Annie, ich bin's‹. Wahrscheinlich kennt sie seine Stimme.«

»Wahrscheinlich. Und dann?«

»Dann hat er gesagt, er hat's schon ein paarmal versucht, aber der Anschluß war besetzt . . .«

»Hm, hm.«

»Dann hat er gefragt, ob mit der kleinen Susan alles in Ordnung ist.«

»Ja.«

»Gott, ich darf gar nicht dran denken, was passiert ist!« Chastity schüttelte den Kopf.

»Ja«, sagte Carella. »Und weiter?«

»Er hat gesagt, sie kommen bald heim.«

»So, bald«, wiederholte Carella.

»Ja.«

»Aber dann sind sie erst irgendwann zwischen zwei und halb drei gegangen.«

»Ja. Also, ich hab nicht auf die Uhr geschaut, aber es war um diese Zeit.«

»Das heißt, mindestens anderthalb Stunden später.«

»Denken Sie wieder laut?«

»Ja. Wenn er so um halb eins rum zu Hause angerufen hat,

dann haben er und seine Frau anderthalb Stunden später die Party verlassen.«

»Ja, das kommt hin«, sagte Chastity.

»Aber zu Annie hat er gesagt, er kommt bald heim.«

»Genauso hat er es nicht gesagt.«

»Sondern?«

»Nur ›bis bald‹.«

»Nur diese Worte?«

»Ja.«

»Bis bald . . .«

»Ja. Sie wird gefragt haben, wann sie heimkommen.«

»Anzunehmen.«

»Möchten Sie noch etwas Kaffee?«

»Ja, gern.«

Sie stand auf, ging zur Kaffeemaschine, kam mit der Kanne zum Tisch zurück und schenkte Carella ein. Draußen fiel immer noch Schnee.

»Danke«, sagte Carella. »Warum, meinen Sie, hat er dem Baby-sitter gesagt, sie kommen bald heim, wenn sie dann doch nicht aufgebrochen sind vor . . .«

»Na ja, er hat ’n bißchen was getrunken gehabt, wissen Sie.«

»Ja, davon hab ich gehört.«

»Ich hab tatsächlich geglaubt, er spuckt mir auf den Teppich.«

»Hm, hm.«

»Gayle hatte eine Stinkwut. Sie hat gesagt, ihr macht das kei-nen Spaß, in Begleitung von einem besoffenen Schwein . . . Ja, genau mit diesen Worten.«

»Und wann war das?«

»Wenn Sie mich fragen, er war schon betrunken, als er zu Hause anrief.«

»Wie kommen Sie darauf?«

»Na ja, Sie wissen ja wohl, wie Betrunkene sprechen. Die Arti-kulationsschwierigkeiten, die sie dann haben . . . Er hatte sie.«

»Als er um halb eins am Telefon war, hat er also wie ein Betrun-kener geklungen. Während er mit Annie sprach.«

»Ja. Sturzbesoffen.«

»Wie ist das Gespräch ausgegangen?«

»Tschüs, bis nachher. Ich seh dich dann – so in der Art.«

»Und wann ist es zu dem Krach mit seiner Frau gekommen?«

»Kurz danach. Er hatte jemand einen Drink aufs Revers ge-
schüttet, und Gayle sagte, daß sie nie mehr irgendwo hingehen
würde mit ihm . . . Also, ich hab Ihnen ja erzählt, was sie gesagt
hat – außer, daß sie sagte, ›von einem beschissenen besoffenen
Schwein‹. Genau das hat sie gesagt.«

»Ganz schön sauer, was?«

»Stinksauer.«

»Aber sie sind trotzdem auf der Party geblieben, bis irgendwann nach zwei in der Früh . . .«

»Na, also, *sie* ist geblieben.«

»Was wollen Sie damit sagen?« hakte Carella sofort nach.

»Gayle ist geblieben.«

»Ich dachte, sie sind zusammen gegangen um . . .«

»Ja, später. Nachdem er von seinem Gang zurück war.«

»Was für ein Gang?«

»Er ist runtergegangen, um frische Luft zu schnappen.«

»Wann?«

»Nachdem Gayle ihn zusammengestaucht hatte.«

»Wollen Sie sagen, daß er die Party verlassen hat?«

»Ja. Er hat gesagt, er braucht frische Luft.«

»Wollte einen Spaziergang machen?«

»Also, das nehm ich an, daß er das wollte. Er hat seinen Mantel
angezogen. Und er hat nicht nur im Vorplatz rumgestanden,
wenn Sie das meinen.«

»Um wieviel Uhr war das?«

»Das muß so um eins rum gewesen sein.«

»Mrs. Kerr . . .«

»Chastity, bitte.«

»Chastity . . . Um wieviel Uhr ist Peter Hodding von seinem
Spaziergang zurückgekommen?«

»Um zwei. Ich weiß das, weil ich im Treppenhaus war. Weil ich
ein paar Gäste hinausbegleitet habe, die im Aufbruch waren. Da
ist die Aufzugtür aufgegangen, und Peter ist rausgekommen.«

»Woher wissen Sie, daß es 2 Uhr war?«

»Weil ich diese Leute fragte, warum sie schon gingen, und der

Mann sagte, es ist schon zwei, und in dem Moment ging die Fahr-
stuhltür auf, und Peter kam heraus.«

»Hat er ausgesehen wie einer, der an der frischen Luft gewesen
ist?«

»O ja. Rote Backen, zerzaustes Haar . . . Ja, ganz bestimmt.«

»War er wieder nüchtern?«

»Er war nüchtern«, sagte Chastity.

Francisco Palacios war überrascht, als er Bert Kling sah.

»Hat das schon wieder was mit Proctor zu tun?« fragte er.

»Nein«, sagte Kling.

»Weil zwei fette Kerle hier bei mir aufgetaucht sind und sich
nach Proctor erkundigt haben«, sagte Palacios. »Der erste war ein
fieser Typ namens Fats Donner, ein Spitzel – kennst du ihn?«

»Ich kenne ihn.«

»Steht auf Spangenschuhe und weiße Baumwollhöschen. Der
andere war ein fetter Cop vom Dreiundachtzigsten, heißt Weeks.
Kennst du ihn auch?«

»Ja, kenn ich auch«, sagte Kling.

»*Der* kennt 'ne Nutte, die in seinem Revier arbeitet. Ich hab
Weeks den Namen von ihrem Freund gegeben, das is'n Saxophonist. Aber ich weiß nicht, wo Proctor is. Das hab ich Weeks gesagt, und jetzt sag ich's dir. Wie kommt's, daß der auf einmal so
interessant is, das kleine Würstchen?«

»Wir haben ihn schon gefunden«, sagte Kling.

»Gott sei Dank. Weil, ich hab keine Ahnung, auf alle Fälle.«

»Ich suche nach einem gewissen Herrera.«

»Frag mich doch was Schwereres, hm? Weißt du, wie viele Herreras in der Stadt rumlaufen?«

»Heißen sie alle José Domingo?«

»Die meisten«, sagte Palacios.

»Der hier hat mal vor ein paar Jahren für die Yellow Paper Gang
gearbeitet.«

»Was für eine Arbeit?«

»Dope. Damit macht er jetzt noch rum.«

»Wer nicht?« Palacios zuckte die Achseln.

»Das ist meine nächste Frage.«

»Hm, hm.«

»Nächste Woche ist hier eine große Lieferung fällig«, sagte Kling. »Ich wüßte gern Einzelheiten.«

»Du machst mir Spaß.« Palacios schüttelte den Kopf. »Du spuckst einen Allerweltsnamen wie Smith oder Jones auf spanisch aus und erzählst mir was von einer großen Lieferung nächste Woche. Mann, hier kommt *jede* Woche 'ne große Lieferung, und da soll ich dir helfen?«

»Hundert Kilo Kokain«, sagte Kling.

»Hm, hm.«

»Am dreiundzwanzigsten.«

»Okay.«

»Per Schiff.«

»Okay.«

»Fährt unter irgendeiner skandinavischen Flagge.«

»Hm, hm.«

»Kommt von Kolumbien.«

»Kapiert.«

»Das Zeug kommt zehn Riesen pro Kilo.«

»Is ja geschenkt.«

»Geht an eine jamaikanische Posse.«

»Welche?«

»*Nicht* Reema.«

»Da gibt's noch ein paar mehr.«

»Weiß ich. Aber da geh'n eine Million Eier über den Tresen, Cowboy. Da muß noch einiges über die Buschtrommel kommen.«

»'ne Million, das is nich so viel heutzutage«, sagte Palacios. »Ich hab schon was läuten gehört von Dope-Deals, da ging's um zwanzig, dreißig Millionen. Alltägliche Sache.«

»Wenn du wieder mal so was läuten hörst, könntest du ja mal Laut geben«, sagte Kling.

»Was ich sagen will, ein Millionen-Deal, deswegen macht sich heute keiner in die Hose. Kleiner Fisch. Nix Buschtrommel. Schwer ranzukommen.«

»Deswegen komm ich ja zu dir, Cowboy.«

»Ja, Scheißdreck«, sagte Palacios.

»Weil ich weiß, daß du gern die schweren Fragen hast.«

»Scheiße, Scheiße«, sagte Palacios.

Aber er grinste dabei.

Der Portier des Hauses 967 Grover Avenue war ein rundliches Männchen in einer grünen, goldbetreßten Uniform. Er sah aus wie ein General in der Armee einer Bananenrepublik. Die Bewohner kannten ihn nur als Al the Doorman, aber sein voller Name war Albert Eugène di Stefano, und er war stolz darauf, einmal Portier im *Plaza Hotel* in New York gewesen zu sein. Er berichtete Carella als erstes, daß er dem New York Police Department einmal wertvolle Informationen geliefert und so geholfen hatte, einen Fall zu knacken, in dem jemand in die Hotelzimmer eingebrochen und mit Säcken voller Juwelen in den Central Park verduftet war. Er wäre glücklich, wenn er jetzt Carella helfen könnte, dieses schreckliche Verbrechen aufzuklären. Er wußte alles über den Doppelmord im vierten Stock. Jedermann im Haus wußte Bescheid.

Er hatte in der Silvesternacht von 12 bis 8 Uhr früh Dienst gehabt, weil er nur Kreuz Zwei gezogen hatte – die beiden Kollegen hatten Karo Drei und Herz Vier erwischt. Auf diese Weise hatten die drei Portiers des Hauses entschieden, wer diese ohnehin unbeliebte Schicht an Silvester machen sollte. Er hatte die niedrigste Karte gezogen, und so hatte es ihn getroffen. Also, ja, er war in dieser Nacht drangewesen. Aber er hatte keinen Verdächtigen das Haus betreten oder verlassen sehen, wenn es das war, worauf Carella hinauswollte.

»Kennen Sie Mr. Hodding persönlich?« fragte Carella.

»O ja. Ein sehr netter Mann. Ich mach ihm immer Vorschläge für Werbespots – er ist Texter bei einer Agentur. Ich hab ihm mal gesagt, ich hätt 'ne gute Idee für einen Spot für Hertz. Die Leihwagenfirma, Sie wissen schon. Ich hab mir gedacht, Totale Flughafen innen, Schlangen vor sämtlichen Leihwagenfirmen, nur einer marschiert stracks durch zum Hertz-Schalter und kommt zehn Sekunden später zurück, vorbei an all den anderen, mit einem Autoschlüssel. Dann fängt er an zu lachen und sagt, ›Ich lache nur bei Hertz‹. Oder auch singen: ›Ich *lache* nur bei *He-he-hertz*, bom bom‹ . . . Mr. Hodding hat gesagt, Hertz ist kein Kunde von ihnen. Da hab ich ihm . . .«

»Wissen Sie genau, wie er aussieht? Mr. Hodding?«

»Na klar. Da hab ich ihm was für Blue Nun vorgeschlagen, die Weinmarke, Sie wissen schon, die haben eine kleine blaue Nonne auf dem Etikett, na ja, heißt ja auch so. Und ich hab ihm gesagt, sie sollen den Slogan nehmen, ›Nimm dir regel*määäßig* die kleine *Blaue* Nonne vor‹. Mr. Hodding hat gesagt, Blue Nun ist kein Kunde von ihnen. Da hab ich . . .«

»Würden Sie Mr. Hodding zum Beispiel erkennen, wenn er jetzt in dieser Minute die Straße heraufkäme?«

»Na klar. Ich hab ihm noch 'ne andere Idee für einen Spot gegeben, für den Chrysler Le Baron . . . Wissen Sie, wir sehen immer diese Weltkrieg-I-Serie mit dem deutschen Jagdflieger-Piloten mit dem weißen Schal und der Fliegerbrille . . .«

»Haben Sie ihn irgendwann in der Neujahrsnacht gesehen?«

»Wen?«

»Mr. Hodding.«

»Ja, allerdings.«

»Und wann?«

»So um eins. Na ja, eher 'n bißchen später. Zehn nach, oder Viertel nach, so da rum.«

»Und wo?«

»Na, *hier*«, sagte di Stefano verwundert. »Ich war *hier*. Ich hab Ihnen doch gesagt, daß ich die niedrige Karte gezogen hab, erinnern Sie sich nicht? Deshalb war ich . . .«

»Sie haben ihn zwischen 1 und 1 Uhr 15 hier in diesem Gebäude gesehen, ist das richtig?«

»Nicht nur *gesehen*, sondern auch mit ihm *gesprochen*. Ist das nicht Ironie des Schicksals? Er ist extra hergekommen, um nach dem Baby zu sehen . . .«

»Hat er das gesagt? Daß er nach dem Baby schauen will?«

»Ja. Er war so 'ne halbe Stunde oben, und gleich nachdem er weg is, passiert diese schreckliche Geschichte . . . Ich meine, er muß den Killer um – na, zehn, fünfzehn Minuten verpaßt haben . . . So da rum.«

»Sie haben ihn gesehen, wie er wieder runter kam?«

»Ja. Er kam mit dem Fahrstuhl. Ich hatte in dem kleinen Raum da drüben den Fernseher laufen. Wenn man die Tür offen läßt, kann man das ganze Vestibül übersehen.«

»Wann war das? Wann kam er runter?«

»Hab ich doch gesagt. So um Viertel vor zwei muß das gewesen sein.«

»Hat er was gesagt?«

»Er hat gesagt, oben ist alles in Ordnung. Trotzdem, sag ich, es ist immer gut, wenn man mal nachschaut. Da haben Sie recht, Al, sagt er, und weg war er.«

»War er nüchtern?«

»O ja.«

»Und als er kam?«

»Nüchtern, als er kam, nüchtern, als er ging.«

»War Blut an seinen Kleidern?«

»Blut?«

»Oder an seinen Händen?«

»Blut?« Di Stefano fuhr entsetzt zurück. »Mr. Hodding? Blut? No, Sir. Kein Blut, nichts. No, Sir.«

»Waren Sie noch hier, als er mit Mrs. Hodding heimkam?«

»Ich war die ganze Nacht hier. Bis 8 Uhr früh.«

»Und wann war das? Wann kamen sie heim?«

»Halb drei ungefähr. Na ja, kurz davor.«

»Okay«, sagte Carella. »Vielen Dank.«

»Wollen Sie nicht noch den Le-Baron-Spot . . .?«

Sie mußte fortwährend an Eileen Burke denken.

»Meine Frau sagt, ich trinke zu viel«, berichtete der Detective. »Ihr Vater war Trinker, und jetzt denkt sie, jeder, der ein paar Drinks nimmt, der ist *auch* ein Trinker. Sie sagt, nach ein paar Drinks bin ich hinüber. Dann könnt ich ihr grad eine reinhau'n. Liegt nur an ihrer gottverdammten Erziehung. Wer im Haus eines Trinkers aufwächst, der denkt, jeder, der mal 'n Schluck Holunderwein trinkt, der is 'n beschissener Alkoholiker.

Gestern abend sind wir mit zwei anderen Ehepaaren essen gegangen. Ich hatte die Tagschicht gehabt, 'ne Mordsache, und der Frau hatte einer den Kopf abgesägt und im Busbahnhof in ein Toilettenbecken geschmissen. Den ganzen Tag ist mir das nachgegangen. Der Kopf im Toilettenbecken. Von halb neun in der Früh bis 6 Uhr abends, als ich schließlich heimgeh'n konnte. Na, und zu Haus ... Wir wohnen in Bethtown, wir haben da so 'n Garten-Apartment, ganz nah an der Brücke ... Also, ich komm heim und schenk mir 'n Scotch ein, großes Glas, mit Eis und Soda, schau mir die Fernsehnachrichten an und nehm ab und zu 'n Schluck und esse 'n paar Erdnüsse dazu, und sie kommt rein und sagt, ›Tu mir 'n Gefallen und trink nicht so viel heut abend‹. Ich hätt ihr am liebsten auf die Nase gehauen. Sie hat beschlossen, ich bin ein Trinker, ich sauf zu viel, trink nicht so viel heut abend, und damit meint sie, ich trink *jeden* Abend zu viel. Das tu ich nicht.

Im letzten April, da hatte ich so 'ne beschissene Herzattacke, und seither darf ich nicht mehr essen, was ich will, und ich muß jeden Morgen vor dem Dienst zwei Meilen gehen. Früher hab ich jeden Tag zwei Päckchen Zigaretten geraucht, und jetzt krieg ich keine einzige mehr – ich krieg von ihr nur Nein, Nein, Nein, wegen zwei Drinks, die ich mir genehmige, wenn ich heimkomme nach einem Tag mit 'm Kopp im Lokusbecken. Zwei beschissene Drinks – das war alles, was ich hatte, eh wir gingen. Also, wir treffen die beiden andern Paare in diesem China-Restaurant in der Potter Street; der eine Mann ist bei der Staatsanwaltschaft, der andere hat was mit Computern zu tun. Keine Ahnung, ob die Frauen 'n Beruf haben. Jeder nimmt sich von jedem Gericht, wie man's in Chink-Restaurants so macht, und wir bestellen 'ne Flasche Wein. Die geht einmal rum und ist leer – ich bitt Sie, wir waren sechs Personen, ja? Dann bestell'n wir noch 'ne Flasche, und das macht zwei Gläser für mich und für jeden von den anderen, *einschließlich* meiner fahnenschwingenden Frau.

Dann, um halb elf, brechen wir auf, alle zusammen, und sie nimmt die Wagenschlüssel aus der Handtasche und sagt so laut, daß es alle hören können, ›*Ich* fahre, Frank‹. Ich frag, ›Warum?‹, und sie sagt, ›Du hast zu viel, Frank‹. Der von der Staatsanwaltschaft lacht, und das ist einer, mit dem ich beruflich zu tun hab, ja, den rufen wir immer an, wenn wir 'n dicken Hund haben, damit wir auch durchkommen damit – der lacht, als meine Frau das sagt. Einer, mit dem ich *beruflich* zu tun habe. Der andere, der Computermensch, haut in die gleiche Kerbe; er sagt, ›Ich hoffe, du hast morgen frei, Frank‹. Alle nehmen sie das Stichwort von Cheril auf – Cheril, das ist meine Frau –, und Frank ist der große Besoffene, der fahruntüchtig ist und wahrscheinlich nicht mal mehr in einer graden Linie zu der Scheißkarre *laufen* kann.

Auf dem Heimweg sag ich ihr, ich will keine große Auseinandersetzung, ich bin müde, es war ein langer, schwerer Tag, und der Kopf in der Schüssel. Sagt sie, ich hab nicht schwerer gearbeitet als die beiden anderen Männer am Tisch, und ich sag, ›Was meinste denn damit?‹, und sie sagt, ›Das weißte doch!‹, und ich sag, ›Willste sagen, daß ich mehr getrunken hab als Charlie und Phil, daß ich betrunken bin?‹, und sie sagt, ›Hab ich gesagt, du bist betrunken?‹ In dem Moment hätt ich ihr alle Knochen brechen können! Ich hab angefangen zu schreien. Ich muß Streß vermeiden – durch Streß hab ich diesen Scheißinfarkt gekriegt. Und ich hab rumgeschrien wie eine puertoricanische Nutte. Zu Hause hab ich mich im Fernsehzimmer schlafen gelegt, bloß hab ich nicht schlafen können, weil ich die ganze Zeit hab denken müssen, schmeiß besser deine Kanone in den Fluß, weil, wenn sie so weitermacht, dann . . . dann . . . Und das ist doch das Letzte, was ich will!«

Detective Frank Connell vom Siebenundvierzigsten sah sie über den Schreibtisch hinweg an.

»Ich weiß nicht, was ich machen soll«, sagte er. »Es ist, als ob ich mit einem Feind verheiratet bin. Eine Frau sollte einem doch ein Freund sein, oder? Deswegen heiratet man doch, oder? Damit da jemand ist, auf den man sich durch dick und dünn verlassen kann . . . Aber im Gegenteil – sie stellt mich hin wie einen beschissenen Blödmann. Ich würd ihr so was nie und nimmer antun, sie vor ihren Kollegen lächerlich machen . . . Sie ist Sekretärin in einer Anwaltskanzlei. Ich würde *nie* da reingehen und sagen, sie ist dies oder jenes, sie taugt nicht zu diesem oder jenem; ich würde sie *nie* auf die Art verletzen. So, wie sie mich verletzt, wenn sie sagt, daß ich ein alter Säufer bin.«

»*Sind* Sie einer?« fragte Karin.

»Nein. Ich schwör's bei Gott dem Allmächtigen, daß ich keiner bin.«

»Wenn Sie morgens aufstehen, haben Sie da Lust auf einen Drink, oder brauchen Sie einen?«

»Absolut nicht. Ich mach meinen beschissenen Zwei-Meilen-Fußmarsch, eß mein Frühstück und geh zur Arbeit.«

»Nehmen Sie wirklich nur zwei Drinks, wenn Sie abends nach Hause kommen?«

»Zwei. Ehrenwort.«

»Wie groß sind die?«

»Was meinen Sie damit? Wie zwei normale Drinks eben. Etwas Schnaps, etwas Eis, etwas Soda . . .«

»*Wieviel* Schnaps?«

»Zwei, drei Finger hoch.«

»Also was? Zwei oder drei?«

»Drei.«

»Das gibt sechs Finger.«

»Was nicht besonders viel ist.«

»Und was immer noch an Wein dazukommt, den Sie zum . . .«

»Nur, wenn wir ausgehen. Wenn wir daheim essen, trink ich gewöhnlich ein Pepsi.«

»Würden Sie sich als starken Trinker bezeichnen?«

»Als gemäßigten Trinker. Ich kenn Leute, die trinken nonstop Tag und Nacht, und ich bin keiner von . . .«

»Und halten Sie die für Säufer?«

»Ich halte sie für Alkoholiker. Ich seh die zwar kaum je *betrunken*, aber ich weiß, daß sie ein Alkohol-Problem haben; ich weiß, sie haben sich nicht unter Kontrolle.«

»Aber Sie haben, ja?«

»Ich betrachte zwei Drinks nicht als Alkohol-Problem!«

»Jetzt kriegen Sie 'ne Wut auf mich, ja?« Karin lächelte.

»Ich kann's nicht leiden, wenn mich jemand einen *Trinker* nennt! Das bringt mich auf Hundertachtzig! Ich bin schließlich nicht hier, weil ich ein *Alkohol*-Problem habe, sondern ein gottverdammtes *Ehe*-Problem . . . Ich *liebe* sie, bloß . . .«

»Aber Sie wollten ihr die Knochen brechen«, sagte Karin.

»Ich weiß.«

»Sie physisch verletzen.«

»Ja.« Connell nickte.

»Sogar von der Waffe Gebrauch machen.«

»Das ist es ja, was mir so zusetzt«, sagte Connell. »Sie ist meine Frau, aber wenn sie auf mir rumhackt, würde ich sie am liebsten umbringen.«

»Sie sagten, Sie lieben sie«, sagte Karin. »Stimmt das?«

Connell dachte einen Moment darüber nach.

»Ich glaub schon«, sagte er und schwieg dann.

Eileen Burke kam ihr wieder in den Sinn.

Und liebst du ihn? hatte sie sie hinsichtlich Bert Kling gefragt.

Eileen hatte darüber nachgedacht. »Ich glaube schon«, hatte sie gesagt.

Wenn es so war, warum hatte sie dann aufgehört, sich mit ihm zu treffen?

Die Büros der David Pierce Advertising Agency lagen in der Stadtmitte in der Jefferson Avenue, wo auch die meisten anderen Werbeagenturen der Stadt wie Giftpilze wucherten. Carella und Meyer kamen an diesem Freitag nachmittag um sieben Minuten nach drei dort an. Peter Hodding war noch nicht vom Lunch zurück. Es war der 20. Januar; morgen waren es drei Wochen, daß seine Tochter tot war. Und sie stellten sich die Frage, ob er sie umgebracht hatte.

Sie saßen im Vorzimmer auf einem Ledersofa mit Chromleisten, als er hereinkam. Er trug einen Waschbärmantel. Das Gesicht von der Kälte draußen gerötet, das glatte braune Haar vom Wind zerzaust – er sah genau so aus, wie Chastity Kerr ihn bei seiner Rückkehr von seinem Gang am Neujahrsmorgen beschrieben hatte. Er freute sich offenbar, sie zu sehen. Er erkundigte sich sofort, ob es irgendwelche neuen Erkenntnisse gebe, und führte sie in sein Büro in den hinteren Räumen der Agentur.

Zwei Wände waren gelb gestrichen, eine weitere lavendelblau, und die vierte bestand aus einer Reihe von Fenstern, die den Blick auf die schneeverhüllte Stadt freigaben. Fotokopien von Zeitungsanzeigen waren mit Reißzwecken an die Wände gepinnt.

Ein Storyboard für einen Fernsehwerbespot. Ein Schreibtisch mit einer altmodischen elektrischen Schreibmaschine; ein Blatt eingespannt. Hodding setzte sich an den Schreibtisch und bot den Detectives Sessel an. Sie setzten sich.

»Mr. Hodding«, sagte Carella, »haben Sie in der Neujahrsnacht zu irgendeinem Zeitpunkt die Party verlassen, die in der Wohnung von Mr. und Mrs. Jeremy Kerr stattfand?«

Hodding blinzelte.

Das Blinzeln sagte ihnen, daß sie ihn hatten.

»Ja«, sagte er.

»Um wieviel Uhr?« fragte Meyer.

Ein weiteres Blinzeln.

»Wir sind kurz nach zwei gegangen.«

»Nach Haus gegangen . . . Sie und Ihre Frau.«

»Ja.«

»Und vorher?«

Erneutes Blinzeln.

»Also gut, ja«, sagte er.

»Sie haben die Kerr-Wohnung vor diesem Zeitpunkt verlassen?«

»Ja.«

»Um wieviel Uhr?«

»Um ein Uhr rum.«

»Allein?«

»Ja.«

»Wo sind Sie hingegangen?« fragte Carella.

»Nur so spazieren. Ich war blau. Ich hab frische Luft gebraucht.«

»Und wo? Wo sind Sie spazierengegangen?«

»Im Park.«

»In welcher Richtung?«

»Ich weiß nicht, worauf Sie hinauswollen. Überhaupt, was soll das . . .?«

»Richtung Innenstadt? Entgegengesetzt? Diagonal? Wie sind Sie gelaufen?«

»Innenstadt. 'tschuldigen Sie, aber was . . .?«

»Wie weit sind Sie in der Richtung gelaufen?«

»Bis zur Statue und zurück.«

»Was für eine Statue?«

»Die Alan-Clive-Statue. Die dort steht.«

»Am Circle?«

»Ja. Warum?«

»Sind Sie sicher, daß Sie nicht vielleicht in die andere Richtung gegangen sind?« fragte Carella.

Hodding blinzelte wieder.

»Sind Sie sicher, daß Sie nicht zur Grover Avenue gegangen sind?« sagte Meyer.

»Vier Blocks?« sagte Carella.

»Zu Ihrer Wohnung?«

»Wo Sie um zehn oder Viertel nach eins eingetroffen sind?«

»Und etwa eine halbe Stunde geblieben sind?«

Es trat ein langes und beklemmendes Schweigen ein.

»Okay«, sagte Hodding.

»Mr. Hodding, haben Sie diese Morde begangen?« fragte Carella.

»No, Sir, das hab ich nicht«, sagte Hodding.

Die Affäre mit Annie Flynn . . .

Er konnte das noch nicht einmal eine richtige Affäre nennen, weil ihre Liebe sich nicht in eines der klassischen Ehebruchsmuster einordnen ließ; es war mehr wie . . .

Er wußte nicht, wie er es nennen sollte.

». . . wie aus der Wiege grapschen«, schlug Carella vor.

»Oder wie wär's mit Verführung einer Minderjährigen? Nur halb so alt wie Sie . . .?« schlug Meyer vor.

Sie mochten den Mann nicht besonders.

Für sie lag er knapp oberhalb von Fats Donner – der, der auf Spangenschuhe und weiße Baumwollhöschen stand.

Hodding legte Wert darauf, ihnen klarzumachen, daß er bisher noch nie etwas Ähnliches getan hatte. Er war jetzt seit fünf Jahren mit Gayle verheiratet; er hatte nicht ein einziges Mal eine andere Frau auch nur *angesehen*, bevor Annie als Sitter zu ihnen gekommen war. Annie war die einzige Frau, die er je . . .

»*Mädchen*«, verbesserte Carella.

»Ein sechzehnjähriges Mädchen«, sagte Meyer.

Nun ja, es gab eben Mädchen, die schon sehr früh eine Frau wurden, und, hören Sie, sie war auch keine Jungfrau mehr, das hatte nichts mit der Verführung eines unschuldigen Mädchens oder so zu tun, das war . . .

»Ja?« fragte Carella. »Was war es?«

»Als was«, fragte Meyer, »würden Sie es bezeichnen?«

»Es war Liebe«, sagte Hodding.

Liebe.

Einer der einzigen beiden Gründe für Mord.

Der andere Grund ist Geld.

Es hatte in einer Nacht Anfang Oktober begonnen. Sie hatte im September als Sitter bei ihnen angefangen, kurz nachdem sie das Baby adoptiert hatten; er erinnerte sich, daß er von Annies Reife überrascht gewesen war. Da hatte man einen Teenager erwartet, ein Mädchen voll ungestümer Energie. Aber Annie . . .

Da waren diese nachdenklichen grünen Augen.

Diese sanft-raffinierten Blicke.

Die unausgesprochenen Geheimnisse in diesen Augen.

Das feuerrote Haar.

Er hatte sich überlegt, ob sie unten auch so rot war.

»Ach, lassen Sie doch die Scheißlyrik weg«, sagte Meyer.

Meyer wurde selten ordinär.

»Ich hab sie nicht umgebracht«, sagte Hodding. »Ich versuche Ihnen zu erklären . . .«

»Sagen Sie uns ganz einfach, was . . .«

»Komm, laß es ihn auf seine Weise erzählen«, sagte Carella begütigend.

»Der Hurensohn hat ein sechzehnjähriges . . .«

»Laß ihn«; sagte Carella und legte Meyer die Hand auf den Arm. »Laß ihn, okay?«

»Es war Liebe«, sagte Hodding wieder.

Sie hatte im Oktober, Anfang Oktober, auf das Baby aufgepaßt, während er und seine Frau zu einem Preisverleihungs-Dinner im Sherman Hotel gegangen waren. Er erinnerte sich, daß es für Oktober eine besonders milde Nacht war; der Tag war warm gewesen – eher wie Spätfrühling als Frühherbst. Annie war in Herbstfarben gekleidet, als sie zu ihnen in die Wohnung kam: rostfarbener Rock, Baumwollhemd, zart orange, und ein gelbes Band im Haar. Sie war die sieben Blocks von zu Hause zu Fuß herübergekommen, die Schulbücher im Arm und an die üppige Brust gepreßt, lächelnd und überschäumend vor Energie, vor Jugend und vor . . .

Sexualität.

Ja.

»Tut mir leid, Detective Meyer, aber Sie müssen verstehen . . .«

»Kommen Sie endlich zu Potte mit dem Scheiß«, sagte Meyer.

. . . daß von Annie ein unglaublicher Sex-Appeal ausgegangen war. Eine enorme Sinnlichkeit. Die leuchtenden grünen Augen, der volle, leicht schmollende Mund, das überquellende rote Haar, wie hervorbrechende Lava . . . Der kurze Rock gab lange, hübsche Beine mit schlanken Fesseln frei, dazu Schuhe mit geschwungenem Keilabsatz. Der kleine Absatz betonte Beine, Po und Brust; sie trug nur dieses dünne Baumwollhemdchen, und die Brustwarzen hatten sich zusammengezogen, obwohl es draußen nicht kalt war.

Er und seine Frau waren erst gegen drei nach Hause gekommen. Das Dinner hatte sich endlos hingezogen; nach der Preisverleihung waren sie noch mit Freunden was trinken gegangen. Hodding hatte eine Plakette für seine Texte zu einer Kampagne seiner Agentur für eine Keksfabrik bekommen; er zeigte sie Annie, und die bewunderte sie mit vielen jungmädchenhaft überschwenglichen Ohhs und Ahhs.

Drei Uhr früh.

Ein junges Mädchen um drei Uhr früh allein auf die Straße rauszuschicken, das war reichlich riskant in dieser Stadt. Vielleicht in jeder Stadt. Gayle schlug ihrem Mann vor, er solle nach unten durchrufen und Al the Doorman bitten, für Annie ein Taxi zu bestellen. Nein, hatte Hodding gesagt, ich bring sie heim, ein bißchen Luft wird mir guttun.

Wundervolle Nacht.

Vom Grover Park her fächelte ein milder Luftzug herüber, und er schlug ihr vor, durch den Park nach Hause zu gehen.

Na, na, Mr. Hodding, hatte sie gesagt, meinen Sie nicht, das ist ein bißchen gefährlich?

Versteckte Anspielung in ihrer Stimme, in den Augen.

Sie wußte, daß es ein bißchen gefährlich sein würde.

Sie wußte, was er dort im Park mit ihr machen würde.

Später hatte sie ihm gesagt, daß sie sich das von dem Augenblick an gewünscht hatte, in dem sie ihn zum ersten Mal gesehen hatte. Daß er das mit ihr machen würde.

Damals aber wußte er das nicht.

Daß sie ebenso großes Verlangen nach ihm hatte wie er nach ihr.

Von seiner Wohnung zu der ihrer Eltern waren es nur sieben Blocks. Oder vielleicht siebeneinhalb, weil sie etwas zurückgesetzt in der Blockmitte wohnte. Er hatte siebeneinhalb Blocks für das, was er zu tun vorhatte, was er plante . . .

Er hatte gar keinen Plan.

Was immer es war, was zu tun er sich sehnte . . .

Er begehrte sie mit jeder Faser seines Wesens.

Sie begann von ihrem Boyfriend zu erzählen. Ein Junge namens Scott Handler. Ging irgendwo oben in Maine zur Schule. Am Arsch der Welt, sagte sie. Sie sah ihn an. Sie lächelte. Ein Aufleuchten in den grünen Augen. Hatte sie absichtlich den ordinären Ausdruck verwendet? Und was wollte sie ihm damit sagen? Ich bin jetzt ein großes Mädchen?

Sie sagte, sie sei mit Handler gegangen, seit sie fünfzehn war . . . Sie verdrehte die Augen zum Himmel.

Ein Jahr und mehr mit demselben Jungen zu gehen, das war in ihrem Alter eine Ewigkeit, nahm er an.

. . . aber allmählich empfand sie das als Fessel, ja? Scott die ganze Zeit da oben, und sie selbst hier unten, ja? Sie hatten angeblich ein *festes Verhältnis* – aber was bedeutete das eigentlich? Wie konnte man ein *festes Verhältnis* haben mit jemand, der die ganze Zeit oben an der kanadischen Grenze war? Ja, wie konnte man *überhaupt* ein Verhältnis mit ihm haben?

Jetzt waren sie im Park.

Blätter unter den Füßen.

Die Blätter raschelten.

Schuhe mit Keilabsätzen, die durch das Laub streiften.

Er kam um vor Verlangen, ihr mit der Hand am Bein hoch und unter den rostfarbenen Rock zu fahren. Das Baumwollhemd aufzuknöpfen und diese Brüste mit den harten Teenager-Warzen zu knutschen.

Wissen Sie, sagte sie, einem Mädchen fehlt manchmal was.

Sein Herz stand still.

Er wagte nicht zu fragen, was ihr fehlte.

Küssen, sagte sie.

Und watete durch das Laub.

Sich berühren, sagte sie.

Er hielt den Atem an.

Liebe machen, flüsterte sie.

Und blieb auf dem Weg stehen.

Und wandte sich ihm zu.

Und hob ihr Gesicht zu dem seinen.

Das war das erste Mal.

Er war insgesamt vierzehnmal mit ihr zusammengewesen seit dieser Oktobernacht, dem fünfzehnten Oktober, als er abends den ersehnten Industriepreis entgegengenommen hatte. Und in derselben Nacht war ihm auch dieses Mädchen zugefallen, diese Frau, dieses unwahrscheinlich leidenschaftliche Geschöpf, das er seit September begehrt hatte. Vierzehnmal. Einschließlich ihrer hastigen Vereinigung in der Neujahrsnacht.

Tränen standen in seinen Augen.

Zu Weihnachten hatte er ihr einen kleinen Lapislazuli-Anhänger an einem Goldkettchen geschenkt . . .

»Sie haben ihn gesehen«, sagte er. »Er lag auf dem Boden. Neben ihr. Die Kette muß gerissen sein, als . . . als . . . Erinnern Sie sich? Ein kleiner, tropfenförmiger Stein, der durch eine Goldöse an der Kette gehalten wurde. Ich hab ihn in einem Antiquitätengeschäft in der Lamont Street gekauft. Sie mochte ihn. Sie hat ihn die ganze Zeit getragen. Ich hab ihn ihr zu unserem ersten gemeinsamen Weihnachten geschenkt . . . Ich hab sie so geliebt.«

Zu der Zeit hatte sie schon mit Handler Schluß gemacht.

Sie hatte ihm gesagt, sie wolle ihn nicht mehr sehen. Damals, als er an Thanksgiving runtergekommen war. Sie hatte ihm gesagt, daß es aus und vorbei sei. Daß sie nichts mehr mit ihm zu tun haben wolle. Und er hatte sie beschuldigt, sich einen neuen Boyfriend zugelegt zu haben. Und gesagt, er werde sie beide umbringen.

Hodding lag mit ihr im Bett, als sie es ihm erzählte.

In einem Zimmer, das er in einem Stundenhotel gemietet hatte. Draußen im Korridor liefen Nutten hin und her.

Sie hatten beide über Handlers kindische Drohung gelacht.

Und in der Neujahrsnacht . . .

Er schlug die Hände vors Gesicht.

Er weinte.

Meyer empfand kein Mitgefühl.

Carella auch nicht.

In der Neujahrsnacht . . .

14

Der Vertreter der Staatsanwaltschaft, ein Assistent District Attorney, war eine Frau namens Nellie Blair, zweiunddreißig Jahre alt und verdammt smart. Sandfarbenes Haar, zu einer lockeren und am Hinterkopf keilförmig zulaufenden Kurzhaarfrisur geschnitten. Blaue, sehr wache Augen. Sie trug ein braunes Tweedkostüm, einen hellbraunen Rollkragenpullover und braune Pumps mit Plateauabsätzen. Sie saß auf der Kante des langen Tischs im Vernehmungszimmer, die Beine übereinandergeschlagen und ein Pastramisandwich in der Rechten. Neben ihr standen auf dem Tisch ein Pappteller mit aufgeweichten Pommes frites und ein Plastikbecher mit Coca-Cola.

»Sie meinen, er wollte mal eben rasch? Ein Schnellschuß, hm?« sagte sie und biß in das Sandwich.

Sie war verheiratet, konstatierte Carella. Goldener Ehering am linken Ringfinger. Er aß Thunfischtoast mit Tomaten und trank Kaffee dazu.

»Er *mußte* sie einfach sehen, hat er behauptet«, sagte Meyer. Er war immer noch zornig. Er kochte innerlich. Carella hatte ihn noch nie so erlebt. Er aß auch nichts. Er wollte sieben Pfund abnehmen. Das machte ihn wahrscheinlich noch wütender.

»Ach ja, *l'amour*«, sagte Nellie und verdrehte die blauen Augen.

In manchen Ländern, hatte Carella irgendwo gelesen, tragen die Frauen die Trauringe rechts. Österreich? Vielleicht Deutschland. Oder in beiden Ländern. Nellie Brand war eine verheiratete Frau, die, wie Carella sie einschätzte, wohl nicht viel für Männer ihres Alters übrig hatte, die was mit sechzehnjährigen Mädchen anfangen. Er vermutete auch, daß sie lieber mit ihrem Mann richtig zu Abend gegessen hätte, als irgendwelchen Imbißbudenfraß mit zwei übermüdeten Detectives zu mampfen, die den größten Teil des Nachmittags mit einem Mann verbracht hatten, der möglicherweise seine Tochter plus dem sechzehnjährigen Babysitter umgebracht hatte. Statt dessen versuchte sie, noch dazu an einem eiskalten Freitagabend um 20 Uhr zu entscheiden, ob die beiden genug gegen ihren Verdächtigen hatten, um eine Anklageerhebung zu rechtfertigen. Und Anklage mußte erhoben werden – oder sie mußten ihn laufen lassen. Gesetz ist Gesetz. Entweder du spielst nach der Regel, oder du wirst vom Platz gestellt.

»Wann kam er an?« fragte Nellie.

»Frühestens Viertel nach«, sagte Carella.

»Sagt der Portier?«

»Ja.«

»Zuverlässiger Mann?«

»Macht den Eindruck.«

»Wann ist er gegangen?«

»Viertel vor zwei.«

»Genau 'ne halbe Stunde«, sagte Nellie.

»Er *mußte* sie sehen«, sagte Meyer. Er schäumte, war kurz vor dem Explodieren. Er denkt an *seine* Tochter, vermutete Carella.

»Wann, sagt er, hat es angefangen?«

»Im Oktober.«

»Wann im Oktober?«

»Am fünfzehnten«, sagte Carella.

»Das hat er Ihnen alles erzählt, ja?«

»Hm, hm. Finden wir auch sonderbar. Daß er uns das alles aufs Butterbrot . . .«

»Klar. Hat er doch gar nicht nötig.«

»Außer, er sagt sich . . .«

»Ja, eben.«

». . . besser, ich . . .«

»Klar. Er wählte das kleinere Übel«, sagte Nellie.

»Genau. Er sagt sich, lieber Ehebruch als Mord.«

»Er serviert die alte Die-Liebe-ist-eine-Himmelsmacht-Geschichte . . .«

». . . dann tränenreiche Beichte . . .«

». . . und er reitet ins Abendrot davon.«

Nellie spülte eine Pommes mit einem Schluck Cola hinunter.

»Das Ergebnis der Autopsie kannte er, ja?«

»Daß Sperma in der Scheide . . .«

»Ja.«

»Ja, wußte er. Hatte man ihm gesagt.«

»Also wußte er, daß auch Sexualmord in Frage kommen würde.«

»Ja.«

»Und jetzt sitzt er bei euch, und ihr fragt ihn aus über die Silvesternacht . . .«

»O ja, er ist kein Dummkopf. Er mußte darauf kommen, daß wir ihn verdächtigen.«

»Was Sie *noch* tun«, sagte Nellie.

»Andernfalls hätten wir Sie hier nicht zum Dinner eingeladen.« Carella lächelte.

»Ja, danke schön. Es ist köstlich.« Nellie biß wieder in das Sandwich. »Also tragen Sie Ihren Fall vor. Tatwaffe und Gelegenheit geschenkt. Ich weiß, daß er beides hatte. Motiv?«

»Da müssen wir weit ausholen«, sagte Carella.

»Ich habe Zeit. Die Nacht ist noch lang«, sagte Nellie.

Carella wiederholte in einer Zusammenfassung, was Hodding ihnen vor einer Stunde in diesem Raum erzählt hatte.

Wäre es in der Silvesternacht nicht so kalt gewesen, hätte er es so eingerichtet, daß er Annie nach Hause begleitet hätte, wie damals im Oktober und seitdem noch ein paarmal. Liebe im Park. Annie an einen Baum gelehnt, Rock über die Hüften hochgeschoben, ihr Höschen um die Knöchel, und Hodding nagelte sie an den Baum . . . Seine eigenen Worte. Aber in dieser Nacht war es zu kalt. Er und seine Frau waren fast erfroren, während sie auf das Taxi warteten, das sie zu dem Kerr-Apartment bringen sollte, und es war Hodding klar, daß Liebe im Park nicht in Frage kam, wie stark auch immer seine Begierde war. Er hatte es sich in den Kopf gesetzt, daß er und Annie das neue Jahr in inniger Vereinigung beginnen sollten – als Bestätigung für . . .

»Total verrückt nach dem Mädel, was?« fragte Nellie.

»Total«, sagte Meyer.

. . . als Bestätigung ihres Verbundenseins. Um ihr Verhältnis zu besiegeln. Noch einmal O-Ton Hodding: Sie bis zur Besinnungslosigkeit zu ficken . . . Und je mehr er trank . . .

»War er wirklich betrunken? Oder hat er nur so getan? Um rauszukommen?«

»Ich denke, er war wirklich betrunken«, sagte Carella.

»Wahrscheinlich auf dem Weg zu seiner Wohnung ausgenüchtert«, meinte Meyer.

»Der Portier sagt, er war nüchtern.«

»Damit haben Sie ihn nüchtern am Tatort.«

»Ja.«

»Okay, fahren Sie fort.«

»Je mehr er trank, desto mehr verrannte er sich in die Idee. Er mußte in seine Wohnung, mit Annie schlafen. Als er um halb eins mit ihr telefonierte, flüsterte er ihr zu, was er vorhatte . . .«

»Hat er Ihnen das gesagt?«

»Ja.«

»Daß er geflüstert hat?«

»Ja.«

»Und was hat er geflüstert?«

»›Ich will dich ficken‹, hat er geflüstert.«

»Der Hurensohn«, sagte Meyer.

»Hm, hm«, sagte Nellie. »Und was hat sie dazu gesagt?«

»Sie hat gesagt: ›Gut. Komm rüber.‹«

»Ziemlich frühreif.«

»Kann man wohl sagen . . .«

»Und das hat er Ihnen alles erzählt?«

»Wir haben's auf Tonband.«

»Wie hat er reagiert?«

»Er hat gesagt: ›So bald es geht.‹«

»Alles das haben Sie auf Tonband, ja?«

»Alles. Wir haben auch die Aussage seiner Gastgeberin, die das Gespräch mitgekriegt hat. Eine Frau namens Chastity Kerr.«

»Und ihre Aussage stimmt genau mit dem überein, was er Ihnen angegeben hat.«

»Ja. Daß er zu Annie ›So bald es geht‹ gesagt hat.«

»Okay. Weiter . . .«

Hodding hatte um ein Uhr die Kerr-Party verlassen – angeblich in der Absicht, sich den Kopf auszulüften. Und bis er dann vier Blocks weiter zu dem Haus gekommen war, in dem er wohnte, war er tatsächlich stocknüchtern. Er geht in seine Wohnung hinauf, wo Annie auf ihn wartet, unter dem Rock bereits textilfrei. Sie lieben sich leidenschaftlich auf der Wohnzimmercouch, und er geht ins Kinderzimmer, küßt das Töchterlein auf die Rosenknospenwange und geht wieder. Der Portier sieht ihn um Viertel vor zwei aus dem Aufzug kommen.

»Druff, rin, raus, dankschön, tschüs«, sagte Nellie.

»Ja, so stellt *er* es dar«, sagte Meyer.

»Und wie ist Ihre Version?«

»Ich glaube, er hat das Verhältnis allmählich als Belastung empfunden«, sagte Meyer. »Allein schon, daß er in der Neujahrsnacht riskiert, in seine Wohnung zurückzulaufen, um ganz auf die schnelle . . .«

»Na ja, Sie hatten ja selbst gesagt, daß er völlig auf sie abgefahren war.«

»Ja, eben. Und er ist da immer tiefer reingerutscht. An Weihnachten zum Beispiel, da hat er . . .«

»Keine solchen Wortspiele, bitte«, sagte Nellie und lächelte.

Carella erwiderte das Lächeln. Meyer nicht.

»An Weihnachten hat er ihr ein Geschenk gemacht. ›Unser erstes gemeinsames *Weihnachten*‹ . . .« Meyer klang bitter, als er Hoddings Worte wiederholte. »Und er hat sie veranlaßt, Schluß zu machen mit einem netten . . .«

»Was für ein Geschenk war das?« erkundigte sich Nellie.

»Ein Lapislazuli-Anhänger, an einer Goldkette.«

»Teuer?«

»Relativ teuer, würde ich annehmen.«

»Weil es auch billigen Lapislazuli gibt«, sagte Nellie.

»Er hat's in der Lamont Street gekauft.«

»Okay, also teuer«, sagte Nellie.

»Ich sag ja, ihm ist die Sache über den Kopf gewachsen . . .«

»Hm, hm.«

»Schon allein, daß er sich in einen Teenager verliebt hat . . .«

»Hm, hm.« ʼ

»Er hat einfach durchgedreht. Er kauft ihr teure Geschenke, er treibt's mit ihr im *Park*, ich bitt gar schön, er trifft sich mit ihr in Stundenhotels, wo die Nutten im Korridor rumlaufen – das sind doch alles Risiken, die kein Mann, der noch bei Trost ist . . .«

»Entschuldigen Sie, Detective Meyer«, unterbrach ihn Nellie, »warum hat er sie umgebracht?«

»Weil er keinen anderen Ausweg gesehen hat.«

»Und woher nehmen Sie diese Überzeugung?«

»Aus allem, was er gesagt hat.«

»Er hat Ihnen gesagt, daß ihm die Sache über den Kopf gewachsen ist?«

»Nein, aber . . .«

»Daß er nicht mehr weiter weiß?«

»Na ja . . .«

»Daß er keinen Ausweg sieht?«

»Nicht mit diesen Worten.«

»Mit welchen Worten denn?«

»Jetzt entschuldigen *Sie*, Mrs. Blair«, sagte Meyer. »Er war zwischen Viertel nach eins und Viertel vor zwei in der Wohnung und hat sich mit dem Mädchen amüsiert. Fünfundvierzig Minuten später kommt er mit seiner Frau nach Hause; da ist das Mädchen tot. Erstochen. Sollen wir davon ausgehen, daß während dieser fünfundvierzig Minuten *noch* jemand in der Wohnung war? Ist es nicht naheliegender, daß Hodding entweder der Gedanke kam, dies sei ein günstiger Zeitpunkt, die verdammten *Probleme* zu beenden, die er mit dem Mädchen hatte, oder aber . . .«

»Was für Probleme? Womit hat er angedeutet, daß dieses Verhältnis für ihn problematisch war?«

»Er hat gesagt, er *mußte* sie sehen. Er . . .«

»Ich sehe da kein Problem. Er hat sie ja regelmäßig gesehen. Das war kein Problem, Detective Meyer.«

»Okay, dann nehmen wir mal an, sie haben sich *gestritten*, okay? Nehmen wir an, sie haben miteinander geschlafen, und dann hat sie gesagt, so, das war's dann auch. Im November hat sie ihren Boyfriend rausgeschmissen, warum nicht jetzt auch Hodding? Aus und vorbei, tschüs dann . . . Aber das paßt ihm nicht. Nicht nach all den Schwindeleien in den letzten Monaten. Er dreht durch. Er holt sich in der Küche ein Messer – er weiß, wo die Messer sind, er wohnt hier . . .«

»Die Tatwaffe hab ich Ihnen geschenkt«, sagte Nellie.

». . . und kommt zurück und stößt zu«, sagte Meyer.

»Hm, hm«, machte Nellie.

»Er war eine halbe Stunde in der Wohnung«, sagte Meyer.

»Okay, nehmen wir mal an, es ist so abgelaufen«, sagte Nellie. »Sie haben gevögelt, und dann hat sie gesagt, danke schön, es war nett, aber das war der letzte Tango, mach's gut und Glück auf den Weg – und er rennt in die Küche, grapscht sich ein Messer und macht sie fertig. Okay? Ist das Ihr Szenario?«

»Ja«, sagte Meyer.

»Nehmen wir also an, das stimmt alles. Beweisen können Sie's natürlich nicht. Aber beantworten Sie mir eine Frage.«

»Gern.«

»Warum hat er dann noch sein eigenes Kind getötet?«

Darauf gab es keine Antwort.

Henry Tsu schätzte es nicht, ins Gerede zu kommen.

In seinem Selbstverständnis war er ein seriöser Geschäftsmann, und als solcher hatte er etwas dagegen, wenn jemand Gerüchte über ihn verbreitete. Daß seine Geschäfte illegal waren, hatte nichts damit zu tun, daß er sie wie ein Gentleman abwickelte. Na ja, gelegentlich war er gezwungen gewesen, das eine oder andere Schlüsselbein zu brechen oder einen Schädel einzuschlagen, aber wenn, wie gesagt, Zwang dahinter steckte, dann hatte man in der Geschäftswelt Verständnis für solche Maßnahmen, die eben nicht zu vermeiden waren. Henry hatte einen guten Ruf. Und den wollte er sich nicht von diesem kleinen Spic, diesem Schwanzlutscher, ruinieren lassen.

José Domingo Herrera, der vor Jahren für die Chang-Leute gearbeitet hatte, als die noch die sogenannte Yellow Paper Gang in Chinatown betrieben. Henry hatte gehört, daß Herrera auf seinem Gebiet außerordentlich tüchtig war. Was sein Gebiet war, blieb ein Geheimnis zwischen ihm und Chang Tie Fei, der in der Stadt allgemein als Walter Chang bekannt war. Aber schließlich war Henrys richtiger und ehrenhafter Name ja auch Tsu Hong Chin. Wie er zu dem Henry gekommen war, das war ihm selbst ein Rätsel. Vielleicht, weil er als junger Mann Henry Fonda sehr ähnlich gesehen hatte. Freilich mit Chinesenaugen.

Wenn er diese Informationsfetzen zusammenfügte, sah es für Henry so aus, als habe Herrera als Verbindungsmann zwischen den Chang-Leuten und den Vertretern gewisser kolumbianischer Interessen fungiert, die darauf aus waren, hier in der Stadt so etwas wie einen Brückenkopf zu errichten.

Die Kolumbianer waren es endgültig leid, mit den Itakern in Miami zu arbeiten, die immer so auftraten, als gehöre ihnen die Welt mitsamt den umliegenden Ortschaften. Mit denen wollten sie hier gar nicht erst was anfangen; deshalb gingen sie statt dessen zu den Chinesen. Die brauchten nun jemand, der diese Leute verstehen konnte, die entweder aussahen – und sich anhörten – wie sombrerotragende *Bandidos* in einem mexikanischen Film oder wie Chichi-Gangster in einem Film über die Prohibitions-Zeit. Sie stießen sie auf Herrera als Verbindungsmann.

So stellte es sich Henry vor.

Der kleine José Domingo Herrera, wie er sich bei den Chinesen und den Kolumbianern gleichzeitig anschmeißt.

Wie Herrera an eine *jamaikanische* Posse geraten war, das war wieder eine andere Sache.

Und derentwegen unterhielt sich Henry an diesem trüben Samstag morgen, dem einundzwanzigsten Tag im Januar, mit einem Mann namens Juan Kai Hsao, dessen Mutter Spanierin war – eine richtige, aus Spanien –, und dessen Vater von Taiwan stammte. Die beiden sprachen Englisch, weil Henry überhaupt keine Spanisch-Kenntnisse hatte und Juans Chinesisch äußerst lückenhaft war, da sein Vater im Alter von zwei Jahren ins Land gekommen war.

»Ich will dir sagen, was ich vermute«, sagte Henry.

»Ja«, sagte Juan. »Bitte.«

Er hatte ausgezeichnete Manieren. Henry nahm an, daß sie von dem chinesischen Zweig seiner Vorfahren stammten.

»Ich glaube, Herrera verbreitet dieses Gerücht, um damit seine eigenen Zwecke zu verfolgen. Wie immer die aussehen mögen.«

»Das Gerücht, daß um die Weihnachtszeit . . .«

»Am siebenundzwanzigsten.«

»Ja. Daß Ihre Leute am siebenundzwanzigsten eine Lieferung abgefangen haben, die bestimmt war für die Hamilton . . .«

»Nicht die Lieferung. Das Geld, mit dem die Lieferung *bezahlt* werden sollte.«

»Woher sollte sie kommen, diese Lieferung?«

»Wie soll ich das wissen?«

»Sie sagten doch . . .«

»Ich sagte, was das *Gerücht* besagt. Daß ich über diese Lieferung Bescheid wußte. Daß ich wußte, wo sie übergeben werden
sollte und das Geld dafür abgefangen habe.«

»Also gestohlen.«

»Ja, *natürlich*, gestohlen.«

»Von der Hamilton-Posse.«

»Ja.«

»Sollte das eine große Lieferung sein? Dem Gerücht nach?«

»Dem Gerücht nach sollten es fünf Kilo sein.«

»Fünf Kilo Kokain.«

»Kokain, ja.«

»Aber Sie wissen nicht, woher es kam?«

»Nein. Woher, das ist unwichtig. Es könnte aus Miami kommen, aus Kanada, aus dem Westen der U.S. – über Mexiko, du
weißt ja –, oder sogar aus Europa, einfach in einem Koffer im
Fluggepäck. Fünf Kilo, das is'n Klacks. Weshalb sollte ich mich
mit so einem Klacks *abgeben*? Fünf Kilo, das sind gerade mal zehn
beschissene Pfund. Du kannst zu Thanksgiving einen Truthahn
kaufen, der mehr wiegt.«

»Aber etwas weniger kostet«, sagte Juan, und beide Männer
lachten.

»Fünfzigtausend«, sagte Henry. »Dem Gerücht nach.«

»Die sie gestohlen haben sollen.«

»Nicht das Kokain.«

»Nein, das Geld.«

»Ja.«

»Von Herrera.«

»Ja, von dem miesen kleinen . . .«

Spic hätte Henry fast gesagt, aber ihm fiel noch rechtzeitig ein,
daß sein Gast halb spanisch war.

». . . Gauner Herrera, der übrigens mal für die Chang-Leute
gearbeitet hat. Als sie noch die Yellow Paper Gang hatten. Das
war vor deiner Zeit.«

»Ich habe viel über Walter Chang gelesen«, sagte Juan.

Er war vierundzwanzig und noch im Begriff, sich einen Namen zu machen. Er glaubte, es könne nicht schaden, wenn er behauptete, einen Menge über jeden berühmten Gangster gelesen zu haben, den es je in der Stadt gegeben hatte. Alle sollten denken, er habe große Anstrengungen unternommen, um über solche Dinge Bescheid zu wissen. Tatsächlich wußte er Bescheid über die Yellow Paper Gang, weil sein Vater einmal für sie ein paar Leute unter Druck gesetzt hatte. Juans Vater war eins neunzig groß und wog einhundert Kilo – sehr viel für einen Chinesen. Er wurde allgemein angefrozzelt, da müsse es in seiner Ahnenreihe wohl einen Eunuchen gegeben haben. Juans Vater hatte das immer komisch gefunden, denn er hatte einen Ruf als Frauenheld.

»Wenn ich also recht verstehe«, sagte Juan, der die Story hier komplett und im Klartext haben wollte, bevor er woanders die Hucke voll gelogen bekam, »möchten Sie rauskriegen, was in der Nacht zum siebenundzwanzigsten Dezember *wirklich* los war.«

»Ja. Und warum Herrera herumerzählt, daß wir ihn zusammengeschlagen haben.«

»Und die fünfzig gestohlen haben.«

»Ja. Dem Straßenklatsch nach hat sich Herrera auf den Weg gemacht, um diese lumpigen fünf Kilo entgegenzunehmen . . .«

»Wo? Wissen Sie, wo?«

»Ja, in Riverhead. Wo, daß ist unwichtig. Herrera behauptet, daß er mit fünfzig Dollar von Hamilton dorthin *gegangen* ist, um den Kauf zu tätigen und die Ware zu übernehmen, und daß er beim Betreten des Gebäudes von zwei Chinesen angefallen wurde, die er später . . .«

»Ihre Leute? Dem Gerücht zufolge?«

»Ja«, sagte Henry. »Ich wollte gerade sagen, daß er die beiden, immer den umlaufenden Gerüchten nach, später als Leute identifiziert hat, die für mich arbeiten.«

»Und kein Wort davon ist wahr.«

»Kein Wort.«

»Und Sie glauben, das Gerücht wird von Herrera verbreitet?«

»Von wem denn sonst?«

»Und falls es jemand anders ist, dann möchten Sie das auch wissen.«

»Ja. Und *warum*? Es muß doch einen Grund geben für diesen Quatsch.«

»Ich krieg das schon raus«, versprach Juan.

Aber er war sich dessen nicht so sicher.

Das klang alles so verdammt *chinesisch*.

Hamilton bekam den Tip über einen Mann, dem er vor drei Jahren in Miami einen Gefallen getan hatte. Der Gefallen hatte darin bestanden, den Vetter des Mannes umzulegen. Bei dem Mann handelte es sich um einen Kubaner, der dick im Drogenhandel drinsteckte. Er hieß Carlos Filipe Ortega. Da legt man für einen dessen Vetter um, ohne eine Gegenleistung zu verlangen, und der Betreffende erweist sich bei Gelegenheit vielleicht dankbar. So wenigstens hatte sich das Hamilton anfänglich vorgestellt.

Der Tip bestand darin, daß die hier operierende Tsu-Gang demnächst eine Lieferung Koks im Wert von einer Million Dollar übernehmen sollte.

Einhundert Kilo.

Am dreiundzwanzigsten Januar.

Der Grund für Ortegas Anruf – es war zwei Wochen vor Weihnachten – war, daß er erfahren hatte, die Miami-Leute bestünden auf einem minimalen Personaleinsatz. Sie waren auf Tsus Schnapsidee eingegangen, daß fünf Kilo von dem Stoff an einer bestimmten Stelle getestet und gekostet werden, die restliche Menge aber woanders übergeben werden sollte. Sie wollten dort bloß keinen chinesisch-kolumbianischen Volkslauf. Sie bestanden darauf, daß bei dem ersten Übergabetermin nur ein Mann von der chinesischen Seite nur einen von ihrer Seite treffen sollte: fünfzig Riesen hier, die fünf Kilo da. Ihr testet den Stoff, ihr bezahlt, ihr fahrt nach links, wir nach rechts, nett, euch kennengelernt zu haben. Wenn der Stoff sauber ist, schickt ihr noch mal jemand los; zwei Leute, die den restlichen Stoff bezahlen und übernehmen. Nicht mehr als *zwei* Leute. Keine Menschenmengen aus der Verbotenen Stadt, bitteschön. Zwei Leute, die des Nachts unauffällig kommen und gehen, besten Dank und tschüs. Tsu hatte sich mit diesen Bedingungen einverstanden erklärt. Und das hieß, sagte Ortega, daß man es statt mit einer Hundertschaft mit automatischen Gewehren und drohenden Mienen bei der ersten Übergabe lediglich mit einem Mann auf jeder Seite zu tun hatte, und nur mit je zweien bei der zweiten.

»Was mir sehr wenig erscheint«, hatte Ortega gesagt.

»Sehr«, bestätigte Hamilton.

»Es sei denn, in eurer Stadt gibt's keine Diebe.«

Beide Männer lachten.

»Möchtest du vielleicht wissen, wo die Sache steigen soll, Lewis?« fragte Ortega.

»Wär nich schlecht«, sagte Hamilton.

»Die Miami-Leute läßt du aber bitte aus dem Spiel«, sagte Ortega. »Ich lebe hier.«

»Verstehe.«

»Was immer du beschließt – es betrifft nur dich und die Chinesen.«

»Ja, ich verstehe.«

»Und wenn für mich noch eine Kleinigkeit abfallen sollte . . .« Ortegas Stimme deutete ein Achselzucken an.

»Wieviel sollte deiner Ansicht nach für dich abfallen, Carlos?« fragte Hamilton und dachte, du mieser Bastard, ich hab einen für dich *plattgemacht*. Und *gratis*, verdammt noch mal.

»Ich dachte, so zehn Prozent«, sagte Ortega. »Für die Adresse der Veranstaltung.«

»Einverstanden.«

»Zehn Kilo, klar?«

»Nein, das sind mehr als zehn Prozent.«

»Nee. Zehn Prozent von hundert Kilo.«

»Du hast doch gesagt, fünf Kilo werden gar nicht dabei sein.«

»Ich weiß. Aber es kostet zehn Kilo, Lewis.«

»All right.«

»Der Deal steht?«

»Ich habe all right gesagt.«

»Du lieferst.«

»Nein. Du holst ab.«

»Mach ich«, sagte Ortega.

»Die Adresse«, sagte Hamilton.

Ortega gab sie ihm.

Das war im Dezember, zwei Wochen vor Weihnachten. Am zehnten, elften, da herum.

Ortega hatte ihm gesagt, daß die Lieferung am einundzwanzigsten Januar in Florida ankommen werde. In Florida gab es zigtausend Kanäle mit Privatbooten. Und unter denen waren eine Menge wendige, schmale und stark motorisierte Schnellboote – Excalibur, Donzi, Wellcraft Scarab –, die fast jedem Boot der Küstenwache davonfahren konnten. Sie zischten los zu der Stelle, wo das Schiff außerhalb der Drei-Meilen-Zone in Warteposition lag, und sie zischten zurück zu der eigenen kleinen Anlegestelle hinter dem eigenen kleinen Haus. Am hellichten Tag. Tagsüber war es sicherer als nachts, wenn man Gefahr lief, von der Küstenwache gestoppt zu werden. Tagsüber warst du ein ganz gewöhnlicher sonnenhungriger Tourist. Draußen auf dem offenen Meer kam manchmal meilen- und meilenweit keine anderes Schiff in Sicht. Außer dem, in dessen Schatten dein Boot lag. Du konntest in aller Gemütsruhe sieben *Tonnen* Kokain übernehmen, und niemand würde etwas davon merken. Coast Guard? Ach du lieber Gott! Was man braucht, um die illegale Drogeneinfuhr nach Florida zu verhindern, das ist eine Flotte von zehntausend U.S. Navy-Zerstörern vor *beiden* Küsten. *Mit Glück* konnte das reichen.

Die Lieferung wurde dann im Auto nach Norden weiterbefördert. Da gab es keinen Grenzübergang und keine Coast-Guard-Schiffe.

Man fährt einfach mit dem Shit im Kofferraum über die Interstate Highways. Man hält sich an die Tempolimits. Eine Frau sitzt neben dem Fahrer. Ein Ehepaar auf Urlaub. Ein *weißes* Ehepaar. Rasserein. Keine Neger, keine Spics. Nichts, was auch nur den leisesten Verdacht erregen könnte. Du triffst die Leute an einem vorher verabredeten Ort in der Stadt, gewöhnlich in einem der Apartments, die du mit einem Jahresvertrag gemietet hast, um dort allerhand Illegales zu lagern; dann zahlst du sie aus, nimmst den Shit und gehst nach Hause.

Die große Lieferung, die bevorstand, war der Grund, weshalb Hamilton Herrera angeheuert hatte.

Was Herrera freilich nicht gewußt hatte . . .

Na ja, vielleicht *hatte* er es gewußt, im nachhinein betrachtet.

257

»Ich begreif immer noch nicht, weshalb du dem miesen Spic fuffzig Dollar anvertraut hast«, sagte Isaac.

Diese Ausdrucksweise hatten die Gangs im Kino aufgeschnappt. Es war schon komisch, wie das reale Leben oft die Fiktion imitierte.

Keiner in den Gangs dieser Stadt hatte je ein Buch gelesen, und keiner hätte je etwas von Richard Condons »Die Ehre der Prizzis« gehört, wenn das Buch nicht verfilmt worden wäre. Der Film gefiel ihnen. Er zeigte Killer von der komischen Seite. Er führte auch in richtige, nichtfilmische Gangs eine Sprache ein, die von Richard Condons Schurken erfunden worden war. Wenn es um Geld ging, sprachen Condons Schurken von Einern, wenn sie Tausender meinten. Wenn sie *fünftausend* Dollar meinten, sagten sie *fünf* Dollar. Sehr komisch. Es kam dadurch auch zu einer Erweiterung des gängigen Ganoven-Jargons. So wurde ein Fünf-Dollar-Beutel-Heroin zum Beispiel *Nickel bag* genannt, weil ein Nickel fünf Cent sind. Das war, als Heroin noch die beliebteste Droge war, ehe sie von Kokain und dann von Crack abgelöst wurde, einem Kokain-Derivat. Ein Fünf-Dollar-Fläschchen war nun ein Nickel-Fläschchen. Und wenn ein Dieb von fünfzig Dollar sprach, meinte er *fünfzigtausend* Dollar. Und das war die Summe, die Lewis Randoph Hamilton am 27. Dezember letzten Jahres José Domingo Herrera anvertraut hatte.

»Warum?« fragte Isaac jetzt.

Er wußte, daß er Ärger kriegen konnte.

Hamilton war ärgerlich an diesem Morgen.

Ärgerlich darüber, daß Herrera sich mit fünfzig Dollar, die ihm, Hamilton, gehörten, aus dem Staub gemacht hatte. Ärgerlich auch darüber, daß Andrew Fields, der ein *weiteres* Mal mit dem Auftrag losgeschickt worden war, den kleinen Spic zu erledigen, nicht`imstande gewesen war, ihn hier in der Stadt irgendwo aufzutreiben. Ärgerlich darüber, daß er selbst, Lewis Randolph Hamilton, die Beseitigung des blonden Cops vermasselt hatte. Ärgerlich schließlich darüber, daß der Cop jetzt wußte, wie er aussah. All das war wie ein Furunkel auf Hamiltons Hintern. Isaac hätte wissen müssen, daß er ihn in einem solchen Augenblick lieber nicht nach Herrera fragen sollte. Aber Isaac war selber immer noch sauer wegen der Art, wie Hamilton vor ein paar Tagen diese beiden deutschen Nutten für sich allein mit Beschlag belegt hatte.

Isaac und Hamilton waren in mehrfacher Hinsicht wie Mann und Frau. Jeder von ihnen wußte, auf welchen Knopf er drücken mußte, damit der andere entsprechend reagierte. Jeder kannte die Worte, die für den anderen Gift waren. Im Gegensatz zu den meisten Ehepaaren kämpften sie jedoch nicht fair. Eine Ehe ging kaputt, wenn einer der Partner beschloß, die Fairneß aufzugeben. Hamilton hatte noch nie im Leben fair gekämpft. Isaac auch nicht. Und jetzt fingen sie auch nicht mehr damit an. Das stellte jedoch keine Bedrohung für ihre Beziehung dar. Im Gegenteil, sie respektierten das jeweils beim anderen. Sie waren Killer. Killer kämpften nicht fair.

»Keinen von der eigenen Rasse!« Isaac schüttelte übertrieben ungläubig den Kopf. »Sich einen aussuchen, der nicht von der eigenen Rasse ist . . .«

»Du hast ja selber spanisches Blut«, sagte Hamilton.

»Ostindisch vielleicht, aber spanisch nicht.«

»Von einer spanischen Hure«, sagte Hamilton.

»Chinesisch vielleicht«, sagte Isaac. »Aber nicht spanisch.«

»Noch aus früheren Zeiten«, sagte Hamilton. »Noch aus der Zeit, als Kolumbus dort war.«

»So weit gehst du zurück, Mann?« sagte Isaac.

»Bevor die Briten hier übernommen haben.«

»O Gott, von einer spanischen Hure«, sagte Isaac. Er ließ das alles an sich abgleiten. Das war kein unfairer Kampf, das war überhaupt kein Kampf. Hamilton verstellte sich ganz einfach; er wollte bloß sehen, ob er ohne allzuviel Mühe einen Treffer landen konnte. Heute hatte Isaac Oberwasser. Und deshalb wollte er jetzt wissen, warum Hamilton einem Spic fünfzig Riesen anvertraut hatte.

»Ich hab gedacht, du weißt, daß man keinem Spic trauen kann«, sagte Isaac.

Natürlich, Hamilton hätte einfach sagen können, das geht dich einen Scheißdreck an.

»Eine Rasse, die auf Wände schreibt«, sagte Isaac.

»Was redest du für einen Quatsch zusammen, Mann«, sagte Hamilton.

»Das is was Kulturelles«, sagte Isaac, »auf Wände schreiben. Und Frauen anstarren, das tun sie auch. Hängt alles mit Kultur zusammen. Schau mal ins Lexikon.«

»Schau mir mal in den Hintern«, sagte Hamilton.

»Womöglich steckt da ein Dutzend Rosen drin«, sagte Isaac.

Sie lachten beide.

»Mit 'ner Visitenkarte.«

Sie lachten wieder.

Das war ein Homosexuellen-Gag. Sie waren alle beide nicht homosexuell, erzählten aber oft Schwulenwitze und frozzelten nach Homosexuellenart. Das taten doch viele heterosexuelle Männer; das kam doch andauernd vor . . .

»Einem *Spic* getraut zu haben«, sagte Isaac und schüttelte erneut den Kopf. »Dessen Vertrauenswürdigkeit du noch nicht mal . . .«

»Er ist überprüft worden«, sagte Hamilton.

»Nicht von mir.«

»Er ist *überprüft* worden«, sagte Hamilton nochmals, diesmal mit stärkerer Betonung.

»Wenn ja, dann . . .«

»Gründlich«, sagte Hamilton. Und sah Isaac scharf an.

Isaac gab nicht klein bei.

»Wenn *ich* den Mann überprüft hätte . . .«, sagte er.

»*Du* warst in Baltimore«, sagte Hamilton.

»Das hätt ja wohl Zeit gehabt, bis ich zurück war.«

»Zu Besuch bei deiner *Mama*«, sagte Hamilton.

»Es war überhaupt nichts Dringendes . . .«

»Zu Weihnachten nach Haus gerannt zu deiner Mama.«

Jetzt fing *er* an, Isaac am Zeug zu flicken. Isaac sah sich nicht gern als Muttersöhnchen hingestellt. Trotzdem raste er immer runter nach Baltimore, um seine Mutter zu besuchen.

»Heimgerannt, um Mamas *Plumpudding* zu probieren«, sagte Hamilton.

Er schaffte es irgendwie, daß es boshaft-obszön klang.

»Während *du*«, sagte Isaac, »einen Spic überprüfen läßt von . . . Wer hat ihn eigentlich überprüft?«

»James.«

»James!« sagte Isaac.

»Ja, James. Und er hat diese Überprüfung sehr routi . . .«

»Du hast dafür *James* ausgesucht? James, der später mit *Base-ball*schlägern los ist auf eben diesen . . .«

»Damals hab ich nicht gewußt, daß James später Scheiße bauen würde«, sagte Hamilton frostig. »*Du* warst in Baltimore. Und einer hat's tun müssen. Ich hab also James beauftragt, ihn zu überprüfen. Und er ist mit Personenangaben zurückgekommen, die in Ordnung schienen.«

»Zum Beispiel?«

»Zum Beispiel derzeit keine festen Verbindungen. Ein Freiberufler. Kein Eintrag im Strafregister. Früher mal, vor langer Zeit, Kurier für die Chang-Leute. Ich hab gedacht . . .«

»Chinks kannst du genausowenig trauen«, sagte Isaac.

»Du kannst *niemand* trauen«, sagte Hamilton mit Nachdruck. »Du hast nicht gewußt, wie die Sache liegt, du warst in *Baltimore*. Ich mußte mich nach meinem Instinkt richten.«

»Stimmt, ich hab nicht gewußt, wie die Sache liegt.«

»Stimmt.«

»Und ich weiß es *immer noch* nicht.«

»Stimmt auch.«

»Ich weiß nur, daß Herrera die Fünfzig geklaut hat.«

»Ja, das ist alles, was du weißt.«

»Möchtest du mir das Übrige erzählen?«

»Nein«, sagte Hamilton.

Die Ba-Zwillinge waren ebenfalls Hamiltons Idee gewesen.

Sie hießen Ba Zheng Shen und Ba Zhai Kong, wurden in Nicht-Chinesen-Kreisen aber Zing und Zang genannt. Sie waren beide siebenundzwanzig Jahre alt, wobei Zing der um fünf Minuten ältere war. Sie sahen außergewöhnlich gut und absolut identisch aus. Man erzählte sich, Zing habe einmal sechs Monate lang mit einem wunderschönen rothaarigen amerikanischen Mädchen zusammengelebt, ohne daß sie gemerkt hatte, daß Zing und sein Bruder abwechselnd mit ihr im Bett waren.

Zing und Zang wußten: Wenn die Chinesen je die Vorherrschaft in der Welt übernehmen würden – und sie zweifelten keinen Augenblick daran, daß dies eines Tages geschehen würde –, dann nicht deswegen, weil der Kommunismus dem demokratischen System überlegen war, sondern weil die Chinesen so gute Geschäftsleute waren. Zing und Zang waren jung, energisch und außerordentlich ehrgeizig. In Chinatown wurde behauptet, daß sie die eigene Mutter umbringen würden, wenn der Preis stimmte. Und ihr hinterher die Goldplomben rausreißen. Es war fünf Jahre her, daß die Ba-Zwillinge zum allerersten Mal jemanden umgebracht hatten. Das war in Hongkong, und sie waren gerade erst zweiundzwanzig gewesen. Damals hatte jeder tausend Dollar (U.S.) dafür kassiert.

Mittlerweile waren ihre Honorare etwas gestiegen.

Im letzten Dezember zum Beispiel, als Lewis Randolph Hamilton sie zum ersten Mal wegen eines Kuriers namens José Domingo Herrera angesprochen hatte, da hatte er ihnen schlicht dreitausend Dollar dafür angeboten, daß sie den kleinen Puertoricaner zusammenschlagen und die fünfzigtausend Dollar zurückbringen sollten, die er *bestimmt* bei sich hatte. Zing und Zang hatten Hamilton starr in die Augen gesehen – sie hatten einen noch undurchdringlicheren Blick als die meisten Chinesen; vielleicht, weil sie ihr ungewöhnlich gutes Aussehen mit einer selbstsicheren, fast provozierenden Miene zur Schau stellten –, und hatten gesagt, viertausend für *jeden* von ihnen sei heutzutage der Preis dafür, einen aufzumischen. Insgesamt also achttausend, entweder – oder. Vogel friß oder stirb. Um Gottes willen, hatte Hamilton gesagt, meint Ihr etwa, Ihr sollt den kleinen Spic ummachen? Ihr sollt ihn bloß ein bißchen durch die Mangel drehen . . . Achttausend, hatten die Ba-Boys gesagt, entweder – oder. Hamilton hatte die Augen zum Himmel gedreht und tief geseufzt. Aber er hatte ihnen den Auftrag gegeben.

Das wunderte die beiden.

Sie wunderten sich über den gleichen Umstand, über den auch Herrera sich gewundert hatte, als er von Hamilton angeheuert worden war, die fünfzig Riesen zu überbringen: Warum nimmt der Mann für den Job nicht jemand von seinen eigenen Leuten?

Warum bezahlt er achttausend Dollar für etwas, das einer von seinen eigenen Gorillas erledigen konnte?

Sie überlegten auch, wie sie diese besondere Situation zu ihrem eigenen Vorteil ausschlachten könnten.

Die erste Möglichkeit, die sie sich ausdachten, um noch ein kleines Aufgeld rauszuschlagen, bestand darin, das potentielle Opfer anzusprechen, diesen José Domingo Herrera, und ihm zu sagen, sie hätten den Auftrag, ihn am 27. Dezember, also zwei Tage nach Weihnachten, ein bißchen durch die Mühle zu drehen.

»Neujah du laufen mit Klücken«, sagte Zing.

Die beiden sprachen Englisch wie chinesische Köche in einem Alaska-Goldrausch-Film. Das machte sie nicht weniger gefährlich. Grubenottern sprechen auch kein gutes Englisch.

Herrera, der sich schon gefragt hatte, warum Hamilton ihn als Kurier geheuert hatte, fragte sich jetzt, warum diese beschissenen chinesischen Analphabeten ihm vorher aufs Butterbrot schmierten, daß sie ihn zusammenschlugen. Sie wollten einfach an beiden Enden kassieren. Womöglich würden sie sein Geld nehmen und ihn trotzdem verdreschen ... Ach, das Leben war schon kompliziert in dieser Stadt.

Jetzt erzählten ihm die beiden, für achttausend Dollar würden sie das kleine Rendezvous in vierzehn Tagen vergessen. Herrera schätzte, daß dies der Betrag war, den Hamilton ihnen dafür zahlte, daß sie ihn überfallen und ihm sein Geld zurückbringen sollten. Er selbst hatte vorgehabt, die Fünfzig zu klauen, die er für Hamilton übergeben sollte, und sich dann in Luft aufzulösen – scheiß auf den gottverdammten Jakie. Aber jetzt, mit diesen Chinks, wurde die Sache problematisch. Wenn sie ihn zusammenschlugen, würden sie Hamilton seine Fünfzig zurückgeben und ihn, Herrera, pleite in der Gosse liegen lassen. Andererseits, wenn er ihnen die Acht gab ...

»Okay«, sagte er, »geht in Ordnung.« Allgemeines Händeschütteln.

Er traute ihrem Händedruck nicht mehr als ihren Schlitzaugen.

Und dann stellte sich Herrera auf spanisch Fragen, die in dieselbe Richtung liefen wie die, die sich die Ba-Brüder zur gleichen Zeit auf chinesisch stellten.

Laut und auf englisch sagte Herrera: »Warum will er mich fertigmachen?«

Laut und in seinem Spezialenglisch sagte Zang: »Walum nehm zwei *Chines?*«

Alle drei verfielen in tiefes Nachdenken.

Allen war klar, daß es tatsächlich darum ging, Herrera fertigzumachen. Zumindest zusammenzuschlagen. Und obwohl er zugeben mußte, daß zehntausend Dollar ein guter Preis für das Zusammenschlagen eines Mannes war – Boxprofis waren in dieser Stadt für weniger auf die Bretter gegangen –, fragte er sich noch immer nach dem Warum. Und warum es ausgerechnet Chinesen sein mußten.

Weil . . .

Na ja . . .

Die drei sahen sich an.

Und dann sagte Herrera: »Er hat irgendwas vor, da braucht er Chinesen dabei.«

»Ah, ah«, sagte Zing.

»Wollt ihr 'ne Partnerschaft?« fragte Herrera.

Die Ba-Brüder schauten unergründlich. Scheißchinks, dachte er.

»Wollt ihr ins Geschäft einsteigen?«

»Ah, Gescheff, Gescheff«, sagte Zing grinsend.

Das verstanden sie. Geld. Die Kugeln der Primitiv-Rechenmaschinen in ihren Gehirnen begannen zu klappern.

»Findet raus, warum er mich außer Gefecht setzen will«, sagte Herrera.

Alle drei lächelten.

Die Ba-Brüder lächelten, vermutete Herrera, weil sie die Möglichkeit eines Aufstiegs aus der Regionalliga der Gorillas in die Oberliga des großen 'Gescheffs' witterten. Herrera lächelte, weil er dachte, jetzt könne er nicht nur lebendig, sondern obendrein reich aus dieser Stadt herauskommen.

Lächelnd schüttelten sie sich noch einmal die Hände.

Elf Tage später waren die Zwillinge wieder da.

Mit gerunzelter Stirn.

Ausgerechnet am Heiligen Abend.

Respektlose Bande.

Die neue Partnerschaft schmeckte ihnen nicht mehr. Sie waren wieder bei Hamilton gewesen, und er hatte ihnen die vereinbarten fünfzig Prozent des Honorars für den Auftrag gezahlt. Aber die restlichen Viertausend sollten sie erst kriegen, sobald sie das Geld abgeliefert hatten, das Herrera drei Nächte später überbringen sollte.

»Wenn blingen nix Geld, kliegen kein Geld!« rief Zang.

»Wil velielen schon Geld«, rief Zing.

»Nein, nein«, sagte Herrera geduldig, »wir *verdienen* Geld.«

»O yeah? Wie?«

Es klang wie ein Billiggericht auf der Speisekarte eines Chinarestaurants.

»Wir müssen nur rauskriegen«, sagte Herrera, »was da läuft.«

Die hübschen Zwillinge sahen ihn sauer an.

Scheißchinks, dachte Herrera.

»Hat er was gesagt, *warum*?« fragte er geduldig.

»Soll sagen, Glüße von Henny Schuh.«

Er begriff, daß von Henry Tsu die Rede war.

Was sie meinten, war, daß sie ihm, wenn sie ihn am siebenundzwanzigsten zusammenschlugen, Grüße von Henry Tsu bestellen sollten, damit es so aussah, als hätten zwei Chinks von Henrys großer chinesischer Gang Hamiltons Geld gestohlen.

Aha, dachte er, da liegt der Hund begraben!

15

Der Sonntag war kein Ruhetag.

Jedenfalls nicht für die Müden und Erschöpften.

Jamie Bonnem vom Seattle Police Department versuchte, Geduld und Entgegenkommen in seine Stimme zu legen, aber er klang ganz einfach gereizt. Er mochte es nicht, wenn man ihn so früh am Sonntagmorgen zu Hause anrief. Früh für ihn jedenfalls. Für Carella war es bereits zehn. Außerdem hatte sich in Bonnems Fall noch nichts getan, und Carellas Anruf erinnerte ihn an diese unerfreuliche Tatsache.

»Ja«, bestätigte er grob, »wir haben mit dem jungen Gillette gesprochen. Wir haben auch mit dem *anderen*, dem früheren Boyfriend gesprochen. Macht ihr das bei euch drüben nicht genauso?«

»Doch, ja, wir machen's genauso«, sagte Carella freundlich. »Was haben sie gesagt?«

»An Gillette sind wir noch dran.«

»Was heißt das?«

»Daß er kein richtiges Alibi hat für die Tatnacht.«

»Und was *sagt* er, wo er war?«

»Zu Hause. Er hat gelesen ... Kennen Sie einen Twen, der abends daheimbleibt und *liest*? Eddie Gillette war daheim und hat gelesen.«

»Lebt er allein?«

»Bei seinen Eltern.«

»Und wo waren die?«

»Im Kino.«

»Haben Sie ihn gefragt, wo er in der Neujahrsnacht war?«

»Wir haben *beide* gefragt, wo sie in der Neujahrsnacht waren. Weil, wenn's da wirklich eine Verbindung zu Ihrem Kindesmord gibt ...«

»Immerhin möglich.«

»Wir behalten's im Auge, Carella. Wir haben keinen aussortiert, nur weil er in der fraglichen Nacht hier in Seattle war.

Wenn uns einer aber andererseits erzählt, daß er die Ostküste unsicher gemacht hat . . .«

»Was hat Gillette Ihnen gesagt?«

»Daß er drüben war, praktisch vor Ihrer Haustür.«

»*Hier?*« Carella zog die Sprechmuschel näher heran.

»Zu einem Ferienbesuch bei seiner Großmutter.«

»Sind Sie dem nachgegangen?«

»Nein, wir sind statt dessen pinkeln gegangen«, sagte Bonnem. »Vielleicht möchten Sie sich die Oma ja auch selber vornehmen – sie heißt Victoria Gillette und wohnt in Bethtown – gibt's bei euch so was wie Bethtown?«

»Ja, das gibt's«, sagte Carella.

»Ich hab sie telefonisch befragt, und sie hat Gillettes Version bestätigt.«

»Was ist seine Version?«

»Daß sie am Silvesterabend zusammen im Theater waren.«

»Gillette und die Oma?«

»Die Oma ist erst zweiundsechzig. Und lebt mit einem Zahnarzt zusammen. Sie haben sich alle drei eine Neuinszenierung von . . . was soll das heißen? Ich kann meine eigene Schrift nicht lesen.«

Carella wartete.

»Also, was auch immer«, sagte Bonnem. »Der Zahnarzt bestätigt es. Sie haben sich alle drei dieses Charlie's Dingsda angesehen, was immer zum Teufel das heißen soll. Sie sind hinterher mit der Zuschauermenge auf die Straße raus und zu Fuß zu einem Hotel gegangen, *Hotel Elisabeth* – gibt's das auch?«

»Ja, das gibt's«, sagte Carella.

»Und waren dort im Raleigh Room, wo Oma und der Zahnarzt getanzt haben und Eddie versucht hat, eine Blondine in einem roten Kleid aufzureißen. Immer laut Aussage von Eddie, Oma und dem Zahnarzt. Arthur Rothstein heißt er übrigens. Von der Blondine«, sagte Bonnem trocken, » wissen wir den Namen nicht, weil Gillette es aufgesteckt hat.«

»Wo ist er zwischen ein Uhr fünfundvierzig und zwei Uhr dreißig gewesen?«

»Da hat er die Blondine beflirtet.«

»Zahnarzt und Oma . . .«

»Bestätigen es, ja.«

»Und was ist mit dem anderen Boyfriend?«

»Heißt Harley Simpson; er soll im ersten Collegejahr mit ihr befreundet gewesen sein, bevor sie Gillette kennenlernte. Dieser Simpson hat ein ellenlanges Alibi für die Nacht, in der sie umgebracht wurde. Und in der Silvesternacht war er hier in Seattle.«

»Mmhm«, sagte Carella.

»Das wäre dann alles«, sagte Bonnem.

»Wie hat der alte Mann das alles aufgenommen?«

»Er weiß noch nicht mal, daß sie tot ist. Er steht unter starken Beruhigungsmitteln und ist selber am Wegkippen.«

»Gibt's sonst noch Familie? Weiter Geschwister?«

»Nein. Mrs. Chapman ist vor zwölf Jahren gestorben. Da waren nur die beiden Schwestern, und natürlich der Ehemann. Der Mann von Melissa. Soll ich Ihnen mal was sagen? Ich glaub, die sind noch vorm Wochenende zur Testamentseröffnung hier.«

»Steht's so schlecht um ihn?«

»Höchstens noch 'ne Sache von Tagen . . .«

»Woher wissen Sie, daß es ein Testament gibt?«

»Kennen Sie vielleicht 'nen Multimillionär, der ohne Testament stirbt?«

»Ich kenn überhaupt keine Multimillionäre«, sagte Carella.

»Ich weiß, daß es eins gibt. Ich hatte so 'ne Idee im Hinterkopf, und der bin ich mal nachgegangen. Offen gesagt, Carella, ich glaub nicht, daß der Fall hier mit Ihren Silvestermorden zusammenhängt. Ich meine, wir haben's mit zwei voneinander unabhängigen Fällen zu tun. Sie sind ja wohl lang genug ein Cop, nehm ich an, um schon solche Zufälle zu . . .«

»Ja.«

»Eben. Und ich auch. Deshalb muß ich, auch wenn ich das Ding bei euch im Kopf behalte, doch meine Sache hier als einen anderen Fall behandeln, klar? Ich hab mir überlegt, Liebe oder Geld, das sind doch die einzigen Motive auf Gottes weiter Erde, und ich hab mich gefragt, ob der alte Mann ein Testament hat. Weil er nämlich mit 'ner viel jüngeren Frau zusammengelebt hat, bevor er . . .«

»Ach ja?«

»Ja, bevor er krank wurde. Sally Antoine heißt sie. Gutaussehende Frau, betreibt in der City 'n Schönheitssalon. Einunddreißig Jahre alt, gegenüber seinen achtundsiebzig. Da macht man sich doch so seine Gedanken, oder?«

»*Ich* würde mir Gedanken machen«, sagte Carella.

»Nämlich ob die Dame im Testament des Alten vorkommt, ja? Wenn's ein Testament *gibt*. Und deshalb hab ich mal angefangen, ein bißchen herumzufragen.«

»Was haben Sie herausgefunden?«

»Miss Antoine sagt, sie hat keine Ahnung, ob sie im Testament vorkommt. Und daß sie keinen Grund sieht, weshalb sie drinstehen *sollte*. Aber wenn mir mal was im Kopf rumspukt, dann geh ich auch nicht so schnell wieder davon ab. Wenn die Lady wirklich im Testament *aufgeführt* ist, und wenn die jüngere Tochter das irgendwie rausgekriegt hat . . .«

»Hm, hm.«

». . . dann ist sie womöglich hier rübergekommen, um den alten Mann zu einer Testaments*änderung* zu drängen, solange er noch seinen Namen schreiben kann. Das Kuckucksei rauswerfen, diese Schmarotzerin. Obwohl sie das nicht ist, Carella. Das ist 'ne ordentliche, anständige Frau, geschieden, zwei Kinder, von Los Angeles hier raufgekommen, hat schwer geschuftet, um's zu was zu bringen. Ich kann mir schwer vorstellen, wie sie Joyce Chapman abknallt.«

»Haben Sie sich das Testament mal angesehen?«

»An Ihnen ist direkt ein Cop verlorengegangen«, sagte Bonnem trocken. »Ich konnte ja den alten *Mann* nicht fragen, ob's ein Testament gibt, weil er völlig weggetreten ist. Also hab ich seinen Anwalt gefragt . . .«

»Wer ist das?«

»So 'n junger Spund, der den Job übernommen hat, als Melissa und ihr Mann in den Osten gezogen sind. Vorher war Hammond Chapmans Anwalt. Hat den Job kurz vor seiner Heirat mit Melissa bekommen. Bißchen Vetternwirtschaft, ja? Hat sie kennengelernt, als er aus Vietnam zurückkam; war dort in der Armee . . . Und ruckzuck – auf einmal war er Chapmans Anwalt.«

»Hat er das Testament für ihn aufgesetzt?«

»Hammond? Nein. Weder er noch der neue Anwalt. Der sagt, er weiß nicht, was drinsteht. Wollte sich nicht in die Nesseln setzen, nehm ich an. Ich frag ihn also, wer Kenntnis von dem Inhalt haben *könnte*, und er rät mir, mit dem alten Geoffrey Lyons zu reden, der mal Chapmans Anwalt gewesen und in Pension gegangen ist, kurz bevor der Schwiegersohn übernommen hat. Er sagt mir, jawohl, er hat vor zwölf Jahren, gleich nach Mrs. Chapmans Tod, für Chapman ein anderes Testament aufgesetzt, aber ein Testament fällt unter das Berufsgeheimnis – Schluß.«

»Weiß er, daß Sie in einem Mordfall ermitteln?«

»Was weiß ich . . . Der stellt sich stur.«

»Hat Chapman eine Kopie des Testaments?«

»Ja.«

»Wo?«

»Wo verwahren Sie denn Ihr Testament, Carella?«

»In einem Bankschließfach.«

»Und genau dort verwahrt der Alte seines auch, wie Miss Ogilvy mir gesagt hat. Ich will mir also einen Gerichtsbeschluß beschaffen, daß ich das Fach öffnen kann, und der Richter fragt mich, ob ich weiß, was da *drin*steht im Testament. Nein, sag ich, deswegen will ich das Fach ja aufmachen. Und er: Liefert der Inhalt des Testaments voraussichtlich das Motiv für den Mord? Ich sag ihm, daß ich das gerade rausfinden will. Und da sagt er: Antrag abgelehnt.«

»Wer hat das Testament getippt?« fragte Carella.

»Wie meinen Sie das? Wie zum Teufel soll ich wissen, wer das getippt hat?«

»Sie könnten's ja rauszukriegen versuchen.«

»Warum?«

»Anwaltssekretärinnen haben oft ein gutes Gedächtnis.«

Am anderen Ende trat Stille ein. Bonnem dachte nach.

»Die Sekretärin auftreiben«, sagte er endlich. »Oder wen auch immer.«

»Hm, hm«, sagte Carella.

»Und sie fragen, ob *sie* sich erinnert, was im Testament steht.«

»Wäre schon mal ein Anfang.«

»Und wenn sie sagt, daß Sally Antoine *tatsächlich* bedacht ist . . .«

»Dann müssen Sie noch mal bei Miss Antoine reinschau'n.«

»Da könnte man sich leicht die Finger dran verbrennen, meinen Sie nicht?«

»Wenn der alte Mann erst mal tot ist – und Sie sagen ja, es kann täglich soweit sein . . .«

»Ja, täglich.«

»Dann kommt die offizielle Testamentseröffnung, und damit ist die Sache amtlich und öffentlich. Aber bis dahin haben Sie einen Mordfall zu bearbeiten.«

»Klar. Aber die Dame Antoine war in der Neujahrsnacht hier in Seattle, müssen Sie wissen. Dadurch scheidet jede Verbindung mit Ihrem Fall aus. Selbst *wenn* sie im Testament vorkommt.«

»Warten wir ab, was drinsteht.«

»Der Ehemann ist wieder im Osten drüben, wissen Sie. Warum geh'n Sie nicht hin und fragen *ihn*?«

»Hammond? Was soll ich ihn fragen?«

»Was im Testament steht.«

»Woher sollte er das wissen?«

»Tja, vielleicht weiß er's wirklich nicht. Aber wenn *ich* mir den Arsch aufreiße und jemand suche, der vor Gott weiß wieviel Jahren ein Testament getippt hat, dann können Sie wenigstens mal 'n Telefonhörer abnehmen . . . Übrigens, kriegt ihr eigentlich Prozente von der Telefongesellschaft?«

Carella lächelte.

»Geben Sie mir dann Bescheid, was Sie rausgekriegt haben«, sagte er.

»Per R-Gespräch«, sagte Bonnem.

Im vergangenen Monat hatte es immer wieder Augenblicke gegeben, in denen es Herrera lieber gewesen wäre, er hätte es bei seinen Partnern mit Puertoricanern zu tun, aber man kann sich's nicht immer aussuchen. Jetzt saß er mit zwei Chinks da, die ihn vereinbarungsgemäß am siebenundzwanzigsten Dezembertag weder zusammenschlagen noch Grüße von Henry Tsu überbracht hatten. Statt dessen war Herrera an diesem Tag mit dem Drogengeld verschwunden, und Zing und Zang waren – allem Anschein nach beschämt – zu Hamilton zurückgegangen und hatten ihm die Anzahlung zurückgegeben. Am achtundzwanzigsten dann saß Herrera immer noch mit seinen Fünfzigtausend da in der Hoffnung, über Nacht ein Vermögen daraus zu machen. Er wußte, daß dies nur über das Drogengeschäft ging. Jeder andere Versuch, aus Geld noch mehr Geld zu machen, war dumm. Das Gold lag in Amerika nicht mehr auf der Straße. Dort lag heutzutage Kokain. Haufenweise. Koks war der neue amerikanische Traum. Herrera hatte manchmal den Verdacht, das sei alles eine kommunistische Verschwörung. Na wenn schon!

Am achtundzwanzigsten tauchten die Ba-Brüder wieder auf und berichteten, was sie rausgefunden hatten.

Unter Gefahr für Leib und Leben, sagten sie.

»Sehl gefälig«, sagte Zing.

»Henny Schuh ausfind, und ssst«, sagte Zang und fuhr mit dem Zeigefinger quer über seine Kehle.

»Wollt ihr absaufen oder absahnen?« fragte Herrera.

Die Ba-Brüder machten »Hihihi«.

Irgendwie wirkten sie noch bedrohlicher, wenn sie lachten.

Zing hatte das Gespräch zum größeren Teil bestritten. Sein Englisch klang ein klein wenig besser als das seines jüngeren Bruders, weil er weniger Wörter zusammenschlurrte. Herrera hörte konzentriert zu. Zum einen, weil auch Zing schwer zu verstehen war, wenn man sich nicht konzentrierte, und zum anderen, weil ihm bei dem, was Zing berichtete, die Haare zu Berg standen.

Zing sprach von einem Drogen-Deal im Wert von einer Million Dollar.

»Millo Dollah«, sagte er.

Hundert Kilo à zehntausend. Zum Discountpreis, weil Tsu Mengenrabatt bekam.

»Hunna Kilo«, sagte Zing.

Die Lieferung kam im Pkw von Miami rauf.

Am dreiundzwanzigsten Januar.

»Tessenplo ein Plass, abhol Lest anne Plass«, sagte Zing.

»Was?« fragte Herrera.

»Tessenplo ein Plass, abhol Lest anne Plass«, wiederholte Zing wörtlich. Er zeigte Herrera einen Zettel, auf dem in krakeliger Schrift verschiedene Adressen standen. Immerhin auf englisch.

»Tessenplo«, sagte er und deutete auf die erste Adresse.

»Was?« fragte Herrera.

»Tessenplo.«

»Was zum Henker soll das?«

Zing und Zang redeten mit Händen und Füßen, und schließlich hatte Herrera begriffen, daß die erste Adresse auf dem Zettel ein Apartment war, wo das Testen und ›Plobielen‹ stattfinden sollte . . .

»Fün Kilo«, sagte Zing und hob die rechte Hand, alle Finger gespreizt.

»Fünf Kilo«, sagte Herrera.

»Yeh, yeh«, sagte Zing.

»Sollen dort getestet und probiert werden . . .«

»Yeh, tessenplo.«

»Und wenn das Zeug okay ist, soll der Rest bei der zweiten Adresse abgeholt werden.«

»Yeh«, sagte Zing, »abhol Lest anne Plass.« Er sah seinen Bruder grinsend an. Er hatte ihm bewiesen, welchen Vorteil man hat, wenn man eine zweite Sprache spricht.

»Und da werden dann nur von ein paar Beuteln Stichproben genommen?«

»Yeh, nu paal.«

»Und wenn die ersten Proben mies sind?« fragte Herrera.

Zing erklärte, daß dann der Deal geplatzt wäre und die Miami-Leute und die Tsu-Leute in Frieden auseinandergehen würden.

»Wie Fleund«, sage er und nickte.

»Aber wenn das Girl blau ist . . .«

»Yeh.« Zing nickte.

»Dann übergeben sie die fünf Kilo, und die Tsu-Leute übergeben Fünfzigtausend.«

»Füffich Taus, yeh.«

»Und dann gehen sie zur nächsten Adresse, machen ein paar Stichproben und holen den restlichen Shit.«

»Yeh, lestli Shit.«

Herrera wurde nachdenklich. Nach einer Weile fragte er: »Diese Miami-Leute . . . Sind das Chinesen?«

»Nein, nein«, sagte Zing, »spanisch.«

Das hatte Herrera erwartet.

»Ich muß wissen, wie ich mich mit ihnen in Verbindung setzen kann«, sagte er. »Und ich brauche alle Code-Wörter und Kennworte, die sie am Telefon benutzen. Könnt ihr sie rauskriegen?«

»Seh schwielig« sagte Zang.

»Seh gefählig«, sagte Zing.

»Wollt ihr seh gloße Geld mach?« fragte Herrera.

Die Ba-Brüder machten »Hihihi«.

Herrera dachte, wenn ich diese schäbigen fünf Kilo Testmaterial dazukriegen kann . . .

Aber diese miesen fünf Kilo mit dem Geld, was er von Hamilton gestohlen hatte . . . Mann, dann konnte er den reinen Stoff in fünfzigtausend Beutel Crack . . .

Ein Beutel zu fünfundzwanzig Dollar . . .

Jesus!

Das machte eineinviertel Millionen!

Wenn er mit den Chinks teilte, wie vereinbart . . .

»Seh gloße Geld, fein«, sagte Zing lachend.

»Sehr fein«, sagte Herrera und lächelte wie ein Krokodil.

Und jetzt – es war der 22. Januar, neun Minuten nach zwölf – griff Herrera zum Hörer. Ein Ferngespräch. Schon allein die Vorwahl, die 305, gab ihm das Gefühl, ein großer Boss zu sein. So viel Geld ausgeben, nur für ein Telefongespräch . . . Aber schließlich war es ja Hamiltons Geld, das er ausgab.

Am anderen Ende meldete sich ein Kolumbianer.

Die beiden Männer unterhielten sich nur in Spanisch.

»Vier-sieben-eins«, sagte Herrera. Die Code-Nummern, die ihm von den findigen Ba-Brüdern geliefert worden waren. Chinesische Zauberkünstler.

»Acht-drei-sechs«, sagte der Mann.

Der Antwort-Code.

Wie im Agententhriller.

»Änderung für morgen nacht«, sagte Herrera.

»Die sind schon unterwegs.«

»Aber Sie können sie erreichen.«

»Ja.«

»Dann sagen Sie's ihnen.«

»Was für 'ne Änderung?«

»Für den Test. Neue Adresse.«

»Warum?«

»Die alte ist heiß.«

»Geben Sie mir die neue.«

»705 East Redmond. Apartment 34.«

»Okay.«

»Wiederholen Sie.«

Der Mann las die Adresse vor.

»Also, bis morgen«, sagte Herrera.

»Und?« fragte der Mann.

»Und?« fragte Herrera; dann wurde ihm blitzartig klar, daß er beinahe den Schluß-Code vergessen hätte. »Drei-drei-eins«, sagte er.

»*Bueno*«, sagte der Mann und legte auf.

Sonntags war der Laden des Cowboys geschlossen; er traf sich deshalb mit Kling in einem kleinen mexikanischen Schnellimbiß in einer Nebenstraße der Mason Avenue. Es war Viertel nach eins, und das Lokal war gerammelt voll von Nutten, die sich noch nicht schlafen gelegt hatten. Palacios und Kling waren beide gutaussehende Männer, aber von den Frauen riskierte nicht eine auch nur einen Blick in ihre Richtung. Palacios hatte es eilig, zur Sache zu kommen. Er mochte es nicht, wenn ihm sein Sonntag mit so einem Quatsch kaputtgemacht wurde. Und außerdem war er keineswegs stolz auf das, was er ausfindig gemacht hatte.

»Morgen läuft kein Schiff ein«, sagte er. »Jedenfalls keines mit Drogen an Bord . . . Aus Kolumbien, hast du gesagt?«

»So viel ich weiß, ja.«

»Unter einer skandinavischen Flagge?«

»Ja.«

»Nichts«, sagte Palacios. »Ich hab mit 'n paar Typen gespro-

chen, die ich kenne – also in den Häfen läuft momentan überhaupt nichts. Nicht nur, was Drogen angeht. Bananen, Grapefruit, Pkw's – alles nichts. Manche sagen, es riecht nach Streik.
Die Schiffe liegen im Heimathafen vor Anker; sie trauen sich
nicht hierher, weil sie Angst haben, daß dann keiner die Ladung
löscht.«

»Aber das Schiff, von dem ich rede, würde draußen auf See
entladen.«

»Weiß ich, haste gesagt . . . Hundert Kilo. Koks im Wert von
'ner Million. Für 'ne jamaikanische Posse.«

»So viel ich weiß, ja.«

»Von wem haste das? Von Herrera? Ich weiß übrigens, wo er
steckt.«

»Ach ja?« sagte Kling überrascht.

»Er lebt mit 'ner gewissen Consuelo Diego zusammen. Vor 'n
paar Tagen sind sie umgezogen in ein Apartment in der Vandermeer.«

»Vandermeer Avenue? Wo?«

»Hier, ich hab dir die Adresse aufgeschrieben. Wenn du sie
auswendig gelernt hast, kannst du den Zettel ja runterschlukken.«

Kling sah ihn an.

Palacios grinste. Er gab Kling den Zettel.

Kling warf einen Blick darauf und steckte ihn dann in sein
Notizbuch.

»Wie zuverlässig ist der Kerl eigentlich?« fragte Palacios.

»Nicht besonders, glaub ich allmählich.«

»Weil an der Sache doch was faul ist, verstehst du . . .«

»Nämlich?«

»Du sagst, Jamaikaner woll'n das kaufen, hm?«

»Das hat er mir gesagt.«

»Hundert Kilo.«

»Ja.«

»Und du findest das nicht komisch?«

»Was meinst du damit?«

»So große Geschäfte, in denen sind die Jamaikaner gar nicht
drin. Wenig und regelmäßig, so läuft's bei denen. Ein Kilo hier,

ein Kilo dort, jeden zweiten Tag oder so. Wenn sie das Kilo erwischen, dann finanzieren sie damit zehntausend Beutel Crack zu je fünfundzwanzig Dollar. Das gibt 'ne Viertelmillion. Und wenn du dir vorstellst, daß ein Kilo sie durchschnittlich fünfzehntausend kostet, dann können sie mit einem satten Gewinn rechnen ... Willste immer noch 'n Cop werden, wennde mal groß bist?«

Palacios grinste wieder.

»Also, was ich damit sagen will: Du kannst 'ne jamaikanische Posse auftreiben, die sogar mal ganze *fünf* Kilo kauft – das ist schon arg viel für die. Aber *hundert* Kilo? Die direkt übers Wasser kommen und nicht von Miami rauf? Ich sag dir, das stinkt zehn Meilen gegen den Wind.«

Gerade wegen solcher Hinweise schätzte Kling es, seine Informationen aus anderer Quelle als den polizeilichen Bulletins zu bekommen.

Henry Tsu kam allmählich zu der Überzeugung, daß Juan Kai Hsao es in diesem Geschäft weit bringen würde. Vorausgesetzt, es stimmte, was er ihm erzählte. Es gibt ein altes chinesisches Sprichwort: Sogar gute Nachrichten sind schlechte Nachrichten, wenn sie falsch sind ... Juan war an diesem Sonntagnachmittag mit einer Menge guter Nachrichten angekommen, aber stimmten sie auch?

Als erstes berichtete er, der Name der Hamilton-Posse sei ›Trinity‹.

»Trinity?« Henry fand das einen sehr eigenartigen Namen für eine Gang, sogar für eine jamaikanische. Er kannte diese oder jene Posse, die ›Hund‹ hieß, oder ›Dschungel‹, ja sogar ›Okra Slime‹. Aber Trinity?!

»Weil diese Posse, hab ich gehört«, sagte Juan, »an einem Ort gegründet wurde, der so heißt – gleich außerhalb von Kingston. Natürlich in Jamaika. So jedenfalls ist es bei mir angekommen.«

»Trinity«, sagte Henry noch einmal.

»Ja. Auch deswegen, weil sie von drei Männern gegründet worden ist. Trinity steht daher auch für Drei. Wie in der Heiligen Dreifaltigkeit, der Trinität eben.«

Henry hatte keinen blassen Schimmer von der Heiligen Drei-faltigkeit. Und *wollte* auch keinen haben.

»Ist Hamilton einer von den Dreien gewesen?« fragte er.

»Nein. Hamilton ist später dazugekommen; er hat die ur-sprünglichen Drei umgelegt. Er ist jetzt der Boss, läßt sich aber von einem Mann namens Isaac Walker beraten. Der hat auch ein paar Leute umgelegt. In Houston. Sie gelten beide als sehr ge-mein.«

Henry zuckte die Achseln. Er wußte aus eigener Erfahrung, daß niemand so gemein sein konnte wie Chinesen. Er bezwei-felte, daß sowohl Hamilton wie Walker je einen Bambustrieb in menschliche Exkremente getaucht und dem Anführer einer riva-lisierenden Gang unter den Fingernagel gerammt hatten. Schie-ßen, das war nicht gemein. Gemein war, an den Schmerzen und Leiden eines anderen Menschen Spaß zu haben.

»Und Herrera?« fragte er. »Was ist mit dem?« Dieser ganze Quatsch über die Hamilton-Posse mit ihrem lächerlichen religiö-sen Namen ödete ihn allmählich an.

»Ja, deswegen hab ich Ihnen das über die Trinity erzählt«, sagt Juan.

»Also – weswegen?«

»Weil Herrera damit nichts zu tun hat.«

»Womit? Mit der Posse?«

»Also, *das* weiß ich nicht.«

»Dann sagen Sie, was Sie *wissen*«, sagte Henry ungeduldig.

»Ich weiß, daß das Gerücht nicht von Herrera in Umlauf ge-bracht worden ist. Er ist es bestimmt nicht gewesen. Er hat damit nichts zu tun.«

»Also wer dann?« Henry runzelte die Stirn.

»Die Trinity-Leute.«

»Die Hamilton-Posse?«

»Ja.«

»Die sagen, wir haben Herrera aufgelauert und ihm die Fünf-zigtausend geklaut?«

»Ja.«

»Warum?«

»Das weiß ich nicht«, sagte Juan.

»Sind Sie sicher, daß das stimmt?«

»Absolut sicher. Weil ich mit mehreren Leuten gesprochen habe, denen man's zugetragen hat.«

»Was für Leute?«

»Hier, im Chinesenviertel.«

Henry wußte, daß er damit keine legalen Geschäftsleute aus dem Chinesenviertel meinte. Er meinte solche Chinesen, wie Henry selbst einer war. Und er sagte, daß ein paar von denen . . .

»Wer hat sie angesprochen?«

»Trinity-Leute.«

»Und sie haben gesagt, wir haben sie beklaut . . .«

»Ja. Die Posse um Fünfzig beklaut. Die ein Kurier für sie abliefern sollte. Herrera.«

»Mit wieviel Leuten hast du gesprochen?«

»Halbes Dutzend . . .«

»Und Hamiltons Leute waren an sie alle rangetreten?«

»An alle.«

»Warum?« fragte Henry noch einmal.

»Keine Ahnung«, sagte Juan.

»Du wirst das für mich rausfinden«, sagte Henry, gab ihm einen Klaps auf die Schulter und brachte ihn zur Tür. Dort griff er in die Tasche, holte ein Bündel Hundert-Dollar-Noten hervor, die mit einem Clip zusammengehalten wurden, zog fünf Scheine heraus und gab sie Juan. »Geh und kauf dir was zum Anziehen«, sagte er.

Nachdem Henry wieder allein war, ging er zu einem rotlackierten Schränkchen mit Messingbeschlägen, holte eine Flasche Tanqueray-Gin heraus und goß eine stattliche Menge über einen einzigen Eiswürfel in einem breiten, niedrigen Glas. Er setzte sich in einen passend zu dem Schränkchen rot gepolsterten Lehnsessel, knipste eine Stehlampe mit roten Seidenfransen am Schirm an und nippte an seinem Drink. In China ist Rot eine Glücksfarbe.

Warum wurde er ins Gerede gebracht und schlecht gemacht?

Warum sagten sie, er hätte etwas geklaut, das er nicht geklaut hatte?

Warum?

Ihm fiel dazu nur die Lieferung ein, die morgen nacht aus Miami eintreffen sollte.

Hundert Kilo Kokain.

Für die er eine Million Dollar zahlen würde.

In bar selbstverständlich. In dieser Branche wurde nicht mit Schecks bezahlt.

Konnte es sein, daß die Hamilton-Posse ein Auge auf diese Lieferung geworfen hatte? Trinity, was für 'n lächerlicher Name! Aber mal vorausgesetzt, es war so ... Warum mußten sie ihn, Henry, dann schlechtmachen? Selbst wenn er sich das Schlimmste ausmalte – nämlich, daß die Jamaikaner eine Lieferung wegschnappen wollten, die für eine chinesische Gang bestimmt war –, warum mußte man vorher ausstreuen, daß Henry lumpige fünfzigtausend Dollar gestohlen hatte?

Und plötzlich waren die entscheidenden Worte da.

Jamaikanisch.

Und chinesisch.

Wenn Hamilton geplant hätte, sich eine für eine andere *jamaikanische* Gang bestimmte Lieferung unter den Nagel zu reißen, etwa die Banton-Posse oder die Dunkirk-Boys, die beide weit mächtiger waren als seine beschissene kleine Trinity, dann hätte er das aus dem Stand gemacht, ohne Anlauf – Tür eintreten, gleich Dauerfeuer aus Maschinenpistolen und Sturmgewehren, Jamaikaner gegen Jamaikaner, Mann gegen Mann, der Sieger kassiert.

Aber Henry war *Chinese*.

Seine Gang war *chinesisch*.

Und wenn Hamiltons *jamaikanische* Leute erst mal anfingen, auf *chinesische* Zehen zu treten, dann wußte Buddha allein, was für Auswirkungen das hier in der Stadt haben konnte.

Es sei denn ...

Vergeltungsmaßnahmen waren etwas, wofür jeder Dieb Verständnis hatte.

In allen Sprachen und allen Kulturen.

Wenn Henry der Hamilton-Posse tatsächlich fünfzigtausend Dollar gestohlen hätte, dann wäre es für Hamilton nur recht und billig gewesen, zurückzuschlagen.

Die Fünfzigtausend plus Zinsen.

Zinsen satt, wenn man bedachte, daß der Stoff aus Miami eine Million Dollar wert war. Aber Ganovenehre kostete Geld.

Daher der Unsinn, der hier in der Stadt verbreitet wurde.

Hamilton zimmerte sich seine Entschuldigung schon von vornherein zurecht: Tsu hat *mich* reingelegt, und jetzt leg ich *ihn* eben rein.

Das denkst *du*, dachte Henry. Er griff zum Telefon und wählte die gleiche Nummer in Miami, die Herrera knapp fünf Stunden früher angerufen hatte.

Als sie an diesem Sonntag abend bei Angela Quist eintrafen, war es bereits dunkel. Sie habe den ganzen Tag hart gearbeitet, sagte sie, eine Rolle in einem Stück geprobt, sie sei erschöpft, und ob es nicht Zeit habe bis morgen. Jetzt würde sie sich am liebsten eine Suppe machen, ein bißchen fernsehen und früh ins Bett gehen.

»Es dauert bestimmt nicht lang«, sagte Carella. »Wir möchten nur einen Hinweis überprüfen, dem die Kollegen in Seattle nachgehen.«

Angela seufzte tief.

»Wirklich«, sagte Meyer, »nur ein paar Fragen.«

Sie seufzte wieder. Das honigfarbene Haar hing strähnig herunter, und die Saphiraugen blickten trüb. Sie saß auf der Couch unter den Picasso-Drucken. Die Detectives standen; die Wohnung war immerhin so kühl, daß sie nicht daran dachten, die Mäntel auszuziehen.

»Hat Joyce jemals eine Frau namens Sally Antoine erwähnt?« fragte Carella.

»Nein. Glaub ich nicht. Warum?«

»Hat sie nie erwähnt, daß ihr Vater sich mit einer Frau trifft? Mit irgendeiner Frau?«

»Ich kann mich nicht erinnern, daß sie jemals so was gesagt hat.«

»Hat sie je das Testament ihres Vaters erwähnt?«

»Nein.«

»Als sie nach Seattle reiste, hat sie da gesagt, *warum*?«

»Ja. Ihr Vater war sehr krank. Sie hatte Angst, er könnte sterben, bevor sie ihn noch einmal gesehen hatte.« Angela sah sie verwundert an.

»Warum fragen Sie das alles nicht Joyce?« sagte sie.

Da wurde ihnen schlagartig klar, daß sie es ihr nicht gesagt hatten.

Sie wußte von nichts.

»Miss Quist«, sagte Carella behutsam, »Joyce ist tot. Ermordet. In der Nacht zum letzten Montag.«

»O nein! Scheiße«, sagte Angela.

Sie senkte den Kopf. Sie saß eine ganze Weile mit gesenktem Kopf unter den Picasso-Drucken und nickte langsam.

Schweigend.

Dann seufzte sie auf und sah hoch. »Der gleiche Täter?« fragte sie.

»Das wissen wir nicht.«

»O Mann . . .«

Sie verfiel wieder in Schweigen.

»Weiß ihre Schwester Bescheid?« fragte sie dann.

»Ja.«

»Wie hat sie's verkraftet?«

»Einigermaßen, nehm ich an.«

»Sie haben sich so nahgestanden«, sagte Angela.

Beide Detectives sahen sie an.

»Sie haben sich so oft getroffen.«

Sie sahen sie immer noch an.

»Oft?« sagte Meyer.

»Ja, sicher.«

»Auch *nachdem* sie schwanger war?«

»Gewiß. Melissa hat doch die ganzen Vorbereitungen für sie erledigt.«

»*Was* für Vorbereitungen?« fragte Carella.

»Na, sie hat die Adoptions-Agentur ausgesucht«, sagte Angela.

16

Sie trafen am Montag vormittag erst um elf Uhr bei Richard und Melissa Hammond ein, weil sie vorher noch etwas anderes zu erledigen hatten. Die Hammonds waren beim Packen, als die Detectives dort ankamen. Melissa sagte, sie hätten einen Anruf aus Seattle bekommen, von Pearl Ogilvy, die ihnen mitgeteilt hatte, daß ihr Vater heute früh, sieben Minuten vor acht Pazifik-Zeit, von ihnen gegangen war. Die beiden Hammonds hatten vor, am frühen Nachmittag einen Flug zur Westküste zu erwischen.

Carella und Meyer drückten ihr Beileid aus.

»Da wird's 'ne Menge für Sie zu tun geben«, sagte Carella.

»Pearl wird uns eine große Hilfe sein«, sagte Hammond.

»Zweifellos.« Carella lächelte liebenswürdig. »Sie machen ja nun wirklich üble Zeiten durch, und wie . . .«

»Na ja, es kommt ja nicht unerwartet«, sagte Hammond.

»Ja. Aber ich hatte mir trotz allem gedacht, ob wir Ihnen nicht ein paar Fragen stellen können.«

Hammond sah ihn überrascht an.

»Also wirklich«, sagte er, »ich glaube nicht, daß das jetzt der richtige . . .«

»Ja, ich weiß«, sagte Carella. »Und glauben Sie mir, mir wär's auch lieber, da wären nicht drei Leute ermordet worden. Aber sie sind's nun mal.«

In seiner Stimme lag etwas, das Hammond veranlaßte, von seinem offenen Koffer aufzusehen.

»Es tut mir daher wirklich leid«, sagte Carella, doch es klang keineswegs so, »aber wir wären wirklich dankbar, wenn wir Ihre Zeit noch ein paar Minuten lang in Anspruch nehmen dürften.«

»Aber ja«, sagte Hammond.

Melissa war an der anderen Seite des Betts damit beschäftigt, säuberlich zusammengelegte Kleidungsstücke in den Koffer zu packen. Die Detectives standen noch in der Tür; in der intimen Atmosphäre des Schlafzimmers fühlten sie sich deplaziert und unwohl – um so mehr, als niemand sie aufforderte, die Mäntel abzulegen.

»Als wir das letzte Mal mit Ihnen sprachen«, fing Carella an, »haben Sie erwähnt, daß Sie Joyce seit irgendwann im Februar nicht mehr gesehen hatten . . .«

»Seit dem zwölften Februar«, ergänzte Meyer nach einem Blick in sein Notizbuch.

»Stimmt«, sagte Melissa.

Sie sah dabei in ihren Koffer und packte weiter.

»Zu einer Zeit, als sie im vierten Monat schwanger war«, sagte Carella.

»Ja.«

»Aber sie haben nicht gemerkt, daß sie schwanger war.«

»Nein.«

»Weil man's allen Chapman-Frauen nicht ansieht, ist es nicht so, Mr. Hammond?«

»'tschuldigen Sie, aber . . .«

»Haben Sie sich nicht so geäußert, Mr. Hammond, daß man es allen Chapman-Frauen nicht ansieht?«

»Ja.«

»An welche Chapman-Frau hatten Sie dabei eigentlich gedacht?«

»Tut mir leid, aber ich weiß wirklich nicht, worauf Sie . . .«

»Ihre Frau hatte doch nur eine Schwester – Joyce. An Joyce können Sie nicht gedacht haben, weil Sie sie nie in schwangerem Zustand gesehen hatten. Und Melissas *Mutter* war vor zwanzig Jahren zum letzten Mal schwanger. *Sie* haben sie ja wohl damals auch nicht gesehen, oder?«

»Nein, das hab ich nicht.«

»Welche Chapman-Frau haben Sie dann also gemeint?«

»Na ja, Melissa natürlich . . .«

»Ja, natürlich. Und wen noch?«

»Also, was ich *gemeint* habe«, sagte Hammond, »daß es innerhalb der Familie immer *geheißen* hat, daß man es den Chapman-Frauen nicht ansieht.«

»Aha«, sagte Carella. »Na, damit wäre das ja geklärt, oder etwa nicht?«

»Mr. Carella, ich weiß nicht genau, worauf Sie jetzt hinauswollen. Aber eines weiß ich, daß mir Ihr Ton nicht paßt. Wenn Sie etwas haben, das Sie . . .«

»Mrs. Hammond«, sagte Carella, »es stimmt doch, daß Sie Ihrer Schwester die Cooper-Anderson-Agentur vorgeschlagen haben?«

Melissa sah von ihrem Koffer hoch.

»Nein«, sagte sie.

Eine glatte Lüge.

»Bevor wir hier zu Ihnen gekommen sind«, sagte Carella, »haben wir einen Mann namens Lionel Cooper aufgesucht. Das ist einer der Partner in der Cooper-Anderson . . .«

»Was soll das?« sagte Hammond.

»Mr. Cooper erinnert sich genau daran, mit Ihnen mehrere Telefongespräche geführt zu haben . . .«

»Meine Frau hat nie mit jemandem gesprochen, der so heißt.«

»Es ging um die Schwangerschaft Ihrer Schwester und die Adoption des Babys nach seiner Geburt.«

»Ich hab nicht *gewußt*, daß sie schwanger war«, sagte Melissa.

»Das haben Sie gesagt, ja. Weil Sie sich nicht besonders nahestanden und sich selten sahen.«

»Stimmt.«

»Angela Quist, die junge Frau, mit der sie zusammengewohnt hat, ist der Überzeugung, daß Sie sich sehr nahestanden und daß Sie sich oft getroffen haben. Besonders nachdem Joyce schwanger war.«

»Miss Quist irrt sich«, sagte Hammond scharf.

»Mr. Hammond, wo waren Sie am Silvesterabend, nein, am Neujahrsmorgen, zwischen Viertel vor zwei und . . .«

»Er war hier. Bei mir«, sagte Melissa.

»Sie waren beide hier zwischen . . .«

»Jetzt langt's, Gentlemen«, sagte Hammond.

»Was heißt das?« fragte Carella.

»Das heißt, daß ich Jurist bin und daß das Gespräch hiermit beendet ist.«

»Ich habe erwartet, daß Sie so etwas sagen würden«, sagte Carella.

»Wie schön für Sie. Da haben Sie recht gehabt. Außer, Sie haben . . .«

»Wir haben«, sagte Carella.

Hammond zwinkerte nervös.

»Wir haben eine Übereinstimmung.«

Hammond zwinkerte noch immer.

»Einen Report vom Federal Bureau of Investigation«, sagte Carella, »demzufolge die Fingerabdrücke auf dem Griff des Messers, mit dem Annie Flint ermordet wurde, identisch sind mit denen, die in den Unterlagen der U.S. Army von Richard Allen Hammond vorliegen. Das sind Sie.«

Das war eine Lüge.

Nicht, soweit das FBI betroffen war. Bonnem hatte aus Seattle berichtet, daß Hammond im Vietnam-Krieg Soldat gewesen war und seine Fingerabdrücke daher in den Akten der Armee gespeichert waren. Aber die fremden Abdrücke auf dem Griff der Tatwaffe waren zu verwischt, zu unklar; es war nichts damit anzufangen. Er hoffte, daß Hammond keine Handschuhe getragen hatte, als er das Fenster des Hodding-Apartments aufstemmte. Er hoffte noch manches. Einstweilen nahm er die Handschellen vom Gürtel.

Meyer tat das gleiche.

Melissa wurde schlagartig klar, daß ein Paar Handschellen für sie bestimmt waren.

»Mein Vater ist gerade gestorben«, sagte sie. »Ich muß unbedingt nach Seattle.«

Carella sah ihr starr in die Augen.

Sie wich seinem eisigen Blick aus.

Es war Montag vormittag, und Herrera kam um zehn nach elf die Außentreppe des Hauses Nummer 3311 in der Vandermeer Avenue herunter. Er wandte sich nach Osten, Richtung Soundview Boulevard.

Kling war ziemlich dicht hinter ihm.

Er hatte seit sieben Uhr hier gestanden; er hielt Herrera zwar nicht für einen Frühaufsteher, wollte aber auch kein Risiko eingehen. Herrera legte ein gutes Tempo vor. Kunststück, der hatte sich in den letzten vier Stunden ja schließlich nicht die Flossen steifgefroren auf der Straße. Er ruderte mit den Armen, ging mit eingezogenem Kopf gegen den Wind an und sprintete die Straße entlang wie einer, der den Zug nicht verpassen will. Kling hoffte, er wollte nicht die ganze gottverdammte Stadt durchqueren. Er hatte kalte Ohren, kalte Hände, kalte Füße und eine kalte Nase. Er ärgerte sich bei dem Gedanken, daß Herrera wahrscheinlich vor einer Stunde oder so in einem warmen Bett aufgewacht war, mit Consuelo Diego gevögelt und dann warm gefrühstückt hatte, während Kling gegenüber in einer Toreinfahrt gestanden und darauf gewartet hatte, daß der andere endlich auftauchte.

Herrera blieb stehen und sprach einen Passanten an.

Der Angeredete wies die Straße hinauf.

Herrera bedankte sich und setzte sich wieder in Bewegung.

Kling kam sich vor wie in der eisigen Tundra. Er ließ Herrera gute fünfzehn Meter Vorsprung. Herrera kannte ihn schließlich vom Ansehen. Wenn er sich nur einmal umdrehte . . .

Jetzt blieb er wieder stehen.

Diesmal sah er zu der Hausnummer über einem der Geschäfte hoch.

Wieder ging er weiter.

Kling immer hinterher.

Dann hatte er offensichtlich in dem vor ihm liegenden Schaufenster das Gesuchte entdeckt, wandte sich unmittelbar zur Tür, öffnete sie und war verschwunden.

Auf dem Fenster stand:

GO, INC.
Reisebüro

Er überquerte die Straße, bezog im Hauseingang eines Mietshauses Stellung, zog den Kopf ein, kauerte sich hin und wartete wieder.

Eine Stunde später trat Herrera beschwingt wieder auf die Straße. Ein breites Lächeln lag auf seinem Gesicht; ein Mann, der Tickets in der Tasche hatte, Tickets irgendwohin, wo es sonnig und warm war. Kling, wieder in seinem Kielwasser, wünschte

sich einen Augenblick lang, er könnte dorthin, wo Herrera hin-
wollte – egal, wo das war. Weg aus dieser Stadt mit dem bereits
rußgeschwärzten Schnee, den eisglatten Trottoirs und dem blei-
grauen Himmel, der noch mehr Schnee anzukündigen schien. Nur
weg, irgendwohin.

Na, wo geht's denn jetzt hin? fragte er sich.

Herrera ging zurück in die Vandermeer Avenue Nr. 3311.

Die Außentreppe hoch, die Haustür aufgeschlossen, und weg
war er.

Kling bezog wieder Posten im gegenüberliegenden Hauseingang. Kurz nach eins kam der Hausmeister heraus und jagte ihn
weg. Kling ging zu dem Imbißlokal mehrere Häuser weiter, nahm
an einem Fenstertisch zur Straße Platz, verzehrte einen Cheese-
burger mit einer Portion Pommes frites und behielt dabei das
schräg gegenüberliegende Gebäude im Auge. Er war bei der dritten Tasse Kaffee, als Herrera aus dem Haus kam, diesmal in Begleitung einer sehr hübschen dunkelhaarigen Frau, die ihn an seinem unverletzten Arm untergehakt hatte. Die Frau trug einen
kurzen Mantel, eine Pelzimitation, über einem winzigen Mini-
rock. Phantastische Beine. Sie strahlte übers ganze Gesicht. Consuelo, vermutete Kling. Es war schon fast drei Uhr nachmittags.

Er folgte ihnen am Park die Soundview Avenue entlang und
dann ostwärts Richtung Lincoln zu einem Gebäudekomplex namens Gateway, in dem in zwei verschiedenen Filmtheatern, dem
Gateway I und Gateway II, zwei verschiedene Kinos untergebracht
waren. Er konnte sich nicht unmittelbar hinter Herrera anstellen,
weil Herrera ihn ja erkennen konnte. Er wartete, bis Herrera zwei
Billetts zu *einer* der Vorstellungen gekauft hatte und fragte dann
das Mädchen hinter der Kasse, für welchen Film der Mann mit
dem Arm in der Gipsschiene gerade Karten verlangt hatte.

»Häh?« sagte das Mädchen.

»Der Mann mit der Gipsschiene«, sagte Kling. »In welche Vorstellung ist er gegangen?«

Er wollte seine Dienstmarke nicht vorzeigen. Wenn er sich als
Cop auswies, dann wußte der ganze Laden hier fünf Minuten später Bescheid. Herrera hatte schließlich Augen und Ohren.

»Kann ich mich nicht erinnern«, sagte das Mädchen.

»Es gibt ja nur zwei Kinos«, sagte Kling, »für welches hat er Karten gekauft?«

»Kann ich mich nicht erinnern. Wollen Sie ein Billett oder nicht?«

»Geben Sie mir Billetts zu beiden Vorstellungen«, sagte Kling.

»*Beide* Vorstellungen?«

»Ja, beide.«

»So was hab ich auch noch nie gehört«, sagte das Mädchen.

Sie mochte sechzehn sein, schätzte Kling. Einer jener Teenager, die heutzutage das ganze Universum unsicher machen.

»Wie können Sie gleichzeitig zwei Filme ansehen?« fragte sie.

»Ich möchte eben von jedem 'n bißchen was mitkriegen«, sagte Kling.

»Na ja, ist ja Ihr Geld«, sagte sie, und ihren Augen war deutlich die Überzeugung abzulesen, daß mehr Bescheuerte frei herumliefen, als in der Anstalt saßen. »Das macht vierzehn Dollar«, sagte sie und tippte die Billetts ein.

Kling nahm sie aus dem Automaten und gab dem Mädchen eine Zehn-, und vier einzelne Dollar-Noten. Sie zählte die Scheine. »Zehn und vier macht vierzehn«, sagte sie.

Kling ging zu einem anderen Teenager hinüber, der die Billetts einriß.

»Ihr Billett, bitte«, sagte der Junge.

Kling gab ihm beide.

»Noch jemand bei Ihnen, Sir?« sagte der Junge.

»Nein, ich bin allein.«

»Weil Sie hier zwei Billetts haben, Sir.«

»Ich weiß.«

»Und sie sind für zwei verschiedene Filme.«

»Ich weiß.«

Der Junge sah ihn an.

»Ist schon in Ordnung.« Kling lächelte.

Der Junge sah ihn immer noch an.

»Wirklich«, sagte Kling.

Der Junge zuckte die Achseln, riß die Billetts durch und gab Kling die Hälften zurück. »Viel Spaß«, sagte er. »In beiden Filmen.«

»Danke sehr«, sagte Kling.

Er versuchte es zuerst im Gateway I. Er wartete hinten im Zuschauerraum, bis seine Augen sich an die Dunkelheit gewöhnt hatten. Dann ging er vorsichtig den linken Gang hinunter und blieb hinter jeder Sitzreihe stehen, um nicht entdeckt zu werden, falls Herrera hier irgendwo saß und zufällig zur Seite schaute. Er überprüfte jede Reihe. Kein Herrera. Er wiederholte die Prozedur im Gang auf der rechten Seite. Auf der Leinwand sagte jemand, er habe das Gefühl, sich verliebt zu haben. Sein Freund sagte: »Na und, du verliebst dich doch dauernd, gibt's nichts Neues?« Die beiden waren Teenager, und Kling vermutete, daß sie alles über die Liebe wußten. Es war einer von den Tausenden von Filmen, die für ein Teenager-Publikum produziert und mit Teenagern besetzt werden. Kling versuchte sich zu erinnern, ob es Teenager-Stars gegeben hatte, als er ein Teenager war. Es fiel ihm keiner ein. Er konnte sich nur an Marilyn Monroes weißen Glockenrock erinnern, wie er bis über das weiße Höschen hinaufgeweht war.

Herrera war nicht im Theater.

Kling ging den Gang wieder hinauf, stieß die Tür auf und wandte sich nach links. An den Toiletten und den Spielautomaten vorbei erreichte er die Türen zu Gateway II und wartete wieder, bis er etwas sehen konnte. Er entdeckte Herrera und Consuelo in der Mitte des Theaters auf zwei Außenplätzen am rechten Gang. Er fand einen Sitz drei Reihen hinter ihnen. Auf der Leinwand vorn knutschten zwei Teenager. Das Mädchen versuchte zu verhindern, daß der Junge ihm die Bluse aufknöpfte. Kling erinnerte sich an Zeiten, in denen das Aufknöpfen einer Bluse ein Unternehmen war, das der Besteigung des Mount Everest gleichkam. Der Junge auf der Leinwand war am entscheidenden Knopf angekommen. Die Brust des Mädchens wurde sichtbar, in einem weißen Büstenhalter. Kling schätzte, daß sie siebzehn sein sollte. Sie sah aus wie fünfundzwanzig. Der Junge sah aus wie zwölf. Drei Reihen weiter vorn küßte Herrera Consuelo leidenschaftlich. Nach seiner Körperhaltung war zu vermuten, daß seine unverletzte Hand unter Consuelos Rock steckte. Kling fragte sich, warum sie nicht einfach zurück in das Apartment gingen.

Die Szene auf der Leinwand hatte gewechselt. Zwei Teenager

reparierten ein Auto. Die Motorhaube war hochgeklappt. Sie sprachen über ein Mädchen namens Mickey. Kling entnahm ihrem Gespräch, daß Mickey nicht allzu faszinierend war. Herrera und Consuelo waren offenbar auch nicht sehr interessiert an ihr. Es sah so aus, als habe Herrera inzwischen seinen ganzen *Arm* unter Consuelos Rock.

Kling behielt die Uhr im Auge.

Ein Film ist im Schnitt zwei Stunden lang; er wollte nicht erwischt werden, wenn er zu Ende war und das Licht anging. Er verfolgte die Handlung mit der Uhr. Der Film schien sechzehn Schlußszenen zu haben. Jedesmal wenn er dachte, gleich ist es zu Ende, kam es zu einer weiteren Teenager-Krise, die noch überwunden werden mußte. Kling fragte sich, wie Teenager einen einzigen Tag heil überstanden angesichts der ernsten Probleme, die sie zu meistern hatten. Nach einer Stunde und fünfzig Minuten schien es soweit zu sein. Er stand auf, ging Richtung Ausgang und wartete dort, bis der Nachspann lief. Dann ging er hinaus und blieb vor einem der Spielautomaten stehen, den Rücken dem Theaterausgang zugewandt, aber mit freier Sicht auf die Türen zur Straße. Herrera und Consuelo passierten sie etwa zehn Minuten später. Kling nahm an, daß sie noch die Toiletten aufgesucht hatten. Er versuchte sich zu erinnern, wann er zuletzt gepinkelt hatte. Es war jetzt zwölf nach fünf.

Es war schon dunkel auf der Straße. Die Straßenbeleuchtung war an. Er folgte Herrera und Consuelo zurück zu dem Apartment in der Vandermeer Avenue. Er wartete, bis im dritten Stock das Licht anging. Dann huschte er in das Schnellrestaurant, suchte die Toiletten auf und war gleich danach wieder auf der Straße. Im dritten Stock brannte das Licht noch. Er bezog wieder seinen Posten.

Um sieben nach sechs betraten zwei Chinesen das Haus.

Die meisten Cops können Chinesen nicht voneinander unterscheiden. Aber diese beiden sahen aus wie Zwillinge.

Hammond lehnte es ab, ein einziges Wort zu sagen, und gab seiner Frau den Rat, ebenfalls zu schweigen.

Als Melissa jedoch im Vernehmungszimmer Nellie Blair und den Detectives allein gegenübersaß, brach sie schließlich in Tränen aus und beantwortete alle Fragen. Es war inzwischen Viertel nach sechs. Sie hatten die ganze Zeit nervös die Uhr im Auge behalten: Der Zeitpunkt rückte näher, zu dem Anklage erhoben sein mußte, wenn sie nicht gezwungen sein wollten, die Hammonds laufenzulassen. Daß Melissa plötzlich auspackte, war vielleicht durch die Anwesenheit einer weiteren Frau begünstigt worden, vermuteten sie, aber sie scherten sich einen Dreck darum, was das nun ausgelöst haben mochte. Sie wollten nur einen Fall, der hieb- und stichfest war.

Nellie stellte alle Fragen.

»Mrs. Hammond«, sagte sie, »erinnern Sie sich jetzt, wo Ihr Mann am ersten Januar frühmorgens zwischen ein Uhr fünfundvierzig und zwei Uhr dreißig war?«

»Genau kann ich es Ihnen nicht sagen«, sagte Melissa. »Aber als er das Apartment verließ, war es . . .«

»Unter Apartment verstehen Sie . . .?«

»*Unser* Apartment. In Calm's Point.«

»Um wieviel Uhr hat er es verlassen?«

»Um Mitternacht. Wir haben aufs neue Jahr angestoßen, und dann ist er weg.«

»Wohin, und was hatte er vor?«

»Das Baby umbringen.«

Das klang so, daß es den Detectives eiskalt den Rücken hinunterlief. Gefühllos, ohne jede Beschönigung; die nackten Worte schienen im Raum zu hängen. Das Baby umbringen. Sie hatten aufs neue Jahr angestoßen, dann war er weggegangen. Um das Baby umzubringen.

»Wenn Sie Baby sagen, dann meinen Sie Susan Hodding?« fragte Nellie leise.

»Ja. Das Baby meiner Schwester.«

»Susan Hodding.«

»Wir wußten nicht, was für einen Namen sie ihr gegeben haben.«

»Aber Sie wußten, daß die Adoptiveltern Hodding hießen. Mr. und Mrs. Peter Hodding.«

»Ja.«

»Woher wußten Sie das?«

»Mein Mann hat das rausgefunden.«

»Wie?«

»Jemand aus der Agentur hat's ihm gesagt.«

»Das war die Agentur . . .«

»Cooper-Anderson.«

»Die Adoptions-Agentur.«

»Ja.«

»Jemand bei der Agentur hat ihm diese Information gegeben.«

»Ja. Er hat jemand dafür bezahlt, daß er die Information bekam. Weil der Name der Adoptiveltern nur an zwei Stellen vorliegt, in den Gerichtsakten und den Agentur-Unterlagen. Bei Adoptionen kommt man an die Gerichtsakten nicht ran, wissen Sie, und Dick mußte den Namen deshalb über die Agentur rauskriegen.«

»Und hat, wenn ich recht verstanden habe, dafür in bar . . .«

»Ja. Fünftausend Dollar.«

»An jemand von der Agentur.«

»Ja.«

»An wen? Können Sie sich vielleicht erinnern?«

Den Prozeßverlauf schon im voraus planen, schon die Zeugen der Anklage aufreihen, sozusagen . . . Den Namen des oder der Agentur-Angestellten rauskriegen. Ihn oder sie als Zeugen vorladen.

»Das müssen Sie Dick fragen«, sagte Melissa.

»Nachdem Ihr Mann also nun mal den Namen hatte . . .«

»Und die Adresse.«

»Den Namen und die Adresse der Hoddings, da wußte er, wo das Baby zu finden war.«

»Ja.«

»Und er ist in der Neujahrsnacht hingegangen.«

»Ja.«

»Aus dem einzigen Grund, grade dieses Kind zu töten.«

»Ja.«

»Wie ist es dazu gekommen, daß er auch Annie Flynn . . .«

»Also, ich weiß nur, was er mir gesagt hat.«

»Was hat er Ihnen gesagt, Mrs. Hammond?«

»Er hat gesagt, er war im Kinderzimmer, als . . . Wissen Sie, er hatte sich einen Grundriß des Hauses besorgt. Es ist ein Neubau, und er ist hingegangen und hat gesagt, er will eine Wohnung kaufen. So hat er die Aufteilung der Zimmer im Apartment dieser Hoddings gekannt. Sie haben nur zwei Schlafzimmer, und vor dem kleineren, das also nur das Kinderzimmer sein konnte, war draußen die Feuerleiter. Er wußte also, wenn er vom Dach her die Feuerleiter runtersteigt, dann kommt er direkt ins Kinderzimmer. Und kann die Kleine ersticken. Mit ihrem Kissen. Aber in der Nacht, als er dort war . . .«

»Warum eigentlich gerade die Neujahrsnacht?«

»Er hat gedacht, in der Neujahrsnacht ist es günstig.«

»Warum? Hat er gesagt, warum?«

»Nein. Das hat er mir nicht gesagt.«

»Er hat halt nur gemeint, es ist günstig.«

»Ja . . . Das müssen Sie ihn selber fragen. Auf jeden Fall war er da drin im Zimmer, und das Mädchen . . .«

»Annie Flynn?«

»Ja, der Babysitter. Er hatte sich's halt anders vorgestellt, sehen Sie. Daß er nur ins Kinderzimmer rein muß, dem Kind das Kissen aufs Gesicht drücken und wieder raus . . . Ich will sagen, es war ja bloß ein *Baby*. Er brauchte keinen Widerstand oder sonst was zu befürchten, keinen Lärm und kein Geschrei. Nur rein und wieder raus. Sollten die Hoddings zu Hause sein . . . Na, in der Neujahrsnacht war anzunehmen, sie hatten etliche Drinks intus; außerdem war es spät, sie würden fest schlafen, er konnte seelenruhig rein, sein Vorhaben ausführen und wieder weg, ohne daß sie irgendwas hörten. Es war ein *Baby*, ja? Und wenn die Hoddings noch nicht zu Hause waren, noch irgendwo feierten, dann war wahrscheinlich ein Mädchen da, ein Babysitter. Und wenn der nicht auch schlief . . .«

»Es *war* ein Babysitter da, wie sich herausstellte, nicht wahr?«

»Ja, schon, aber Dick wußte, wo das Wohnzimmer liegt, und das Kinderzimmer ist ganz am anderen Ende des Ganges. Er hat daher gedacht, ob Hoddings oder Babysitter, es geht ganz *leicht*. Es war ein *Baby*. Er hat nicht damit gerechnet, daß es irgendein Problem geben würde.«

»Aber es *hat* eins gegeben.«

»Ja.«

»Worin bestand das Problem, Mrs. Hammond?«

»In dem Mobile.«

»In dem was?«

»Dem Mobile. Über dem Kinderbett. Er hat sich über das Bett gebeugt und ist mit dem Kopf gegen das Mobile gestoßen. Es war wie eines von diesen Dingern, die im Wind glockenähnliche Geräusche machen, verstehen Sie? Nur, daß es unabhängig vom Wind war. Es war so, daß es eben diese Glockengeräusche von sich gegeben hat, wenn man dagegenstieß. Es hat so über dem Bett gehangen, daß das Baby noch mit der Hand dranreichte und diese Glockentöne machen konnte. Aber Dick hat nichts davon gewußt, er war noch nie in dem Apartment gewesen. Er ist mit dem Kopf da reingerasselt, und es ist losgegangen wie ein Wekker.«

»Und dann?«

»Er hat das Mobile vom Haken gerissen, aber da war das Baby schon wach, und es hat geschrien. Der Babysitter hat es gehört, und damit hat der ganze Schlamassel angefangen. Andernfalls wäre alles glatt gegangen. Wenn das Mobile nicht dazwischengekommen wäre.«

»Als Annie also gehört hat, daß das Baby schrie . . .«

»Ja. Wir haben natürlich keine Namen gewußt, weder den des Babys, noch den des Mädchens. Bis wir's aus dem Fernsehen erfahren haben.«

»Was ist passiert, als Annie das Baby schreien gehört hat?«

»Sie hat vom Wohnzimmer her gerufen – wollte wissen, wer da ist. Und dann . . . Dann ist sie plötzlich im Türrahmen aufgetaucht. Mit einem *Messer* in der Hand. Einem sehr *großen* Messer. Und sie ist damit auf Dick losgegangen. Er hat sich verteidigen müssen. Es war Selbstverteidigung, wirklich. Bei dem Babysitter war's das. Sie ist wirklich mit dem Messer auf ihn los. Er hat vielleicht drei oder vier Minuten lang mit ihr gekämpft, bevor er es ihr wegnehmen konnte.«

»Und dann hat er zugestochen.«

»Ja.«

»Hat er Ihnen das gesagt?«

»Ja.«

»Daß er sie erstochen hat?«

»Ja. Daß er sie umbringen mußte. In Selbstverteidigung.«

»Hat er gesagt, wie oft er auf sie eingestochen hat?«

»Nein.«

»Und das Baby? Wann hat er es . . .?«

»Das Baby hat immer noch geschrien. Deshalb mußte er schnell machen.«

»Das Baby ist wach gewesen . . .«

»Und hat geschrien, ja.«

»Als er es erstickt hat . . .«

»Na ja, das Kissen aufs Gesicht gedrückt hat.«

»Es erstickt hat.«

»Also gut, ja.«

»Hatte er Blut an den Kleidern, als er heimkam?«

»Nur ganz wenig. Ein paar Spritzer.«

»Haben Sie die Kleidungsstücke noch?«

»Ja. Aber ich hab die Flecken mit kaltem Wasser rausgewaschen.«

Nellie bereitete immer noch ihre Hauptverhandlung vor. Die Kleidungsstücke als Beweismaterial beschlagnahmen. Ins Labor schicken. Es war so gut wie unmöglich, Blutspuren hundertprozentig zu beseitigen. Vergleich der Blutflecke mit dem Blut auf dem Messergriff. Gutachten über die Identität des Blutes am Messer und an Richard Hammonds Kleidung in der Mordnacht.

»Sagen Sie mir, was in der Nacht vom Montag, dem sechzehnten Januar, vorgefallen ist«, sagte sie.

»Darüber möchte ich nicht sprechen.«

»Das ist die Nacht, in der Ihre Schwester ermordet wurde, nicht wahr?«

»Darüber möchte ich nicht sprechen.«

»Hat Ihr Mann sie getötet?«

»Ich möchte darüber nicht sprechen.«

»Hat er?«

»Ach, wissen Sie, da waren so ein paar Dinge . . .« Es klang fast wie ein Selbstgespräch, und Melissa schüttelte den Kopf. »Wir

sollten bei Daddys Tod jede die Hälfte kriegen. Warum dann . . .«
Wieder schüttelte sie den Kopf. »Ich die Hälfte. Joyce die Hälfte«,
sagte sie. »Und dazu noch der Treuhandfonds. Deshalb war ja das
Baby so wichtig. Aber . . . Warum so gierig? Warum alles haben
wollen?«

»Mrs. Hammond, hat Ihr Mann Joyce Chapman getötet?«

»Das müssen Sie ihn fragen. Ich möchte nicht darüber sprechen.«

»War er hinter der *gesamten* Erbschaft her? Wollen Sie das zum
Ausdruck bringen?«

»Ich habe meine Schwester geliebt«, sagte Melissa. »Das Baby
war mir egal; ich habe es nie gesehen. Aber meine Schwester . . .«
Sie schüttelte den Kopf.

»Ich meine, das Baby *bedeutete* mir nichts. Und mein Mann
hatte recht: Warum sollte ein Kind das ganze Geld kriegen,
das . . . unehelich war? Joyce wußte ja nicht einmal, wer der *Vater*
war.«

»Welches Geld?« fragte Nellie.

»Das konnte ich verstehen, das war vernünftig. Aber meine
Schwester . . . Ich wußte nicht, daß er ihr das antun wollte. Ich
schwöre bei Gott, wenn ich das gewußt hätte . . .«

»Aber daß er das Baby töten wollte, das haben Sie gewußt.«

»Ja. Aber nicht meine Schwester. Ich wäre mit der Hälfte zufrieden gewesen, das schwöre ich bei Gott. Ich meine, das sind doch
Millionen – warum mußte er auf einmal so verdammt *geldgierig*
werden? Das andere Geld, okay. Warum sollte das ein Kind bekommen, das meine Schwester nie gewollt hatte? Aber . . .«

»Welches andere Geld?« fragte Nellie noch einmal.

»Steht alles im Testament. Sie müssen das Testament lesen.«

»Hat sich da schon jemand mit Ihnen in Verbindung gesetzt?«

»Weshalb?«

»Wegen des Testaments. Soviel ich weiß, ist Ihr Vater heute
morgen gestorben. Hat sein Anwalt . . .«

»Nein, nein.«

»Dann . . .« Nellie blickte erstaunt. »Wollen Sie sagen . . .«

»Wir wußten, was in dem Testament steht«, sagte Melissa.
»Schon seit fast einem Jahr.«

»Wie haben Sie's herausgefunden?«

»Mr. Lyons hat's meinem Mann erzählt.«

»Mr. Lyons?«

»Geoffrey Lyons. War früher der Anwalt meines Vaters.«
Nellie war bestürzt.

»Er hat Ihrem Mann die Verfügungen im Testament seines
Klienten . . .?«

»Er mochte Dick sehr gern«, sagte sie. »Sein eigener Sohn ist
in Vietnam gefallen. Die beiden sind zusammen aufgewachsen,
zusammen in die Schule gegangen. Er hat wohl in Dick so eine
Art Ersatz-Sohn gesehen. Es war ja auch nichts Ungesetzliches
dabei. Oder auch nur Unehrenhaftes. Mein Vater hat nur versucht, dafür zu sorgen, daß die Familie nicht ausstirbt. Er hat
versucht, für einen Ansporn zu sorgen. Mr. Lyons hat Dick nur
einen freundlichen Tip gegeben, das war alles. Er hat ihm gesagt,
was im Testament steht. Er hat gesagt, wir sollten uns dranhalten, ja?«

»Dranhalten?«

»Na, Sie wissen schon.«

»Nein, ich weiß nicht.«

»Na, dranbleiben halt.«

»Ich weiß immer noch nicht, was Sie meinen.«

»Ja, dann müssen Sie wohl das Testament lesen«, sagte Melissa und wandte sich ab.

Und dann, aus unerfindlichen Gründen, sah sie Carella starr
in die Augen und sagte: »Ich habe sie wirklich geliebt. Sehr geliebt.«

Sie verbarg ihr Gesicht in den Händen und begann leise zu
weinen.

Das Apartment, das Herrera für den Test benutzen wollte, lag
nur drei Blocks östlich von dem, das er in der Vandermeer Avenue gemietet hatte. Beide Apartments wurden normalerweise
auf Stundenbasis an Nutten vermietet, die dort ihre Quickies ab-
zogen, und beide Vermieterinnen waren froh und glücklich, sie
Herrera für die Wochenmiete zu überlassen, die zwar niedriger

war, aber zuverlässiger einging als das Geld von dem unsicheren Ex-und-Hopp-Geschäft der Nutten.

Herrera war mit Zing und Zang hingegangen. In einem Aktenkoffer, mit dem er sich wie ein Anwalt vorkam, hatte er fünfzigtausend Dollar in Hundertdollarnoten. Die fünf Kilo Kokain würden in den Aktenkoffer passen, wenn der Deal zum Abschluß gekommen war. Dann würden sie zu dritt zu dem Apartment in der Vandermeer zurückgehen, wo Zing und Zang die Übergabe von ihrer Hälfte des Kokains erwarteten. Wie ausgemacht. Zweieinhalb Kilo für sie, zweieinhalb für Herrera. Gentlemen. Nur daß Herrera plante, sie vorher kaltzumachen.

Es hing alles davon ab, ob man in dieser Stadt geboren war, sinnierte er.

Zwei bezopfte Chinks aus Hongkong, die hatten keine Ahnung, daß er sie in dem Augenblick, in dem die Wohnungstür hinter ihnen zufiel, in den Rücken schießen würde.

Sie verstanden die Stadt nicht.

Hier mußte man geboren sein.

Sie blieben vor 705 East Redmond Street stehen.

»Ich muß allein raufgehen«, erklärte Herrera.

»Yeh«, sagte Zing.

»Der aus Miami verlangt es so.«

»Yeh«, sagte Zang.

»Es kann 'ne Weile dauern. Wir woll'n doch nich, daß sie uns Puderzucker andrehen.«

»Wil hiel walten«, sagte Zing.

Kling sah Herrera in das Haus gehen.

Die beiden Chinesen blieben draußen stehen, die Hände in den Manteltaschen vergraben. Alle beide trugen lange dunkelblaue Mäntel. Keine Hüte. Sie hatten das schwarze Haar glatt aus der Stirn zurückgekämmt. Da keiner von beiden Kling je zuvor gesehen hatte, konnte er sie sich ohne weiteres aus größerer Nähe ansehen.

Er ging auf der gleichen Straßenseite direkt an ihnen vorüber.

Todsicher Brüder. Sogar Zwillinge.

Er schien ihnen noch nicht einmal einen Blick aus dem Augenwinkel zuzuwerfen. Er bekam jedoch auch so genug mit, um sie
später mal wiederzuerkennen, irgendwann, irgendwo . . .

Er ging weiter die Straße hinauf, bog ab, marschierte zwei
Blocks westwärts, kehrte um und kam auf der anderen Straßenseite zurück. Diesmal hatte er sein blondes Haar unter einer eng
anliegenden blauen Wollmütze versteckt. Das einzige, was man
in einem Slum-Viertel mit Sicherheit ohne langes Suchen finden
konnte, war ein dunkler Hauseingang. Er fand einen drei Häuser
weiter von dem Haus, das Herrera betreten hatte. Über die Straße
hinweg sahen die rechts und links der Außentreppe postierten
Brüder wie die Statuen vor einer öffentlichen Bibliothek aus.
Zehn Minuten später ging ein Mann mit Schnurrbart an den Chinesen vorbei ins Haus. Auch er trug einen Aktenkoffer, genau
wie Herrera.

Der Mann aus Miami war ein massiger Brutalo-Typ mit einem
Pancho-Villa-Schnurrbart. Er sagte auf spanisch »Hallo«, und
dann: »Hast du das Geld?«

»Hast du den Shit?« fragte Herrera.

Kein Kennwort, kein Code, keine Zahlensequenz. Zeit und Ort
waren vorher verabredet worden. Keiner der beiden hätte das
Wann und Wo gewußt ohne das vorherige Sicherheitstheater.
Jetzt wollten die beiden die Sache hinter sich bringen, und zwar
schnell. Je schneller es ging, um so geringer das Risiko.

Es gibt Leute, die behaupten, sie könnten durch kurzes Schnüf-
feln oder Lecken feststellen, ob sie guten Stoff vor sich haben
oder miesen. Herrera zog zwei einfache Tests vor. Der erste war
der mit dem alten Hilfsmittel Kobaltthiocyanat. Man mischt die
Chemikalie mit dem Stoff und beobachtet, wie sich das Zeug auf-
löst. Wenn das Gemisch eine tiefblaue Farbe annimmt, hat man es
mit hochwertigem Kokain zu tun. Je intensiver das Blau, desto
reiner der Stoff. Vorsicht, wenn die Rekation nur pastellblau aus-
fällt. Das Zeug kann schon zwei- oder dreimal gestreckt sein.

Für den zweiten Test brauchte Herrera nur Leitungswasser.

Der von Miami beobachtete zu Tode gelangweilt, wie er einen

Löffel von dem weißen Pulver aus dem Plastikbeutel nahm und in eine Tasse Wasser schüttete. Es löste sich augenblicklich auf. Reines Kokainhydrochlorid. Herrera nickte. Hätte sich das Pulver nicht sofort aufgelöst, hätte er gewußt, daß es mit Zucker versetzt war.

»Okay?« sagte der von Florida auf englisch.

»*Bueno*«, sagte Herrera und nickte wieder.

»Wie oft willst du das noch machen?« fragte der andere auf spanisch.

»Mit allen Beuteln«, sagte Herrera.

Von seinem Standort in dem schräg gegenüberliegenden Hauseingang aus sah Kling den Mann mit dem Schnurrbart aus dem Haus kommen, und er hatte immer noch den Aktenkoffer dabei. Er beachtete die beiden Chinesen nicht, und die beachteten ihn nicht. Sie standen immer noch rechts und links vom Hauseingang, und er ging zwischen ihnen hindurch, bog nach links ab und ging die Straße hinauf. Kling behielt ihn im Auge. Der Mann schloß einen blauen Ford Combi auf, setzte sich ans Steuer, ließ den Motor an und fuhr dann an Kling vorbei. Ein Florida-Nummernschild. Kling bekam vom polizeilichen Kennzeichen nur die Zahlen 866 mit, sonst nichts. Die Straßenbeleuchtung war zu schwach, und der Wagen war zu schnell vorbeigefahren.

Er wartete.

Fünf Minuten später kam Herrera aus dem Gebäude heraus.

»Glattgegang?« fragte Zing.

»Ganz glatt«, sagte Herrera.

»Sie haben es?« fragte Zang.

»Ich hab's.«

»Wo?« fragte Zing.

»Hier in der Tasche«, sagte Herrera. »Wo, verdammt noch mal, denkt Ihr denn?«

Seine Augen sprühten. Allein die Tatsache, den Aktenkoffer mit all dem guten Dope drin in der Hand zu halten, gab ihm das

Gefühl, mehr high zu sein als je zuvor im Leben. Fünf Kilo *sehr* guter Stoff. Und der gehörte ihm. Jetzt nur noch die Chinks mitnehmen zur Wohnung in der Vandermeer, sie wegpusten und für die Polizei liegenlassen, wenn sich dann irgendwann jemand über den Gestank aus Apartment 3A beschwerte. In aller Ruhe das Koks verscherbeln; bis zum 15. Februar hatte das Zeit. Dann die TWA-Maschine nach Spanien. Es grünt so grün, wenn Spaniens Blüten blüh'n, sang es in seinem Kopf. Er empfand ein ungeheures Glücksgefühl.

Die Zwillinge hatten ihn in die Mitte genommen.

Wie Leibwächter.

Zing lächelte ihn an.

»Viel Glüße von Henny Schuh«, sagte er.

Von seinem Standort jenseits der Straße hörte Kling die Schüsse, ehe er die Pistole sah. Der Chinese rechts von Herrera hielt sie in der Hand. Drei Schüsse, kurz hintereinander. Herrera brach zusammen. Der, der geschossen hatte, trat zurück, um seinen Fall nicht abzubremsen. Der andere Chinese hob den Aktenkoffer auf, der auf den Gehsteig gefallen war. Dann rannten sie los.

Kling auch.

»Polizei!« brüllte er, die Waffe schußbereit.

Er sah sie um die Ecke biegen.

Er rannte hinterher, erreichte die Ecke, folgte ihnen, die Waffe in der Hand.

Die Straße war leer.

Sein Blick flog über die Hauseingänge. Nichts. Wo zum Henker . . .

Da!

Dort vorn. Eine halboffene Tür.

Er rannte hin. Ein Tritt; die Tür war ganz offen. Er schwenkte die Waffe von rechts nach links, beherrschte so die Eingangshalle. Am anderen Ende eine offene Tür. Hin. Durch. Vorn Schritte. Sonst kein Laut. Ein verlassenes Haus. Wenn er die Treppe hinauflief, ging er einem raschen Tod entgegen. Von irgendwo da oben tropfte Wasser. Jemand schoß von oben ins Treppenhaus hinunter. Er schoß blindlings zurück. Oben rennende Schritte. Ein weiterer Schuß. Vor ihm fetzten Holzsplitter schrapnellähnlich aus dem Fußboden. Er stieg weiter nach oben. Die Tür, die auf das flache Dach führte, stand offen. Er trat in die dunkle Kälte hinaus. Preßte sich an eine Ziegelmauer. Wartete . . . Nichts. Sie waren weg. Andernfalls würden sie weiterballern. Er wartete trotzdem, bis sich seine Augen an die Dunkelheit gewöhnt hatten. Dann schritt er das Dach ab, suchte alle Dachaufbauten und Ventilationsschächte ab, immer die Waffe schußbereit vor sich.

Sie waren wirklich weg. Er steckte die Waffe weg und ging nach unten auf die Straße.

Herrera lag auf dem Rücken. Als Kling näher kam, sah er Blut aus seinem Mund sprudeln. Er kniete sich neben ihn auf den Gehweg.

»José?« sagte er. »Joey?«

Herrera sah zu ihm hoch.

»Wer waren die?«

Sie wollen dich nicht leben lassen in dieser Stadt, dachte er, aber aus ihr rauslassen woll'nse dich auch nicht . . .

Die Augen rollten in die Höhlen zurück.

Hamilton und Isaac beobachteten vom Wagen aus, wie die beiden Chinesen von der Tsu-Gang das Gebäude betraten.

Hamilton lächelte.

Chinesen verstehen was vom Geschäft, dachte er, aber sie betreiben es so *unemotional*. Eiskalt, zitronengelb. Und heute nacht, da werden sie mal *ausgequetscht.*

Die beiden Männer aus Miami warteten oben im Apartment 5c. Hatte ihm Carlos Ortega gesagt.

Für zehn Prozent, der undankbare Bastard.

Die beiden Männer von der Tsu-Gang waren jetzt unterwegs nach oben, um zu zahlen und das Kokain zu übernehmen. Die vorherigen Tests, wo immer sie stattgefunden haben mochten, hatten offensichtlich keinen Grund zu Beanstandungen ergeben.

Hamilton hatte kein Interesse an den schäbigen fünf Kilo, die irgendwo in der Nacht verschwunden waren. Da oben im Apartment 5c lagen fünfundneunzig Kilo Kokain, bewacht von nur vier Leuten.

Er nickte Isaac zu.

Isaac nickte zurück und blinkte mit den Scheinwerfern einen Wagen an, der weiter oben in der Straße parkte. Er hatte die Einzelheiten des Deals nicht ganz begriffen. Er wußte nur, daß sie dieses Unternehmen heute nacht in die Oberliga der Posses katapultieren sollte. Er verließ sich darauf, daß Hamilton wußte, was er tat. Entweder du traust einem zu hundert Prozent, oder du traust ihm überhaupt nicht.

Gleichzeitig stiegen sie aus.

Die Türen des anderen Wagens weiter oben in der Straße gingen auf. Sechs Schwarze in Mänteln stiegen aus. Leise wurden die Türen geschlossen. Sie vereinigten sich mit Hamilton und Isaac, und gemeinsam gingen sie rasch auf die Stufen zum Eingang des Gebäudes zu. Atemwolken in der eisigen Luft. Hamilton, Isaac und sechs andere. Hamilton wußte, daß seine Chancen zwei zu eins standen.

Sie stiegen hoch zum fünften Stock.

Hamilton horchte vor der Tür des Apartments 5c.

Stimmen von drinnen.

Drei klar unterscheidbare Stimmen. Da . . .

Eine vierte Stimme.

Er horchte weiter.

Er lächelte und hielt vier Finger der rechten Hand hoch. Isaac nickte. Sie waren drin zu viert. Wie Ortega versprochen hatte. Isaac nickte dem Mann zu seiner Rechten zu.

Ein einziger Feuerstoß von dessen AR-15 fetzte das Türschloß weg.

Die Jamaikaner stürmten hinein.

Hamilton lächelte noch.

Es waren keine vier Leute drinnen. Es waren ein Dutzend Kolumbianer von Miami und ein Dutzend Chinesen aus dieser Stadt.

Einer von den Chinesen war Henry Tsu.

In den ersten zehn Sekunden kriegte Isaac – der den Deal noch immer nicht in allen Einzelheiten begriffen hatte – siebzehn Schüsse in die Brust und in den Kopf ab. Hamilton wollte fliehen, aber die Jamaikaner hinter ihm versperrten den Weg. Ihnen war sofort klar, daß sie in einen Hinterhalt geraten waren, und sie versuchten hektisch, heil herauszukommen. Alles zu spät. Ein zweiter Feuerstoß legte sie flach, ehe sie die Tür erreichten. In dreißig Sekunden war alles vorbei. Die einzigen Schüsse, die die Jamaikaner abgefeuert hatten, waren die auf das Türschloß gewesen.

Hamilton versuchte, über die Toten hinweg kriechend, die Tür zu erreichen.

Einer der Chinesen sagte: »Henny Schuh sag, viele Glüße.«

Dann schossen er und ein anderer Chinese, der ihm auffallend ähnlich sah, Hamilton zwölfmal in den Rücken.

Hamilton kroch nicht mehr weiter.

Henry Tsu schaute auf ihn hinunter.

Er dachte, es kommt doch nur darauf an, der älteren Kultur anzugehören.

17

Um zehn Minuten nach neun am folgenden Morgen quittierte Carella den Empfang des Expreßbriefs. Er kam vom Police Department in Seattle und enthielt einen Stoß fotokopierter Seiten und eine handgeschriebene Notiz. Die Notiz lautete: *Dachte, das wird Sie interessieren.*Unterschrieben war es mit *Bonnem*. Die Seiten waren von Paul Chapmans Testament kopiert. Carella las:

Meine Töchter heißen Melissa Chapman-Hammond und Joyce Chapman.

Ich überlasse und übereigne hiermit meinem nachstehend genannten Treuhänder den Betrag von einer Million Dollar ($ 1 000 000,–), den er zugunsten des erstgeborenen Kindes meiner besagten Töchter treuhänderisch verwahren und entsprechend verwalten, investieren und reinvestieren und davon alle Auslagen und Gebühren bezahlen soll, die . . .

»Er wollte dafür sorgen, daß die Familie nach seinem Tod weiterbesteht«, sagte Carella.

»Wenn seine Töchter bei seinem Tod noch kinderlos waren, so hat er ihnen einen Anreiz gegeben, was dagegen zu unternehmen«, sagte Meyer.

»Sich dranzuhalten.«

»Dranzubleiben.«

»Wörtlich Melissa.«

»Hier haben wir das Motiv«, sagte Carella und tippte auf die Seite, auf der die Verfügung hinsichtlich des erstgeborenen Kindes stand.

»Er hat damit das Todesurteil der kleinen Susan unterzeichnet«, sagte Meyer.

»Denn wenn sie nicht geboren wäre . . .«

». . . dann wäre das Baby von *Melissa* das erstgeborene Kind gewesen.«

»Und der Eine-Million-Treuhandfonds wäre dann diesem Kind zugute gekommen.«

Sie lasen schweigend weiter.

Der ganze Rest, der übrige und verbleibende Teil meines Vermögens, welcher Art auch immer und wo auch immer belegen, der mir zum Zeitpunkt meines Todes gegebenenfalls zu eigen ist oder von mir in irgendeiner Weise beansprucht werden kann, einschließlich des Heimfalls von Erbteilen, ausgeschlagener Legate oder Hinterlassenschaften, soll hiermit in diesem meinem Testament als mein verbleibendes Vermögen bezeichnet werden.

»Der läßt keine Unklarheiten aufkommen«, sagte Carella.
»Sein verbleibendes Vermögen . . .«
»Millionen von Dollar, hat sie das nicht gesagt?«

Ich übergebe, hinterlasse und vermache mein verbleibendes Vermögen zu gleichen Teilen meinen zum Zeitpunkt meines Todes lebenden Töchtern . . .

»Ganz genau, was sie uns gesagt hat.«

. . . oder für den Fall, daß eine der genannten Töchter vor mir versterben sollte . . .

»Hier kommt das Motiv für den Mord an *Joyce* . . .«

. . . übergebe, hinterlasse und vermache ich mein gesamtes verbleibendes Vermögen meiner zu diesem Zeitpunkt überlebenden Tochter.

»Bring Joyce um, und Melissa kriegt alles«, sagte Carella.
»Geld oder Liebe«, sagte Meyer und seufzte. »Immer das gleiche.«
Das Testament war noch länger.
Aber sie hatten alles erfahren, was sie wissen mußten.
Und das Telefon schellte wieder.

Der Raum hatte keine Fenster.

Eileen fiel es zum ersten Mal auf.

Es gab auch keine Uhr.

Das reinste Las Vegas, dachte sie.

»Ist was?« fragte Karin.

»Nein.«

»Du hast vor dich hin gelächelt.«

»Kleiner Scherz, ganz privat«, sagte Eileen.

»Laß mich dran teilhaben.«

»Nein, nein, ist schon gut.«

Sie trug eine Uhr mit Digitalanzeige. Da war kein Ticken in die Stille des Raums hinein. Sie fragte sich, wieviel Minuten noch übrig waren. Sie fragte sich, was zum Teufel sie hier zu suchen hatte.

»Komm, wir machen ein paar Wortübungen«, sagte Karin.

»Warum?«

»Freie Assoziation. Zur Entspannung.«

»Ich bin entspannt.«

»Das ist wie Pingpong. Cartoonisten verwenden die Technik oft.«

»Cops auch«, sagte Eileen.

»Ach ja?«

»Im Revier. Einer hat eine Idee, man diskutiert, läßt sie weiterlaufen, sich entwickeln«, sagte sie und hatte das Gefühl, daß dies Karin längst bekannt war. Wenn ja, warum tat sie dann so erstaunt? Eileen hätte gern Vertrauen zu ihr gehabt. Aber sie konnte nicht. Sie konnte das Gefühl nicht abschütteln, daß sie für Karin Lefkowitz nur als Untersuchungsgegenstand auf dem Objektträger unter dem Mikroskop lag.

»Wir haben wohl nicht mehr viel Zeit, oder?«

Sie hoffte, daß es stimmte. Auf die Uhr sehen mochte sie nicht.

»Immerhin zwanzig Minuten«, sagte Karin.

O Gott, *so* lang noch?

»Ich geb dir ein Stichwort, und du sagst mir das erste Wort, das dir dazu in den Sinn kommt, okay?«

»Ach, weißt du«, sagte Eileen, »Spiele machen mir eigentlich wirklich keinen Spaß. Ich bin eine erwachsene Frau.«

»Ja, ich auch.«

»Könnten wir's dann nicht einfach bleiben lassen, okay?«

»Ja, sicher. Wir können den ganzen Quatsch sein lassen, wenn du willst.«

Eileen sah sie an.

»Ich glaube, wir verschwenden gegenseitig unsere Zeit«, sagte Karin rundheraus. »Du hast mir nichts zu sagen, und wenn du nichts sagst, kann ich dir auch nicht helfen. Deshalb sollten wir vielleicht . . .«

»Die einzige Hilfe, die ich brauche . . .«

»Ja, ich weiß. Du willst weg von der Polizei.«

»Ja.«

»Tja, ich glaub nicht, daß ich dir dabei helfen kann.«

»Warum nicht?«

»Weil ich nicht glaube, daß du's *wirklich* willst.«

»Warum zum Teufel bin ich dann hier?«

»Das sollst du mir ja gerade sagen.«

Eileen verschränkte die Arme über der Brust.

»Und da ist wieder die bezeichnende Körperhaltung«, sagte Karin. »Ich glaub wirklich nicht, daß du soweit bist. Ich weiß nicht, warum du überhaupt zu mir gekommen bist.«

»Hab ich dir gesagt. Sam Grossmann hat mir vorgeschla . . .«

»Ja, und du hast es für 'ne gute Idee gehalten. Jetzt bist du da, und du hast mir nichts zu sagen. Warum machen wir dann nicht einfach Schluß, hm?«

»Du willst es aufstecken, ja?«

»Nur für den Augenblick. Wenn du dir's später anders überlegst . . .«

»Zu dumm, daß *ich* nicht auch nur für den *Augenblick* aufstecken kann . . .«

»Was meinst du damit?«

»Den Dienst. Die Arbeit bei der Polizei aufgeben, das ist *endgültig.*«

»Warum sagst du das?«

»Also komm, tu mal nicht so!«

»Ich weiß wirklich nicht, warum du meinst . . .«

»Ja, sprichst du denn nie mit Cops? Was tust du denn hier?

Dich mit Architekten unterhalten, mit Bankern? Ich meine, weißt du denn um Himmels willen noch nicht mal, wie Cops *denken*?«

»Wie denken sie, Eileen? Sag mir's.«

»Wenn ich jetzt ausscheide . . .« Sie schüttelte den Kopf.

»Ja?«

»Ach, egal. Scheiß drauf.«

»Okay«, sagte Karin und schaute auf ihre Uhr. »Wir haben noch fünfzehn Minuten Zeit. Hast du in letzter Zeit irgendwelche guten Filme gesehen?«

»Ich kann's halt nicht leiden, wenn ich jemand wie dir auch noch die einfachsten Dinge erklären muß!«

»Zum Beispiel?«

»Zum Beispiel, was alle denken würden, wenn ich gehe!«

»Also, was würden sie denken?«

»Und warum es unmöglich wäre, zu . . .«

»Was würden sie denken, Eileen?«

»Daß ich *Angst* hab, verdammt noch mal!«

»Und? Hast du Angst?«

»Hab ich doch gesagt, daß ich welche hätte, oder nicht? Würde es *dir* vielleicht Spaß machen, vergewaltigt zu werden?«

»Gar nicht . . .«

»Aber versuch das mal irgend jemand zu erklären.«

»Wem zum Beispiel?«

»Na, den Kollegen, Leuten, mit denen ich zusammengearbeitet hab. Ich hab mit Cops im ganzen Stadtgebiet gearbeitet.«

»Meinst du Männer?«

»Auch Frauen.«

»Na also, *Frauen* bringen ja wohl Verständnis dafür auf, daß du Angst hast, noch mal vergewaltigt zu werden.«

»Nicht gesagt. Es gibt so Typen, die sind mit 'ner Kanone an der Hüfte manchmal schlimmer als Männer.«

»Aber die *meisten* Frauen würden es verstehen, meinst du nicht?«

»Anzunehmen. Also, Annie schon. Annie Rawles. Die würde es verstehen.«

»Hattest du nicht gesagt, daß die bei der Sitte ist?«

»Annie, ja. Die ist große Klasse.«

»Also, wer, glaubst du, hätte dann kein Verständnis? Männer?«

»Ich hab noch nie was von 'nem vergewaltigten Mann gehört, oder du vielleicht? Außer im Gefängnis . . . Und die meisten Cops waren nicht im Gefängnis.«

»Dann hast du Bedenken wegen der anderen *Cops*. Der männlichen Cops. Du denkst, die verstehen das nicht – ist es das?«

»Du solltest mal mit 'n paar von den Typen zusammenarbeiten«, sagte Eileen.

»Na schön, wenn du ausscheidest, brauchst du das ja nicht mehr.«

»Und sie würden in der ganzen Stadt rumerzählen, daß ich nicht damit fertig werden kann.«

»Ist das so wichtig für dich?«

»Ich bin ein guter Cop«, sagte Eileen. »Oder ich war's doch.«

»Na ja, du bist ja noch nicht ausgeschieden. Du bist *immer noch* ein Cop.«

»Aber kein guter.«

»Hat das jemand zu dir gesagt?«

»Nicht direkt, nicht ins Gesicht.«

»Meinst du, jemand hat es hinter deinem Rücken gesagt?«

»Wen kümmert's schon?«

»Na, dich offenbar – oder etwa nicht?«

»Nicht, wenn sie denken, daß ich Angst habe.«

»Aber du hast welche. Du hast mir gesagt, daß du Angst hast.«

»Ich weiß, daß ich Angst habe.«

»Na und? Was ist schon dabei?«

»Ich bin ein Cop.«

»Und du meinst, Cops haben keine Angst?«

»Nicht so wie ich – anders eben.«

»Was ist anders, Eileen? Kannst du mir das sagen?«

Sie schwieg eine ganze Weile.

»Ich hab Alpträume«, sagte sie dann. »Jede Nacht.«

»Geht es dabei um die Vergewaltigung?«

»Ja. Darum, daß ich ihm meine Waffe gebe. Er hat mir das Messer an die Kehle gesetzt, und ich geb ihm meine Waffe. Beide Waffen. Den Achtunddreißiger und die kleine, die für alle Fälle, die Browning. Ich geb sie ihm alle beide.«

311

»Und so ist es auch in Wirklichkeit abgelaufen?«

»Ja. Aber er hat mich trotzdem vergewaltigt. Ich hab gedacht . . .«

»Ja?«

»Ich weiß nicht, was ich gedacht hab. Ich glaub, ich hab gedacht . . . daß, wenn ich . . . wenn ich mich nicht wehre, dann . . . Dann wird er nicht mit dem Messer . . . mich nicht vergewaltigen . . . Aber er hat's doch getan.«

»Dich verletzt. Und vergewaltigt.«

»So beschissen *hilflos* zu sein!« sagte Eileen. »Ein *Cop*!«

»Wie hat er ausgesehen? Kannst du dich erinnern?«

»Es war dunkel.«

»Aber du hast ihn gesehen, nicht wahr?«

»Und es hat geregnet, ja.«

»Aber wie hat er ausgesehen?«

»Ich kann mich nicht erinnern. Er hatte mich von hinten gepackt.«

»Aber sicher hast du ihn gesehen, als er . . .«

»Ich kann mich nicht erinnern.«

»Hast du ihn nach dieser Nacht noch mal gesehen?«

»Ja.«

»Wann, und wo?«

»Vor Gericht.«

»Wie hat er geheißen?«

»Arthur Haines. Annie hat ihn festgenommen.«

»Hast du ihn vor Gericht identifiziert?«

»Ja. Aber . . .«

»Gut. Und wir hat er ausgesehen?«

»Im Traum hat er kein Gesicht.«

»Aber während er dich vergewaltigt hat, hat er ein Gesicht gehabt.«

»Ja.«

»Und vor Gericht auch.«

»Ja.«

»Ein Gesicht, das du identifiziert hast.«

»Ja.«

»Wie hat er ausgesehen, Eileen?«

»Groß. Über eins achtzig. Achtzig Kilo. Braunes Haar und blaue Augen.«

»Wie alt?«

»Vierunddreißig.«

»Wie alt war der Mann, den du erschossen hast?«

»Was?«

»Wie alt war der?«

»Was soll *der* mit der Sache zu tun haben? Ich hab keine Alpträume, die von dem handeln.«

»Erinnerst du dich, wie alt er war?«

»Ja.«

»Dann sag mir's.«

»Anfang Dreißig.«

»Wie hat er ausgesehen?«

»Das hab ich dir schon gesagt. Ich hab's dir gesagt, als ich zum zweiten Mal hier war. Wir sind das alles durchgegangen.«

»Sag's mir noch mal.«

»Er war blond«, sagte Eileen und seufzte. »Eins fünfundachtzig. Neunzig Kilo. Brille. Herzförmige Tätowierung mit nichts drin.«

»Augenfarbe.«

»Blau.«

»Wie der Vergewaltiger.«

»Die Augen schon, ja.«

»Auch die Größe.«

»Also, Bobby war größer und schwerer.«

»Aber sie waren beide groß.«

»Ja.«

»Du sagst, du warst allein mit ihm in einem Zimmer . . .«

»Mit Bobby, ja.«

»Weil du deine Sicherungsleute verloren hast . . . Übrigens, ist er für dich immer Bobby, wenn du an ihn denkst?«

»Tja . . . Ich glaub schon. So hat er sich selbst genannt. Bobby.«

»Hm, hm.«

»Ist da was gegen einzuwenden? Daß er für mich Bobby ist?«

»Nein, nein. Erzähl mir, wie dir deine Sicherung abhanden gekommen ist.«

»Ich dachte, das hab ich schon.«

»Nein, das glaub ich nicht. Zu wievielt waren sie?«

»Zu zweit. Da war Annie und ein . . . Annie Rawles . . .«

»Ja?«

». . . und einer vom Zweiundsiebzigsten in Calm's Point. Mike Shanahan. So 'n Großer, ein Ire. Guter Cop.«

»Wie hast du sie verloren?«

»Na ja, Bert hatte sich's in den Kopf gesetzt, daß ich Hilfe brauch. Deswegen ist er also rausgefahren in die Canal-Zone, in das Einsatzgebiet . . .«

»Bert Kling.«

»Ja. Den ich damals noch regelmäßig getroffen hab. Ich hatte ihm gesagt, ich will nicht, daß er rauskommt, aber er hat's doch getan. Und . . . Er ist blond, mußt du wissen. Hab ich schon mal gesagt, daß er blond ist? Und auf der Straße hat's 'ne Verwechslung gegeben; Shanahan hat Bert gesehen und gedacht, daß *er* der Bursche ist, auf den wir's abgesehen haben. Weil Bobby auch blond war, weißt du, und ungefähr von der gleichen Größe. Und in der Zeit, die sie brauchten, bis Shanahan gemerkt hat, daß Bert mit von der Partie war, waren Bobby und ich weg.«

»Weg?«

»Ja, um die Ecke gebogen. Auf dem Weg zu dem Zimmer.«

»Haben sie dich wieder eingeholt?«

»Nein.«

»Dann hast du sie tatsächlich verloren. Ich meine, auf Dauer.«

»Ja.«

»Weil Bert da reingeplatzt ist.«

»War ja nicht seine Schuld.«

»Wessen Schuld dann?«

»Die von Shanahan.«

»Warum?«

»Weil der Bert mit dem Verdächtigen verwechselt hat.«

»Und nicht wußte, daß Bert ein Cop war.«

»Stimmt.«

»Aber wenn Bert nicht da gewesen wäre . . .«

»Aber er war halt da.«

»Aber wenn er's *nicht gewesen* wäre . . .«

»Das bringt doch nichts, es so zu betrachten! Er *war* eben da.«

»Eileen, wenn er nicht da gewesen wäre, hätte es dann die Verwechslung auf der Straße gegeben?«

»Nein, das nicht.«

»Hättest du deine Bewacher verloren?«

»Wahrscheinlich nicht.«

»Glaubst du, daß sie dir hätten helfen können, nachher, in der Sache mit Bobby?«

»Wer?«

»Deine Sicherungsleute.«

»Ich glaub schon. Wenn sie rechtzeitig gekommen wären.«

»Nun, du hast doch gesagt, daß sie beide gute Cops sind . . .«

»Ja, sicher.«

». . . die ihr Handwerk verstehen . . .«

»Ich hätte jedem von ihnen mein Leben anvertraut. Genau das hab ich ja tatsächlich *getan*. Ich hab darauf vertraut, sie würden da sein, wenn ich sie brauche.«

»Aber sie waren nicht da, als du sie gebraucht hast.«

»Ja, aber das war nicht *ihre* Schuld.«

»Wessen Schuld war es?«

»Keiner hat Schuld gehabt. Es ist halt einfach dumm gelaufen. Wie's ja ständig passiert.«

»Eileen, wenn das *nicht* passiert wäre – wenn es *keine* Verwechslung gegeben hätte, und du Shanahan und Annie *nicht* verloren hättest – meinst du, du hättest Bobby auch dann erschießen müssen?«

»Ich weiß nicht.«

»Dann überleg dir's mal.«

»Alles hypothetisch. Was soll's?«

»Na, wenn die beiden dir gefolgt wären . . .«

»Ja, sind sie aber nicht.«

»*Wenn* sie gleich hinter dir gewesen wären . . .«

»Aber so versteh doch . . .«

». . . *wenn* sie gesehen hätten, wohin Bobby dich gebracht hat . . .«

»Was bringt's, hinterher zu jammern?«

». . . und *wenn* sie rechtzeitig zu dir gestoßen wären, hättest du Bobby Wilson dann erschossen und umgebracht?«

»Ich würd' ihn grad noch mal über den Haufen schießen«, sagte Eileen.

»Du hast meine Frage nicht beantwortet.«

»Mann mit Messer? Der mit 'm Messer auf dich losgeht? *Natürlich* würd ich den Hurensohn zusammenschießen! Ich bin *einmal* verletzt worden, dankschön, das reicht! Ich hab doch nicht vor . . .«

Eileen brach unvermittelt ab.

»Ja?« sagte Karin.

Eileen schwieg eine Zeitlang.

»Ich hab damit nicht versucht, mich zu rächen«, sagte sie dann, »wenn's das ist, was du denkst.«

»Was meinst du damit?«

»Als ich Bobby erschossen hab, da war ich nicht . . . Ich hab nicht auf ihn geschossen, weil . . . Ich meine, es hat nichts mit der Vergewaltigung zu tun gehabt.«

»Okay.«

»Überhaupt nichts. In Wirklichkeit . . . Also, das hab ich dir doch schon erzählt.«

»Was hast du mir erzählt?«

»Ich hab angefangen, ihn zu mögen. Er war sehr charmant.«

»Bobby.«

»Ja.«

»Aber du hast ihn erschossen.«

»Mußte ich ja. Das ist wirklich der springende *Punkt*, siehst du, der wahre Grund, warum ich hier bin.«

»Ja, sag mir den Grund.«

»Hab ich dir schon gesagt! Ich weiß nicht, warum ich dir jeden Mist hundertmal sagen soll.«

»Was war das? Was hast du mir schon gesagt?«

»Daß ich aus dem Dienst ausscheiden will, weil ich fürchte, ich könnte . . .«

»Ja, jetzt erinnere ich mich. Du fürchtest . . .«

»Ich fürchte, ich werd so wütend, daß ich noch mal einen umbringe.«

»Wütend?«

»Herr im Himmel – wenn einer mit 'm Messer auf dich los . . .«

»Aber ich hab gedacht, du hast angefangen, ihn zu mögen. Bobby.«

»Der Mensch hatte schon drei andere Frauen umgebracht! Er war drauf und dran, mich umzubringen! Wenn du denkst, daß das keinen Adrenalinstoß auslöst . . .«

»Doch, sicher. Aber du sagst, du bist wütend geworden.«

»Ja.« Sie zögerte einen Moment und sagte dann: »Ich hab die ganze Trommel leergeschossen.«

»Hm, hm.«

»Sechs Schuß.«

»Hm, hm.«

»'ne schwere Waffe. Vierundvierziger Smith & Wesson.«

»Hm, hm.«

»Ich würd's wieder tun.«

»Und davor fürchtest du dich. Darum möchtest du den Dienst quittieren, weil du eines Tages wieder so wütend werden könntest, und dann . . .«

»Er hat 'n Messer gehabt!«

»Hat dich das so wütend gemacht? Das Messer?«

»Ich war ganz allein da oben! Ich hab die anderen verloren, meine . . . Also weißt du, ich hatte Bert *gesagt*, er soll sich da raushalten. Ich hab ihm gesagt, ich komm da prima mit zurecht, ich hab zwei Sicherungsleute, die sich auskennen, und ich brauch sonst keine Hilfe. Aber er ist eben doch noch gekommen.«

»Und war der Grund dafür, daß du deine Sicherung verloren hast.«

»Na ja, das war er, oder? Ich meine, *ich* hab sie doch nicht verloren! Und Shanahan hat nur seinen Job gemacht. Bert hat den ganzen Schlamassel verursacht, weil er seine Nase da reingesteckt hat. Weil er gedacht hat, ich taug nichts mehr. Weil er gemeint hat, ich bin kaputt, verstehst du. Kann nicht mehr auf mich achtgeben. Bin einfach überfordert. Als ich später rausgekriegt hab, was draußen auf der Straße passiert ist, da hätte ich ihn *umbringen* können!«

»Du warst also auch auf ihn wütend«, sagte Karin.

»Ja, später schon.«

»Ja. Als dir klar wurde, daß du, wenn er sich nicht eingemischt hätte . . .«

»Daß ich dann mit Bobby da oben nicht allein gewesen wäre. Ja.«

Schweigen.

Karin sah auf ihre Uhr.

Die Zeit war abgelaufen.

»Aber du hast mir gesagt, du würdest Bobby wieder umbringen«, sagte sie. »Ohne mit der Wimper zu zucken.«

»Ich hatte bis dahin noch nie jemand getötet, verstehst du«, sagte Eileen. »In Gedanken hab ich oft . . . Mein Vater und mein Onkel Matt sind beide im Dienst umgebracht worden, weißt du.«

»Das hab ich nicht gewußt.«

»Tja, so ist es halt. Und . . . In Gedanken hab ich oft . . . Ich hab mir ausgemalt, wenn ich je den Kerl mit dem roten Taschentuch vorm Gesicht zu fassen krieg, daß dann . . . dann pust ich ihn weg, einfach so. Dafür, was er uns . . . mir . . . Aber, weißt du . . . Als ich . . . Der dritte Schuß hat ihn aufs Bett geworfen, Bobby. Er hat flach auf 'm Bett gelegen, ich bin sicher, daß er schon tot war. Aber ich . . . Ich hab die ganze restliche . . . Noch drei Schuß . . . Ihm in den Rücken, an der Wirbelsäule entlang. Und dann hab ich die Kanone quer durchs Zimmer geschmissen und hab zu schreien angefangen.«

Karin sah sie an.

Und du schreist immer noch, dachte sie.

»Unsere Zeit ist um«, sagte sie.

Eileen nickte.

Karin stand hinter ihrem Schreibtisch auf. »Wir haben 'ne Menge Arbeit vor uns«, sagte sie.

Eileen saß noch auf ihrem Platz. Sie schaute auf ihre Hände. Sie hielt den Kopf gesenkt und hatte die Hände in den Schoß gelegt.

»Ich hasse ihn, was?« sagte sie, ohne aufzusehen.

»Wen?« fragte Karin mit einem Lächeln.

»Bert.«

»Wir sprechen noch darüber, okay?« sagte Karin. »Seh ich dich nächsten Donnerstag?«

Eileen stand auf.

Sie sah Karin fest in die Augen. Schweigend. Ein paar Sekunden lang.

»Ja«, sagte sie dann.

Es war ein Anfang.

Ullstein
Kriminalromane

»Bestechen durch ihre Vielfalt«
(Westfälische Rundschau)

Bill Granger
Mitten im Winter (10689)

James Lee Burke
Blut in den Bayous (10692)

Angus Ross
Ein Kontrakt in Burgos (10693)

Michael Collins
Der blutrote Alptraum (10694)

Ed McBain
Priester, Tod und Teufel (10695)

Donald Goines
Kenyatta schlägt zu (10697)

Alan Scholefield
Makler des Todes (10698)

Andrew Vachss
Bluebelle (10699)

Charles Willeford
Die Kunst des Tötens (10706)

Donald Goines
Kenyattas Todesliste (10701)

James H. Chase
Die Kanaille (10696)

Geoffrey Homes
Ein Mörder für Goliath (10702)

James Lee Burke
Black Cherry Blues (10704)

Angus Ross
Ein Drama in Congleton (10705)

Charles Willeford
Die Kunst des Tötens (10706)

Michael Collins
Bittere Arznei (10707)

A. W. Gray
Bino (10708)

Angus Ross
Hasard in Hamburg (10709)

Charles Willeford
Sperrstunde (10593)

Loren D. Estleman
Killer in Detroit (10594)

Robert B. Parker
Spießgesellen (10595)

Donald Goines
Kenyattas Flucht (10596)

Loren D. Estleman
Ein harter Schnüffler (10597)

Geoffrey Homes
Aller bösen Dinge sind drei (10598)

Willi Voss
Die Nacht, der Tod (10599)

A. W. Gray
Texanisches Roulett (10600)

Ed McBain
Stirb, Kindchen, stirb (10710)

James Hadley Chase
Miss Callaghan muß Trauer tragen
(10711)

Geoffrey Homes
Der Selbstmord-Mann (10712)

James Melville
Der falsche Buddha (10713)

ein Ullstein Buch